図4-23　施設児　中学生女子
「暖かい家庭」と題する作品（第4章）

図6-3　大学生女子　「天国と地獄」
Y-G性格検査B型の作品例（第6章）

図9-9　Y児第74回の作品　近代的なホテルが
従来の世界に入ってきている（第9章）

図12-4

図12-5

図12-6

図12-4〜図12-6　女子学生Bの第1回〜第3回の作品（第12章）

創元
アーカイブス

箱庭療法

基礎的研究と実践

木村晴子 著

創元社

序　　河合隼雄

　このたび、木村晴子さんの『箱庭療法』が出版されることになり、心から嬉しく思っている。箱庭療法はもともと西洋で生まれたものであるが、1965年に日本に紹介されて以来、全国に広がり、現在では有効な心理療法として、実に多くの人々が用いるようになった。全世界で日本がもっとも広く、有効に使用していると言っても、おそらく過言ではないだろう。著者の木村晴子さんは大学の1年生のときから箱庭療法に惹かれ、その後ずっと現在に至るまで、臨床心理学の研究者、治療者としての道を箱庭療法の発展と共に歩んできた人であり、これまでの研究をまとめて、ここに公刊されることは、わが国の箱庭療法の発展のひとつの成果を示すものとして、大いに歓迎したい。

　箱庭療法は、著者も述べているとおり、一見してきわめてわかりやすいものである。特に、その経過をスライドで見せてもらったりすると、素人目にもすぐ了解されるような展開があり、しかも、治療者は難しい理論を別に知らなくとも、ただ「傍らに居る」だけでいいと言うのだから、こんなに簡単なことはないと思うだろう。ところが、深く考えれば考えるほど、そこには多くの問題が隠されており、著者も言うように「危険性」さえ存在しているのである。したがって、そこには「研究」すべきことが、いくらでも存在しているのである。著者は、そのような問題に目を向け、いろいろと検討し、自ら考え、その結果が本書に示されている。

　箱庭療法は、特に療法としての過程のなかにあるときは、そこに作られた箱庭はまさに生成しつつある過程（becoming）のひとつとして、主観と客観の分離を許さない存在として、そこにあることも事実であるが、箱庭の作品を全く客観的対象として見ることも可能である。箱庭療法が発展してゆくためには、この両方の視座が必要であり、著者はそれを共になし、第II部と第III部に分けて発表している。と言っても、それはあくまで重要さのおきどころの問題であり、いずれにしろ、両方の視座を共に生かしてゆくことが大切なのである。第II部第8章の「箱庭の見かたに関する研究」は、その点で両方

の視座が統合的にはたらいている研究として、興味深いものと思われる。今後とも、このような類の研究が大いに積み重ねていかれることを期待したい。

治療者としての木村さんは、相当に困難な事例に対しても「常に共に在る」態度を持ち続け、それも適切な距離をおいてなされるので安心感があり、本書に示されるような見事な治療を可能にするのである。第9章に示される自閉的な子どもの治療例は、著者の息の長い、暖かいかかわりを示す典型的な例と言えるであろう。当時、大阪市立大学においては、山松質文教授がもっぱら自閉症児の音楽療法に取り組んでおられたが、この事例は当時の自閉症児に対する治療の一端を示しているものである。自閉症児に関しては、現在その病理や治療についていろいろと論議されているが、ともかく、このように長期にわたる例を発表し、それを基にして考えてゆくことが必要であろうと思われる。

第12章に示された、短大生たちとの箱庭を通じてのかかわりの記録も注目すべきものである。社会が複雑化し、またその反面では徹底的な人間管理ということも可能になってきている今日において、「自己表現」、「自己理解」ということは、実に大きい意味をもっていると思われる。そのようなひとつの手段として「箱庭療法」を用いることは、なかなか有効で興味深い試みである。そもそも、成人が砂に手で触ってみることだけでも、そこに不思議な感情が動くのを感じるであろう。もちろん、これが有意義なものとなるためには、そこにいる治療者（または援助者）とグループのメンバーとの間に深い信頼感が存在しなくてはならない。そして、必要な信頼感を得るためには、治療者の人間の在り方が問題となるのである。

箱庭療法の研究はまだまだ深い領域を残しており、木村さんのこの書物に刺激されて、多くの人が新しい研究を重ねて下さり、箱庭療法が今後もますます発展することを祈って、終わりとしたい。

1985年5月

はじめに

　人の心の変化や成長は直接には目に見えぬものである。しかし人はその内面の動きによって非常な危機に陥りもするし、また周囲を変えるほどの目ざましいエネルギーを発揮したりもする。
　心理療法の仕事とは、人間のそうした変化成長を治療者がその感受性と人間とをかけて援助していく過程であると筆者は考えている。
　筆者が心理臨床の仕事に携わるようになって十数年になる。その間、遊戯治療から始めて、病院や相談機関での治療者やテスターとして多くの人びとに出会ってきた。筆者にとってその仕事は、できるだけ相手の内的なものを感じ、了解し、その人の可能性の開発のための援助となる方向に伝え返し、かつ心理的にその人を守ることであった。
　クライエント（来談者）が自己を表現するやり方にはさまざまなものがある。話の内容、表情や動作、面接場面内外でのいろいろな出来事や言動、そして言葉では表現できぬ自分を投影する絵や箱庭の世界——それらを敏感に感じとることは、ちょうどきわめて困難なキャッチボールのようなものである。相手は送球のコントロールが下手でボールはどこに飛んでくるのかわからないことが多い。全く球が見えぬこともある。しかも相手が次の送球をしようという気持ちを起こすように投げ返さなければならない。
　クライエントとのそんなかかわりのなかで、相手を感じとるためにたいへん興味深く、多くを伝えてくれるのが絵や箱庭による自己表現である。クライエント本人にも表現したいことが適当な言葉にならず、セラピスト（治療者）にも目の前にいるクライエントの姿が直接に感じとれぬ時がある。そんな際、彼の作った箱庭や絵をじっくり見ていると、それがなにかを語りかけてくる。
　筆者自身、言語表現のみによるコミュニケーションはどちらかというと得意でなく、視覚に訴える表現に心をひかれることが多いタイプである。セラピストとしての筆者にとって、クライエントの非言語的な表現に出合うこと

は相手を感じるための大きな助けになっている。

　本書は筆者の十数年間にわたる箱庭療法に関する研究と臨床体験のいくつかをまとめたものであり、1984年に大阪市立大学に提出して学位を得た博士論文に多少の手を加えたものである。また、この一連の論文は、1985年度日本カトリック短期大学学術研究奨励賞受賞の名誉をも得た。

　制作者の内面が小世界の構成によって視覚的にとらえられる箱庭表現は、治療の実際のなかで深い意味を持つものとして重視され解釈が進められる。そのため、この技法に関する基礎的な資料の収集や研究はきわめて少なく、各治療者が個々の事例を深めていくための分析の対象として発表されることがほとんどである。生きた、個々のクライエントを相手に真剣な時を持っているセラピストには、その表現を資料として客観視する必要も余裕もないであろうし、また治療と研究の間にギャップがあると思いがちになる。筆者自身とて例外ではないが、そのような問題を感じながらも、これまで行ってきた種々の試みをセラピストとしての筆者がまとめることに意義を認めたいと思う。多くの現場で治療を続けているセラピストたちに、共通の地盤のもとに立って行った基礎的な研究の資料がなんらかの形で役立つと考えるからである。

　そのような意味で、本書は広く心理臨床の仕事に携わっているセラピストの人たちに目を通していただければと思っている。また、箱庭療法を今後の研究テーマとしたいと考えておられる学生、若い研究者の方がたには、この資料や結果を踏み台にして追試を重ねたり、さまざまに発展させ、修正を加えて、研究のための素材にしていただければこのうえなく幸いである。

　本書において、第Ⅰ部では箱庭療法の技法をめぐっての概説を、第Ⅱ部はこれまでに積み重ねてきた基礎的な研究を、そして第Ⅲ部には実際の事例における治療の展開のいくつかを述べる。

箱庭療法 目次

序　　河合隼雄　　3
はじめに　　5

第Ⅰ部　概説　13

第1章　箱庭療法とは　15
第1節　箱庭療法の成立と発展　15
第2節　箱庭技法の実際　17
用具／状況設定／導入、制作

第2章　箱庭療法の理論　19
第1節　カルフの理論　19
セラピスト―クライエント関係をめぐって／箱庭へのユング心理学の導入
第2節　技法としての箱庭療法の位置づけ　22
第3節　箱庭療法の特徴　24

第3章　箱庭療法の実践と課題　27
第1節　箱庭表現の見かた　27
系列的理解／統合性／空間配置／テーマ／使われたものの象徴的意味
第2節　箱庭制作における治療的要因　30
砂（心理的退行による治療効果）／箱（枠：守られた中での自己表出）／内面にあるものの意識化（作品からのフィードバック）／
自己表現と美意識の満足
第3節　箱庭療法の研究と今後の課題　34
箱庭療法の事例的研究／箱庭療法に関する基礎的研究／箱庭療法の今後の課題

第Ⅱ部　基礎的研究編　39

第4章　箱庭表現と制作傾向の分析
──発達の視点から──　41

第1節　問題と目的　41
　　　第2節　手続きと方法　41
　　　第3節　結果と考察　43
　　　　　測定値による数量的検討／発達段階とテーマおよび表現の特徴／砂の使用
　　　第4節　要約　76
第5章　箱庭表現とロールシャッハ反応　80
　　　第1節　問題と目的　80
　　　第2節　手続きと方法　81
　　　第3節　結果と考察　81
　　　　　使用玩具の数について／制作時間について／砂の使用について／人間の使用について／動物の使用について／植物の使用について／建造物の使用について／乗り物の使用について／使用玩具の種類について／個々の作品より
　　　第4節　要約　96
第6章　箱庭表現とY-G性格検査　98
　　　第1節　問題と目的　98
　　　第2節　手続きと方法　99
　　　第3節　結果と考察　99
　　　第4節　要約　104
第7章　制作者のタイプとの関連　106
　　　第1節　問題と目的　106
　　　第2節　ユングのタイプ論　106
　　　第3節　手続きと方法　108
　　　第4節　結果と考察　109
　　　　　外向・内向／合理・非合理／4つの心理機能に関して
　　　第5節　要約　115
第8章　箱庭の見かたに関する研究
　　　　——セラピストの特性との関連——　117

第1節	問題と目的	117
第2節	手続きと方法	119
第3節	結果と考察	128

被験者の特性による比較／被験者のグルーピングの試み／評定項目による考察／評定用箱庭作品の考察／作品への着目点

| 第4節 | 要約 | 164 |

第Ⅲ部　事例編 …………………………………………………………… 169

第9章　自閉傾向児の箱庭表現
──その固執傾向の意味── ……………………………………………… 171

はじめに　171

第1節　事例の概要　171

　クライエントについて／家族について／治療状況

第2節　治療過程　173

　第1期／第2期／第3期／第4期／第5期／フォローアップ──Y児のその後──

第3節　考察　188

　クライエントに関する診断的側面／変化の過程／Yの事例における箱庭の意味／Yの箱庭にみられるいくつかのシンボルについて／第2の世界への発展について

おわりに　201

第10章　絵画と箱庭による遺尿症児K子の遊戯治療過程
──傷ついた自己像の回復── ……………………………………………… 204

はじめに　204

第1節　事例の概要　204

　クライエントについて／K子をめぐる人びと／治療状況

第2節　治療過程　207

　遊戯治療開始まで／箱庭導入まで／展開、発展、変化の時期／適応期

第3節	考察	216
おわりに		220

第11章　多動児の遊戯治療
——MBDを疑われた少女のたった1つの箱庭—— ... 222

はじめに		222
第1節	事例の概要	222

クライエントについて／筆者が担当するまで／治療状況

第2節	治療過程	224
第3節	考察	235

症状の意味／遊びの展開——出会いから別れまで——／たった1つの箱庭「カネゴンのお墓」

おわりに		241

第12章　自己理解としての箱庭
——2人の女子学生の箱庭世界—— ... 243

はじめに		243
第1節	概要	244

箱庭ルームの開設／制作の状況／制作者AとBについて／フォローアップ

第2節	2人の女子学生の箱庭作り	246

Aのケース／Aの箱庭表現をめぐって／Bのケース／Bの箱庭表現をめぐって／2人の女子学生の体験レポートより

第3節	その他の考察	262

箱庭ルーム開設者としてのAとB／箱庭作りの実習をめぐって

おわりに		264
あとがき		266
文献		269
資料		275

装画　出口敦史　　装幀　鷺草デザイン事務所

第Ⅰ部
概説

箱庭は一定容積の砂箱の中に種々のミニチュア玩具の中から自由に選んだ素材で小世界を構成する自己表現活動である。それが治療状況の中できわめて有効で感動的な、内面のアピールとなり、治療者とのかかわりを深め、また自己のイメージと対話しうる媒体となっていくのである。
　箱庭療法の理論についてはすでにいくつかの解説書がある[49][62][120]。ユング心理学との関連など、深い部分については、より経験豊かな著者によるこれらの書に解説を譲りたい。したがって本書では、はじめての読者に筆者なりに伝えうる、箱庭に関しての基本的な理論を概説することにした。箱庭療法の成立や意味、臨床場面での使用や研究的試みなど、箱庭療法をめぐっての理論を筆者なりの言葉で概観したのが第Ⅰ部である。

第1章
箱庭療法とは

第1節　箱庭療法の成立と発展

　箱庭療法（Sandspiel; Sand Play Technique）の原形は、イギリスのローエンフェルト（Lowenfeld, M.）[90][91][92]が1929年に子どものための治療技法として発案した"World Technique"である。

　子どもに対する心理治療の手段として、それ以前にはクライン（Klein, M.）[82]やアンナ・フロイト（Freud, A.）[21]らの精神分析家たちが遊びを通じての児童分析の立場で活動を行っていた。それは、着目する点が子どもの遊びであったとはいえ、「治療は転移（transference）や解釈（interpretation）によって展開する」という、フロイト（Freud, S.）[22][23][24]の成人に対する精神分析の理論をそのままあてはめたものであった。児童分析におけるアンナ・フロイトやクラインらの業績にはみるべきものが多く、子どもの行動の分析はわれわれにとって魅力的である。しかし、子どもの世界は解釈で説明しきれるものではなく、もっと特有の混沌としたものであり、その独自性が尊重されなければならない。そうした点に着目したのがローエンフェルトである。彼女は、子どもは成人とは違い、複雑な精神的要素がからみあっている存在であり、これらの発現のためには「視覚とともに触覚のような感覚の要素」をあわせ持ったような技法が有効であると主張した。子どもは水遊びや泥んこ遊びを好む。それが言葉では表現できない特有の触覚に訴える作用があることはわれわれが成人した後もなんらかの機会に体験するところである。子どもはそのような体験の中ではじめて自らが感じている世界を自由に表現できる。そうした特徴を持った素材として、視野にすっぽりと入るような砂箱と、ミニチュア玩具を

与えると、そこには子どもの内面の世界が作られる。そういう意味でローエンフェルトは作られたものを"The World"と呼び、これを「世界技法（The World Technique）」とした。ローエンフェルト自身はその後、他の方面に関心を移していくが、彼女の世界技法は治療的側面と診断的側面の2通りの立場から、別々の発展の道を歩むことになる。

　まず、治療的立場ではスイスの心理療法家のカルフ(48)(49)（Kalff, D.）が、この世界技法にユング(40〜47)（Jung, C. G.）の分析心理学の考えを導入して自らの治療の実践を重ねる中で理論づけていった。そして子どものみでなく、成人にも適用できる表現療法として確立し、この技法をそのプロセスの動的な要素のイメージを出してSandspielと呼んだ。

　一方、この技法の診断性に注目したビューラー(14)(15)（Bühler, C.）は、アメリカにおいてこれを投影法の一種として標準化に努め、世界テスト（World Test）を作成した。すなわち、砂の使用をやめ、素材を統一してテスト用具とし、作らせたものをいくつかのサインについて分析するのである。また、成人のための世界テストも、ボルガー(11)（Bolgar, H.）とフィッシャー（Fisher, L.）によって作成された。アメリカにおいてこの表現活動の治療的側面がほとんどかえりみられなかったことは、国民性の特徴とも関連するが、実証的診断的方法と主観的で現象記述的方法との両立が困難であったためでもある。

　しかしごく最近になって、療法としての箱庭がアメリカでブームになりつつあることが興味深い。テストとして割り切ることだけに終わってしまわぬ箱庭の可能性があらためて見直されていると言える。

　日本においては、カルフに教えを受けた京都大学の河合(58〜70)が1965年に「箱庭療法」という呼称で紹介して以来、今日に到るまでに非常な普及をみた。こうした小世界の表現が日本人の心性に親しみやすいものであったからだと言われている。カルフ自身もこれまでに数度来日して、河合とともに東京、大阪、京都などにおいて講演会や事例研究会をもち、そのつど多数の参加者を集めている。日本における箱庭療法は、西洋的な解釈理論を無理にあてはめる危険を冒すことのないよう配慮されたうえで紹介されたこともあって、実際の治療の場で着実に成果をおさめてきた。現在では研究機関ばかりでなく、病院、相談所、学校や企業のカウンセリングルームなど、きわめて広い場に

第2節　箱庭技法の実際

用具[注1]

　内法57×72×7cmの砂箱およびミニチュア玩具。砂箱の大きさは制作者の腰の高さのあたりに置いて、ちょうどその人の視野にすっぽり入る程度のものである。箱内には細かくふるった砂を深さの3分の2程度の量に入れておく[注2]。砂は山や川を作るために積みあげたり掘り下げたりしやすいよう適度に湿らせておくことが多いが、人によっては湿った砂の感触を嫌うこともあるため、ケースにより臨機応変に対処する。また箱の内側は青色に塗ってあり、掘ると海や川の感じが出るようになっている。

　ミニチュア玩具は、人間、動物、植物、建造物など大小さまざまなものを用意し、制作者が見やすいように並べておく。擬似人間、怪獣などの他、石、貝がら、木片、ビー玉といったような、それ自体完成された玩具でないものも用意し、制作者が創造的に利用できるよう配慮する。こうした素材はできるだけ多く用意するのが望ましいとされているが、実践の経験から、あまり過度に素材がありすぎると年齢の低い子どもや自我の弱いクライエントなどの場合、かえって混乱することもあるため、多くさえあればよいというわけでもない。

状況設定

　既述したような用具が実際の治療場面に設置されている。箱庭療法は、箱庭作りのみで治療が進んでいくわけではなく、そのほとんどが遊戯治療やカウンセリングの過程の中でクライエントが作りたくなった時に表現するという形をとる。したがって、箱庭用具はプレイルームや面接室の一角に何気なく置かれていることが多い。普通、腰のあたりの高さに砂の面があるくらいに置くが、幼児などの場合には視野に入りやすいよう、かなり低めの位置にしておくのがよいようである。

導入、制作

　箱庭制作は治療の流れの中でクライエントの自由な表現意欲に応じて行われるものであり、制作は強制されるべきものではない。子どもの場合は多くのミニチュア玩具に目をとめたとたんに興味を示し、とりかかることがしばしばである。しかし、初回などでクライエントが緊張していたり、興味はあるが手を出しそびれていたりしているように思われる時などには、箱庭のことを簡単に説明して軽く誘ってみることもある。実際には「ここにある玩具でこの中に好きなものを作ってみるものです。やってみますか？」とか、「これで遊んでみる？」とかいった程度の説明で十分のようである。クライエントが制作している間、治療者は2者の関係の中で最も自然に感じられる位置にいて制作を見守る。治療者によってクライエントの正面にいる人、真横に座る人、斜め後ろから見守る人など、さまざまである。制作中はあまりその表現に干渉しないよう、受容的な態度で見守っている。できあがってから「どんなところ？」とか、「ここはどうなっているの？」などと聞いてみることもあるが、あまり質問はしつこくしないことが望ましい。あれこれ聞かれるとクライエントがそれ以降の制作意欲をなくしてしまうこともあるからである。治療者としては聞いてみて知りたいことは多いが、知ることよりも表現されていく過程をともに体験し、できた作品をともに味わい、鑑賞するような姿勢でかかわることが治療的には望ましい。また、研究のための資料集めの際にはテーマを尋ねたり、「この中で好きな部分はどこですか？」「あなたがこの世界の中にいるとしたらどのあたりですか？」「足りなかったものは？」といった質問をすることもある。

　できあがった作品がそのセッション終了後も残るようであれば、写真にとっておくと記録として役立つものになる。

注1）最近では、テスト用具業者が、箱と、一応の玩具をセットにして市販している。これに各自が適当に玩具をつけ加えていくとよい。
注2）ローエンフェルト…茶色の荒い砂、細かい砂、白い砂の3種。
　　　カルフ……………茶色、白の2種。
　　　日　本……………多くが茶色や灰色の1種類の砂を使っているが、治療者によってさまざまである。

第2章
箱庭療法の理論

第1節　カルフの理論

　ローエンフェルトの世界技法を治療のための技法として発展させたカルフの、箱庭療法に関する理論の特徴には主な2つの柱がある。
　その1つは、セラピスト―クライエントの関係を重視し、クライエントの表現はセラピストとの関係のもとに作られたものであるとしたことである。さらにすべての人の内にある自己治癒の力を信じ、そうした安定した治療的人間関係と守られた空間の中でこそ人は自ら変化成長し、表現も象徴性の高さを持つとしたのである。いま1つはそうしたクライエントの表現のとらえ方や解釈に関してユングの分析心理学の考えを導入し、表現されたものをユングのいう象徴や心像として見ていこうとしたことである。
　この2点を中心にカルフの箱庭療法についての理論を概観する。

セラピスト―クライエント関係をめぐって
　カルフは治療が進んでいく中で治療者とクライエントの間に母と子のつながりに代表されるような基本的な信頼をともなった関係がなりたつことを重視し、これを母子一体性（Mutter-Kind-Einheit）と呼んだ。子どもは母親の胸に抱かれている時が最も心理的に守られて心身ともにやすらぎを得ると言われる。それは胎児が母胎内であらゆる刺激から守られ、包まれている時の状況に似ている。人間は人生の初期にそうした母親から与えられる基本的安定感（basic security）に支えられて自らを形成していくことが多くの学者によって述べられている。

自身が母親でもあるカルフは、クライエントがこうした母性に包まれることによって癒される点に特に注目した。クライエントはこの安定感を得ることで自らの内にある自己治癒の力を発動させて、深い、生き生きした自己表現を展開していくのである。ここに言う母子一体感はきわめて心理的なものであって、男性治療者であっても同様である。母親に守られているような安定した関係の中で、クライエントは枠によって守られた砂箱の中に自由にその内界のイメージを表現できる。治療者の心理的守りと砂箱の中の守られた世界——これをまとめてカルフは「自由にして保護された空間」と呼ぶ。そこにはふだんの防衛の枠を超えた、クライエントの深い内界のイメージが表出され、それをセラピストは見守り共感していく。治療関係を重視するという点から、こうして作られていく箱庭表現はセラピストとクライエントの共同作品であると言ってよい。このことについては、治療関係を説明する際に、セラピストはその中で化学変化を起こさせる容器であり、火であるといったことが言われる。(28)(63) さらに両者の人格の化学変化の結果表現された箱庭世界の理解にカルフはユングの考え方を導入しようとする。

箱庭へのユング心理学の導入

　カルフはその感性をユングに見出されて子どもの心理治療の仕事をするようになった人である。したがって箱庭の表現の見かた、考え方の中にはユングの分析心理学の理論が生かされている。

　人間の心の世界である無意識と意識が相補的に働くことに着目したユングは、自らの説の中心的な概念の1つとして心の全体性（psychic totality）を重視した。ユングによればその中心となるものが自己（Self）であり[注1]、これが自我（Ego）が発達していくための母胎となる[注2]。セルフやエゴについてのユングの莫大な理論は他の解説書にゆずり、ここではカルフの箱庭療法との関連において述べる。

　カルフは治療の過程において、クライエントが前述したような治療関係の中で箱庭の中に自らの内界の表現を重ねていく過程が、この心の全体性がより高次なものへと志向することと呼応すると言う。そして、変化の過程において箱庭の表現の中にセルフの象徴が表れることがあり、それはマンダラ表[注3]

現としてしばしば治療のポイントとなる時期に見られるとしてその事例を示している[49]。また、箱庭表現の中に表れる数々のテーマや場面、玩具などを見ていく際に、その意味をユングのいう心像（Image）や象徴（Symbol）[注4]としてとらえていくことが、治療者がクライエントを知り、感じるための有効な手がかりとなるとしている。さらにカルフは、クライエントの内的世界の成長が、より高い全体性の統合へと進んでいく過程を、ノイマン（Neumann, E.）[99][100][101]の考えをとり入れて次のように説明する。

まず、治療者―クライエント関係のもとに自己治癒の力が働き始め、セルフの象徴が生じた後、次のような3つの段階の世界が展開され、続いて再びより高次の自己の象徴が生じるとする。

1）動物的、植物的段階
2）闘争の段階
3）集団への適応の段階

すなわち、クライエントが自由にその内界を表現できる場に対する信頼を実感すると、セルフの表現がまず見られる。その後、動、植物で表されるような、衝動的で未分化な無意識のエネルギーが動き始め、それがイメージ化されて箱庭の中に現れてくるのが第1段階である。次に、単なる衝動的なエネルギーの表現にとどまらず、対立、闘争という形で、混沌とした世界に意味のある力と力のぶつかりあいが生じてくる。これはある種の秩序の生起であるともいえる。戦いは混乱であり、死や破壊にもつながることもあるが、対立するもの、戦うものが明確になるという意味ではひとつの秩序であると言ってよい。そうした山を乗り越えて後、おだやかな秩序をとり戻した世界が現れ、ひとまわり成長し安定したクライエントの内面が示される。そしてこの時期にさらに高次の自己の象徴としてのマンダラ表現が現れやすい。この過程を岡田は[120]「自我の発達過程であるとともに、自我と自己との関係の改善であり、社会性の発達でもあり、外界においては両親をはじめ関係ある人びととの関係の改善の過程をも示すものである」と表現している。こうした全体性の統合のプロセスは1度限りで終結するものではなく、心の発達として常にくり返され、それが自己実現の過程であるのだと言ってよい。

以上のように、カルフはその理論をユングの分析心理学の考えに従って展

開している。しかし、箱庭表現はあくまでも、セラピスト—クライエント間の関係の中で展開される反応である。分析的な解釈を駆使して知的にかかわっていくものではない。解釈は必ずしも言語化する必要はないし、公式的に象徴解釈を適用するものでもないことはカルフも強調するところである。治療としての箱庭表現であるところにクライエントの内面世界のイメージが生きるのであるから。

第2節　技法としての箱庭療法の位置づけ

　心理療法の技法にはさまざまなものがある。無意識の心理的過程を意識化していく言語的なアプローチとしては夢分析や自由連想に代表される精神分析の技法がある。またクライエントの意識の世界に焦点をあてて言語化を進め、それを援助していくのがロジャーズ、C.R.のカウンセリングの技法であるし、行動療法は直接の症状に具体的に働きかけていく。その他、最近日本でも注目されてきたゲシュタルト療法をはじめ、個々の技法をあげていくと数えきれぬほどの試みがある。各技法にはそれぞれが背景にしている学派の理論があり、それらには各視点において見るべき所がある。

　ユング派の治療の特徴は、クライエントの内的現実をとり扱いながら、治療の過程においてもその内面の成長（全体性の統合に代表されるような）に焦点をあてていくことである。その意味で他の代表的な学派との関係が図2-1のように表される。この図に見るようにユング派の治療はクライエントの内へ内へと入っていき、時としてあまりに不可解であるとみられる。そんな中で箱庭はとにかく現実の目に見える作品ができあがるという点において具

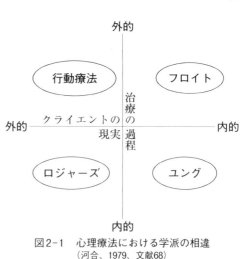

図2-1　心理療法における学派の相違
　　　　（河合、1979、文献68）

象性に富み、わかりやすくストレートに見る者に訴えかけてくる。そうしたこともあって箱庭の技法は多くの治療者に受け入れやすいものになっていると言える。[注5]

　技法としての箱庭療法は表現療法のひとつであり、絵画療法と遊戯療法の中間に位置する。3つの技法とも、非言語的な表現を媒体としているが、遊戯療法は時間と場所に制限があるのに対し、箱庭と絵画にはさらに空間（砂箱と画用紙）の制限が与えられている。遊戯治療の場合、クライエントが十分にリラックスして自由にふるまえぬ時もあり、遊びを系統的に見て人格変化の過程を把握するのも難しい。また成人の場合、治療は主として言語に頼るカウンセリングによって行われるが、話すことの苦手な人にとっては言葉で自己表現をすることが苦痛であることも多い。さらに、プレイルーム内で熱心に「遊ぶ」には年齢が高くなり、かといって成人のように言語化がまだ十分にできぬ思春期のクライエントへの治療的アプローチはなかなか困難であると言われる。そうした場合、箱庭を作ることがクライエントにとってたいへん効果的な自己表現の手段となりうる。このような意味で箱庭は非常に具体性、集約性、直接性を持った表現であり、これを系列的に見ていくことによって、客観的に変化の過程を把握でき、クライエントの姿がセラピストに容易に受容される。

　さらに、絵画療法との比較においては、絵を描くということに対する大きい抵抗を克服できるという利点がある。絵画の場合、できあがったものは1つの作品として見られがちであり、表現技術に自信のない人、描くことが嫌いな人にとっては苦痛ともなりうる。その点、箱庭は表現が手軽であり、誰にでも興味を持たせるに十分なものであり、ほとんどの人がモチベーションを高め、抵抗なく入っていける素材である。また、砂に触れることは、成人でも子どもでも、治療に必要な適度の退行を引き起こす効果があり、緊張の高いクライエントにも有効であることが知られている。

　しかしながら、創造という点においては絵画の可能性は無限であり、きわめて個性的なものである。それに対して箱庭はすでにできあがった玩具による構成であるため、ある程度の限界があることは避けられない。[注6]セラピストの判断で、クライエントに則した、臨機応変なアプローチと技法の選択が望

まれる。

第3節　箱庭療法の特徴

本節では、治療関係の中で箱庭表現が果たしている意味について述べる。

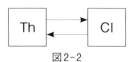

図2-2

言語的なアプローチで治療を進めるカウンセリングの面接場面ではセラピスト（Th）とクライエント（Cl）は直接対面し、じかにぶつかりあい、関係を作っていく。もちろんそうした正面からの人対人の対面（時には対決　図2-2）が必要で有効な時もある。しかし、ともすればこうしたストレートすぎるアプローチのあり方は両者の緊張を高め、クライエントの自由さを奪うことにもなりがちである。

日常場面でも、例えばおとなが子どもにかかわろうとする時、直接その子どもにいきなり話しかける（図2-3の⒜）のでなく、その子が関心を示している玩具、遊び、事柄などにかかわっていく（図2-3の⒝）方が子どもとの関係の中にスムーズに入っていける。直接の関係から入るのではなく、遊びやおもちゃといった媒体をはさんで、ある角度を持った関係になることで自由な感じが得られやすくなる。

このようになにか媒体を通して関係を作っていくのは、絵画療法、遊戯療

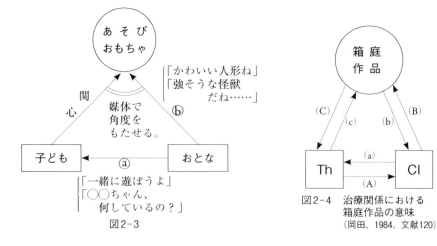

図2-3

図2-4　治療関係における箱庭作品の意味
（岡田、1984、文献120）

法、箱庭療法の3者に共通した利点である。その媒体が遊びであり、絵であり、箱庭表現である。こうした媒体としての箱庭が、治療関係の中でどのように機能しているのかを岡田が示している図式（図2-4）を引用して、筆者なりの見解を加えて考察する。

(A)……ThがClに対して与えるさまざまな治療的配慮と働きかけ。Thとして、Clの自己治癒の力を信じる姿勢もこの中に含まれる。

(a)……Clの、Thに対する直接の表現。Thに対する甘えや拒否の感情表現としての身体接触や攻撃、種々の訴えや要求など。

(B)……Clの自己表現としての箱庭制作。(A) の力に支えられてClが制作することもあるし、自らの内的欲求に従って、制作することもある。

(b)……自分の作った作品から制作者本人へのさまざまなフィードバックである。自らの制作したものから受けた感じが、制作者自身の気づきをもたらすことも多い。その気づきは、自分の内にある気味悪いものであったり、他者への感情であったり、また今後に向けての可能性であったりする。また、砂に触れた感覚がClに心理的退行をもたらすのもこの部分の作用だと言える。

(C)……Clの表現した世界がThに訴えかける働きである。目に見える形で作られた箱庭作品は、さまざまな情報を持っている。Thはそれを受けとり、感じ、了解する。直接にはなかなか垣間見ることができない、Clの内界からのメッセージである。そしてまた、時にはClの箱庭表現が、直接Thの無意識内のコンプレックスに働きかけることもある。

(c)……Clの作品に対するTh側の反応であり、働きかけである。作品についての印象を述べてみたり、時には解釈をすることもあろう。そしてまた、Thの存在自体が作品に影響を与えていることもありうる。箱庭作品は前述したように、ThとClの共同作品だからである。

この図式にみられるTh―作品―Clの3者関係はその作品が絵画であっても同様である。しかし、箱庭として特徴的であるのは (B) と (b) の相互作用の有効さと便利さであろう。すなわち箱庭療法においては、世界ができあが

っていくプロセスにおいてこの相互作用が頻繁に起こると思われる。箱庭の玩具は数多くあるとはいうものの、制作者が描いた構想どおりのものがあるとは限らない。そのため、作り進んでいくうちに作品の印象が思わぬ方向へと進んでいくこともある。絵画においても表現技術のために意外な色や形のものになって、それが制作者に作用することがある。しかし、箱庭の玩具は具体的であるだけによりリアルで強烈な印象を与える。また、絵の場合には1度描いてしまったものの書き直しは困難であるが、箱庭は制作者が意図すればいくらでも置き換え、作りなおし、修正が可能である。したがって、箱庭作りの中で1つのドラマが展開することもあり、制作者は心ゆくまでその世界にとり組むことができる。そしてもし、どうしても必要であれば、セラピストの方が箱庭作品にちょっとだけ手を出すことも可能である。こうした意味で、箱庭作りはその制作のプロセスに起こる相互作用において制作者への影響が最も強く、動的な役割を果たすものであるといえる。

技法としての箱庭療法の特徴や位置づけについて述べてきたが、さらに箱庭作品の見かたや、その治療要因などについて次章に述べる。

注1）注2）　自己（Self）とは、意識と無意識を含む心の全体性の主体であり、自我（Ego）とは意識野の中心である。（文献40）
注3）　Mandala……セルフの象徴としてしばしば現れる円とか四角の幾何学図形に注目したユングは、これを仏教における曼荼羅と同等のものと考えた。manda（本質）、la（得る、成就する）との意味のサンスクリット語が語源である。（文献62）
注4）　意識と無意識、内界と外界の交錯するところに生じてできたものを視覚的な像としてとらえたもの。（文献40、62）
注5）　単に受け入れやすいという意味で、初心者や専門家でない人の間にも箱庭が勧迎されるという傾向もある。受け入れやすいのは決して悪いことではないが、第3章の終わりに述べるような危険性も十分に考慮されなければならない。
注6）　しかし、人によっては、創造的な、オブジェ風の表現をすることもある。（図5-2）
注7）　第III部第9章の自閉的な子どものケースでは、筆者はクライエントとの関係をはかるために、また、1つの刺激にするために、1～2度クライエントの表現に手を加えたことがある。

第3章
箱庭療法の実践と課題

第1節　箱庭表現の見かた

　これまで述べたような状況のもとでクライエントが制作した箱庭世界は主として次のような点から見、セラピストはそれに共感していくことになる。

系列的理解
　箱庭表現は1回きりの場合もあるが、その多くはクライエントが治療の中でくり返し制作するものである。単独の作品のみを見て内容を云々することは難しく、独断やあてもの的興味にも走りやすい。セラピストがクライエントとの関係の中で作られていく世界をシリーズとして見ていくことでテーマが明確になり、クライエントの問題や表現の意味を了解することができるのである。もちろんただ1つの箱庭表現がそのクライエントの心のすべてを伝えていることもある。第11章の事例に見る、P子の最初で最後の箱庭などにおいては、それは治療の終結をむかえたクライエントの気持ちのすべてを包含した、集約された表現であると言ってよい。
　しかし多くの場合、セラピストはクライエントの作るものを続けて見ていき、1回きりのものに無理な解釈をすることなく、その変化と発展に注目していく態度が望まれる。

統合性
　作品を見た時、その全体から受ける感じをセラピストは大切にし、そうした印象について感受性豊かでなければならない。個々の細かい部分を見るこ

とも必要である。しかし箱庭全体はその制作者の内的世界の集約的なイメージの表現であるから、その全体の印象をセラピストがどう感じとるかが、クライエントにいかにかかわっていくかにも通じてくる。われわれは作品を見て「たいへん寂しい」「にぎやかで活気がある」とか、「ダイナミックである」とかいったさまざまな感じを受ける。玩具が多数使われていても、なにか寂しくて動きのない世界もあれば、逆にごく少数の玩具で構成されてもダイナミックで充実した印象の世界もある。また全体が散漫で焦点の定まらぬものもあるし、すっきりと統合され見る者に強く訴えかける感情が伝わってくるものもある。全体の印象がどのような感じであるのかは、その制作者の大きなパーソナリティーイメージがいかなるものかに通じる。治療のプロセスの中でそうした全体の感じがいかにまとまり、より高い統合へと進んでいくのかに注目しながら、セラピストはクライエントの表現についていくことになる。

空間配置

箱庭の世界の構成に関して、その箱のスペースをどのように使ったかについての視点も解釈上重要である。

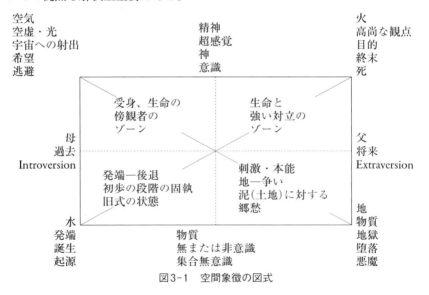

図3-1　空間象徴の図式

与えられた箱庭の枠内におけるその領域の使い方については、ヨーロッパに古くからある空間象徴理論と対応して考えられている。これは筆跡学の伝統をひいて図3-1のような空間の意味を論じるものであり、バウム・テスト[83][84]などにも生かされている理論である。現在までのところ、箱庭の左側（制作者の側からみて）が作者の内界であり、右側は外的世界、対社会に向けての表現が出てくるとされている。もちろん例外もあり、左右の世界が逆転していると思われる例もあって、こうした解釈は一概にはできない。しかし、このような考えを適用するとわかりやすい場合も多く、また実際、作られた作品の左右や、特定の場面や玩具の位置は制作者にとってきわめて大切なものである。左右が逆転したり、玩具の位置が変わったりするとなにか非常な違和感を持つのはそのためである。例えば、図4-20の作品などは、左側の世界にある神秘的な神社が、より深い内面の世界の中心（Self）のシンボルであり、それに対して右側の開けた領域にある城は対照的な意味での意識の中心（Ego）を表すものだと考えられる。この左右の配置は理論と一致し、見る者にとってもこれが逆転するときわめておさまりが悪いものと感じられるものであった[注1]。

　このような箱庭作品の空間配置に関しては、そのあり方や変化を追うことによってクライエントの変化の過程を知る手がかりとなる。

テーマ

　箱庭作品の中には多くの場合、テーマと言ってよいなんらかの視点を見出すことができる。第1節で述べたカルフの理論にもテーマの発達段階が示されており、箱庭表現の流れの中に一連のテーマを見出し、その変化に注目していくことの重要さを示唆している。

　箱庭の作品においては、経験的にいくつかの典型的なテーマがあることが知られている。例えば自己像の成長がテーマになり、混沌とした世界の中からなにか中心的なものが生じ、それがその人の自己像となって発展していくようなもの。また、領域の拡大、統合、開放が中心になって展開していくようなもの、戦いがくり返し行われて制作者のエネルギーの統合がテーマになるもの、その他、死と再生、渡河、出立などといったさまざまなテーマが制

作者の箱庭世界の中に展開される。どのようなテーマがクライエントのその時点での問題の中心であるかに対してセラピストは敏感になり、それをともに見守っていくことでクライエントは自らの世界の展開を進めていける。したがって、治療者はクライエントが訴えようとするテーマに対する感受性をみがくことも心がける必要がある。

使われたものの象徴的意味

箱庭作品の中に使われた種々の事物の分析的な意味から象徴解釈をする場合もある。例えばヘビは変化を暗示するシンボルであるとか、海や貝を女性や母性のシンボルだとするようなものである。表現を心像としてとらえる以上、こうした側面は多かれ少なかれ見逃すことはできない。カルフの著書などではこうした象徴解釈がかなりつっこんで行われているが、日本ではこれが公式的な型にはまったものになってしまうことを恐れて、あまり思い切った解釈をすることが少ないようである。できる限りを言語化して明確にしていこうとする西洋的な態度と、「なんとなく」の感じを大切にする東洋的な日本人との心性の違いが、この箱庭の象徴解釈に対する態度にも表れていると言える。

ユングは象徴を単なる記号や標識と区別して、「無意識の重要な1断片の表現であり、それ以外のものではうまく言い表すことができないような、ある事柄の表現である」と言う。そして「まだ知られていないものの表現として最高のもの」であり、また「あるものが象徴であるかないかは、まず第1にそれを見る意識の根本態度の如何による」とも述べている。ユングの言うこうした「生きた象徴」としての表現を箱庭世界の中に感じとっていくことも専門の治療者にとっては大切な側面である。

第2節　箱庭制作における治療的要因

「箱庭を作ると治るのか？」「箱庭療法は登校拒否に効く」とかいった言い方を時折耳にする。心理療法の技法は飲み薬でもなく、傷につける特効薬でもない。したがって、「作れば治る」と言えるものではないし、用い方によって

は非治療的な結果を生むこともあり得る。しかし実際の治療場面で箱庭は多くの、そして劇的な成果をあげている。

本節では箱庭の持つ独自の治療要因を具体的に述べる。

砂（心理的退行による治療効果）

　箱庭技法における大きな特徴の1つは砂という動的な素材の使用である。ローエンフェルトが「視覚と触覚の要素をあわせ持つ技法」と述べているとおり、砂はその感触によって人間の深い部分に訴えかけてくる。自閉症児が水や砂の感触を好み、そうしたものに触れる時、満足や喜びの表情を見せることはよく知られている。よくふるわれてさらさらした細かく美しい砂はひんやりして思わずその中に両手を埋めたくなる。クライエントの中には、玩具を使って構成するのでなく砂を両手でかきまぜたり、すくいあげたりをくり返しながら、ポツリポツリと話をする人もある。作品を作ることのみが目的ではなく、箱庭の砂がこうした使われ方をすることも一向に構わない。砂はそれ自体、治療的な素材である。多くの場合このような砂との戯れは心の防衛を解き、人をリラックスさせる。「治療的に意味のある適度な心理的退行」である。こうした生理的な刺激に助けられてクライエントは緊張がほぐれ、少しずつ自己の内面の深い世界を表出するようになるのである。

　また、砂はその中にものを埋めたり、掘り下げたり、積みあげたりして、さまざまな使い方ができる可塑性に富んだ素材である。そうした表現は、死と再生、流れなどのテーマとの関連で治療のプロセス上重要な役割を果たすことがある。

　しかし一方、砂はそのさらさらと崩れ落ちる感じから崩壊感を招きやすく、分裂病（以下、統合失調症とする）圏内のクライエントにとっては危険な素材にもなりうると言われる場合もある。その意味で造形のための素材としては粘土の方が好ましいと中井は発言[注2]している。

　自己表現の素材としての砂の効罪は一概に言えぬが、砂というものがそれに触れる人の内面の深い所を動かしうる要素になることは確かであろう。

箱（枠：守られた中での自己表出）

　プレイルームや面接室自体、1つの枠であるといえる。特別な事情がない限り治療者はそこ以外でクライエントに会うことはしないからである。箱庭はその空間の中にあるもう1つの枠である。クライエントの自由な表現を最大限に発揮させるのにこうした枠があるのはおかしいと感じられるかもしれない。しかし、クライエントにとってこの枠は「心理的に守られた空間」である。河合(62)は「人間に自由を与えてその内的なものを深く掘り下げた表現をさせる場合何らかの"制限"を必要とする」と述べ、「個人の能力を超えて与えられた余りに制限のない自由の前では個人は戸惑いを感じたり時には恐怖をさえ感じ、かえって自由に振舞えなくなる」としている。箱庭は一見してその人の視野に入る程度のまとまった枠内の世界である。枠に守られて制作者は相当の深いレベルの自己表現（時にはそれは危険でもある）ができるのである。枠づけの意味はさらに中井(97)(98)による描画の枠づけ技法において興味ある試みとして報告されている。すなわち、絵画療法のアプローチの中で、画用紙にさらに枠を書きこんで（図3-2）クライエントに絵を描かせると、枠内にはより深い内面のイメージを表す内容が描かれるというのである。バウム・テストにおいても同じ試みを行ったところ、枠付き用紙の方になにか奇妙なものが描かれることが多いという報告もある。

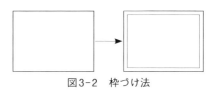

図3-2　枠づけ法

枠づけ技法についてはまだあまり詳しいことはわかっていないが、とにかく枠を与えられることによって人はそこになにかより内的な無意識的なものを表出することになるようである。箱庭の箱はこの枠に相当すると言ってよい。守られて、枠づけされた空間であるだけにそこには枠のない世界では出せぬような激しい攻撃性や破壊的なエネルギーが表出されることもある。統合失調症やボーダーラインのクライエントに箱庭を適用せぬ方がよいという理由はそこにもある。それだけ箱庭の枠内には深いイメージが出てくるのである。

　箱庭は夢よりも深いレベルの表現であると言われることもある。夢は日常生活の名残が混入した無意識の断片であり、それに対して箱庭はクライエン

トが表現意欲を持って表出した集約されたイメージであるからである。表現の「深さ」は一概には言えぬが、ともかく箱庭の枠はそういった点で相当意味深いものであると言ってよい。

内面にあるものの意識化（作品からのフィードバック）

　第3節の図2-4で述べたように、箱庭表現は制作者に多くのことをフィードバックする。治療者が特に解釈を言語化しなくても自らの表現が目に見える形で目前に展開し、しかもそれがきわめて具体的な様相を呈するため、制作者自身がそこから気づくことは数多い。美しいカラフルな公園を作ろうと前もって考えてきた女子大生が、箱庭を前にしてなぜか急に2頭のサイが目につき、どうしてもそれを使わねばという気持ちになって、考えてきたものとは全く違う動物と怪獣の世界を作った例がある。動物がうごめくその世界は力強いものであったが、彼女はそういうものができあがったことに少なからずショックを受けた。そうした気持ちを言語化していくなかで、衝動的なエネルギーの爆発をいつも恐れつつ表面的にしか外界に適応していない自分についての気づきを深めていったのである。

　こうしたことは治療者の援助なしでも起こるが、そのプロセスの中で治療者が治療的にかかわっていけば制作者の体験と気づきはより深く実りの大きいものとなっていく。

　前述したように、作品からのフィードバックは治療者に対しても大きな気づきをもたらすのであるから。

自己表現と美意識の満足

　箱庭制作は自己表現である。表現意欲の起こってきた時に治療者との信頼関係に支えられて自分の体を動かし砂と玩具を使って小世界を作る。こうした行動は当然のことながら相当のカタルシス効果を生む。箱庭は絵画より表現が手軽であるから、自分の作りたい場面が容易に構成できることも制作者にとってうれしいことになる。またできあがっていく世界が思った以上に好印象のものになっていくことも多い。また、美しく作れたということでなくても予想以上に感じがよく出せたという大きい満足感を得ることもある。

花の咲き乱れる庭で子どもや動物たちがつどっている楽しげな場面を作っている女子学生の表情が次第に輝いていき、「きれいにできた！ああ楽しかった！」と作り終わってにこにこした例も多い。

美しくできあがった世界は制作者の美的な感覚を満たしその心を弾ませる。表現しようとしたイメージが思いのほかうまく表すことができるとそのことだけでも人は心が軽く楽しくなる。そうした満足感はもうそれだけで十分に治療的であると言ってよい。人は自らの作った箱庭表現によって癒されるのである。

以上、箱庭療法に特徴的な治療的要因をいくつかにまとめて述べてきた。これらの治療ファクターは、治療者―クライエント関係の中でその生命力を得、確実な、また時には劇的な治療展開の中でクライエントの変化と成長がみられることになる。

第3節　箱庭療法の研究と今後の課題

箱庭療法の事例的研究

箱庭はそれのみで治療が進むのではなく、遊戯治療やカウンセリングの中で時折制作されるものである。したがって箱庭の事例としてのみでなく、そうした事例研究としての多くのケースの考察が積み重ねられている。

箱庭療法に焦点をあてた文献としては、カルフの『Sandspiel』(1966)、河合の『箱庭療法入門』(1969)、河合・山中編『箱庭療法研究1、2』(1982、1985)、岡田の『箱庭療法の基礎』(1984) などがある。カルフはSandspielの中で理論とともに自らの事例をいくつかとりあげており、これが箱庭療法としての最初の文献といえる。初期のカルフの事例には象徴解釈を重視した考察が目立っているが、箱庭への理解と体験を重ねるうちに彼女自身こまかい事物への象徴解釈にはあまりこだわらなくなってきている。これは数度にわたる来日の際に日本における事例の多くに接したことも影響していると言われる。日本においても初期は比較的筋のよく読めるわかりやすい事例研究が多かったが、最近では徐々により深い言語化困難な世界からのメッセージとしての箱庭表現の考察へと進みつつある。

次に箱庭療法の適用事例について概観する。

箱庭療法は神経症圏内のクライエントに対する適用が最も一般的であり効果があるといわれ、日本における最初の入門書の事例も圧倒的に情緒障害児のものが多かった。

箱庭制作は遊戯治療やカウンセリング場面におけるさらに小さい枠内での自己表現であるため、そこに強い衝動性や深い病的なイメージがあふれ出てしまうことがある。それがセラピストの許容範囲を越える時には、自らの破壊的な表現にクライエント自身が壊されてしまわぬように、制作をやめさせることもある。そういった意味で統合失調症やボーダーラインの人には適用しない方がよいと言われる。しかしこういうことをふまえた上で、箱庭療法はわが国においてこの15年間にその適用範囲を広げ、さまざまなレベルのクライエントに対して試みられ、それなりの成果が報告されている。例えば心理的な主訴の人のみでなく、喘息、胃腸障害などの心身症やてんかん、といった器質疾患のクライエントに対する試みも報告されるようになっている。こうした症例研究に関する論文は、大学の研究紀要をはじめ各地の教育研究所や児童相談所などの紀要に多数収録されている。

箱庭療法に関する基礎的研究

はじめにも述べたように、箱庭療法に関する基礎的な研究（すなわち、事例研究を除くさまざまな研究的アプローチ）はまだ数少ない。

岡田はSD法によって作品の印象を治療者群に評定させ、因子分析を行って6つの代表的な印象の作品群を紹介している。治療の中で作品の類型化をすることの意味は少ないが、作品の印象からある程度の診断的知見と表現の特徴を知るということでは興味ある試みである。

年齢発達的な観点からみた箱庭表現の特徴や傾向については、岡田、秋山、岩堂・奈比川・木村などのデータがある。こうした研究においては、年齢、性別、あるいは特殊な特徴（能力や生育史など）を持つ群の被験者が平均的にはどのくらい時間をかけ、どんなテーマで、いくつの玩具を使って箱庭作りをするのかを数量的にとらえている。本書第4章はそうした特徴的な群の箱庭表現や制作傾向の分析である。

さらに、箱庭表現と他の心理検査との関連をみようとする木村の研究は、箱庭をそれのみの独立したものとしておくのではなく、他のテストや人格理論の知見からとらえようとするものであり、本書第5章～7章に収録した。
　その他、作品の左右性に関する研究、宗教性やヘビの象徴性、川や流れの意味などに関する研究が主として岡田・木村を中心として進められている。このような基礎的な研究をまとめたものとしての最初のものが岡田による『箱庭療法の基礎』(1984)であり、本書はそれに次ぐものである。
　こうした研究的試みはその手続きや条件、方法を客観性の高いものにしようとすればするほど、実際の治療と遊離したものになっていくというジレンマを備えている。
　最近では卒論、修論レベルでの基礎的研究が行われている。しかしまた、学生がこうした研究にとり組む場合、臨床の実践をともなわぬため、興味が単なる数量的レベルにとどまってしまいがちになり、それが本人たち自身に物足りなさを感じさせている現状である。このような基礎的な研究の蓄積は今後の若い研究者の意欲に期待されるところが大である。そんな中で、表現の治療的意味や独自性と、法則定位的試みとのギャップにいかにとり組み、どのような方向に研究を発展させ、充実させていくかが筆者自身の課題であると思っている。

箱庭療法の今後の課題

　箱庭療法は1965年にわが国に紹介されて以来、日本人に受け入れられやすい特性のゆえに広くとり入れられ、発展した。箱庭療法の普及の最初のピークは、河合による入門書が出た1969年頃からの数年にあたったように思われる。それまで遊戯治療を行っていた各所のセラピストたちがこの技法をこぞって学び、とり入れようとしたからである。その後しばらくは徐々に全国の治療機関に定着しながら事例研究の数も着実に伸びていった。さらに最近再び箱庭を新たに学ぼうとする人が増え、第2のピークが訪れているように感じられる。そのような現在から今後に向けて、箱庭療法についての問題点や課題などに関して考える。
　まず第1は箱庭のわかりやすさ、とっつきやすさについての危険である。前

述したように箱庭はその受け入れやすさから歓迎され普及した。しかしそれは視点を変えれば、あまり専門的な訓練を受けない人でも十分にかかわり得るということであり、全くの専門外の人にもそれなりに解釈が理解されるということである。親しみやすいことは貴重な長所であるが、その点があまり前に出すぎると箱庭はごく一般的なもの、やさしいものとの印象が強くなる。極端に言うと学問的にあまりレベルの高くないお遊び的なものという認識を持たれかねない。ある小学校の先生が筆者を訪ねてこられ、「箱庭というものを教材にとり入れたいと思うがどうしたらよいでしょうか」と質問されたこともある。もちろん、後で述べるように箱庭がいろいろに応用されて生かされるのは喜ばしい。また多くの場合、それをとり扱っている人のレベルに応じた表現しか展開しないものである。しかしまた、制作者の内に思いがけず大きな問題が潜んでいた時、「枠」の機能で本人や周囲の人の許容範囲をはるかに越えた破壊的な展開が起こることもありうる。専門的な知識に乏しい人はこうした側面に対して無知である。安易な適用のしかたにともなう危険性についてもさらに考慮される必要がある。

　こうした点に関連して河合は「一番困るのは、ある程度の成功例を背景に恣意的な"解釈"をまき散らす人である」と述べ、「このようなことを無くし、セラピストの"容量"を高めていくには、訓練と研修の機会を増加し、深めていく努力を払わねばならない」と言っている。そして良い指導者につき、知識的なものの修得のみでなく、自らが箱庭を作ってみることも大切であること、さらに広く文学、美術、哲学、宗教などの分野にも学ぶ姿勢を持つことが望まれるとしている。

　箱庭は「面白そう」な技法である。しかしここに述べたような意味で今後さらに研修、訓練の場が充実されていかなければならない。

　また、箱庭技法の応用についてはまだ明確な知見や成果の発表はなされていないが、筆者自身のものも含めて次のような試みが少しずつなされている。本来の1対1の関係のもとで制作するという形ではなく、グループワークの中で相互啓発、自己理解のための素材としての活用。例えば、1人が作り、他のメンバーがそれを見ていて印象をフィードバックする、グループメンバーが交互に玩具を置き、そのプロセスで起こることを味わい、後で言語化する

といったような試みである。グループの成長を研究テーマにして、対人関係の中での自己への気づきを深めるために各自が箱庭を作ってフィードバックしあい、論文にまとめた短大生グループもある。本書第12章には健康な女子学生によるそうした試みをとりあげた。また、箱庭表現の中にゲシュタルト療法の技法をとり入れて治療する人もあるし、教材とまでは言わなくとも実際の教育現場でコミュニケーションの手段として箱庭を活用する先生もある。

　箱庭をカルフの理論のみに忠実に従った治療技法として枠づけてしまう必要はない。さまざまな場面で応用され、その特質が生かされるようになってよい。ただ、先に述べた危険な側面もあるため、こうした応用や変形は正しい判断と訓練のもとに工夫発展させられなければならない。

　さらにもう1つは、本章ですでに述べたように、実際の治療と研究的なアプローチについての課題である。

　セラピストとクライエントの関係の中で作られる特別な箱庭表現と、研究として数量的にまとめられた箱庭に関するデータとの関連づけには相当のギャップがあると言ってよい。しかし基礎的な研究から得た知見が、ある程度実際の治療に応用しうることも事実である。そしてこうした研究はそれなりの成果と支持を得ている。本書第II部はそうした基礎的研究に関するものである。

　研究的な試みが実際の治療と遊離することなく、臨床場面に生かされるものとして続けられ、発展していくことは筆者を含む研究者たちにとって今後の重大な課題であると考えている。

注1）左右を逆転させておさまりの良し悪しを評定させた研究がある（114、115、120）
注2）1984年夏、京都において開かれた箱庭療法セミナーのシンポジウムにおいて、神戸大学の中井久夫（97）（98）が自らの経験からこのような主旨の発言をしている。
注3）1983年7月、京都で行われた箱庭療法セミナーのシンポジウムでこのことが話題になった。
注4）こうした体験を筆者は、あまり病的なものがなく、力があると思われるクライエントやノーマルな大学生との間でしばしば持っている。

第 II 部
基礎的研究編

第Ⅰ部では箱庭療法の理論や治療に関する筆者の考えなどについて述べてきた。続いて第Ⅱ部は、過去十数年間に行ってきた筆者の基礎的な研究をまとめたものである。

　第Ⅰ部でも述べたように箱庭療法は治療のための技法であって、テストではない。したがって数量的に解釈したりはしないし、平均値があるものでもない。箱庭療法の治療的側面と実験的試みについて河合は、前者を個性記述的（idiographic）、後者を法則定位的（nomothetic）としてその関連づけの困難さを指摘し、箱庭療法の研究をめぐっての大きな課題であるとし、河合自身は明確な見解を持ち得ないと述べている(70)。

　筆者は個々の主観的な解釈と記述による症例研究のみでなく、なんらかの形での基礎的な資料を得たいと考えて、臨床の実践を始めた当初からこの課題にとり組んできた。臨床を志そうとする筆者にとって、実際の箱庭表現を数多く見、そこからある程度の見解を得たことは、箱庭に対する自分なりの見方を深めることに役立ったといえる。また、こうした資料の意味を求め、知ることは、セラピスト―クライエントの特殊な治療関係の中での表現のみに、セラピストとしての初心者である筆者がのみ込まれてしまわぬための助けになったとも考えている。そうした意味で、nomotheticな研究は筆者にとってプラスになったし、今後もなんらかの形で、臨床を志す人たちへの1つの知見として意味のあるものになると考えている。

第4章
箱庭表現と制作傾向の分析
――発達の視点から――

第1節　問題と目的

　概説で述べたように、箱庭制作は作る人とそれを見守る人の2者の関係のもとで表現が生き、深まっていくものであり、作品は系列として解釈していくべきものである。したがって、箱庭療法に関する研究も事例を中心にしてそこに展開されるテーマを見ていこうとするものがほとんどである。しかし、作られた箱庭表現が一方では同世代の人のポピュラーなものに比べてどうであるのか、年齢発達的にはどのあたりに位置するものなのか、また能力的にはどうか、といったある程度の判断の基準を治療者が持っておくことも必要であると思われる。

　本章ではそうした意図のもとに、種々の被験者群が制作した箱庭表現をとりあげ、各群にみられる表現や制作の特徴、共通性、異質性、一般的な傾向などの把握検討を行う。多くのサンプルから得られた箱庭表現についての知識は、クライエントの作品に触れていく際により幅広い理解、解釈、共感のための手がかりとなると考える。

第2節　手続きと方法

被験者
　本章でとりあげる箱庭表現の制作者は表4-1のとおりである。
箱庭制作実施方法
1）実施場所

表4-1　被験者

	群	人数	備　考
正常群	幼　　児	52	3～5歳児
	小　学　生	80	普通学級4年生 *
	中　学　生	47	普通中学1・2年生
	高　校　生	82	普通高校1～3年生
	大　学　生	92	20～25歳大学生
特殊群	発達遅滞児	28	小学校特殊学級4～6年生
	高 知 能 児	35	IQ135以上小学校4～6年生 **
	施　設　児	38	養護施設児中学校1～3年生

* このデータは岩堂美智子・奈比川美保子の共同研究による資料を借用したものである。（文献34）

**: 高知能児は、大阪市内の10数校の小学校を訪れ、過去、2年以内に実施したIQテスト（京大NX、田中B、東大式など）の結果、高IQ児をリストアップし、小学校の承認を得て各児童の家庭に依頼し大学に来所してもらったものである。

- 大阪市立大学プレイルームおよび研究室
- 天理大学学生相談室（高校生群）

2）用具、材料（箱庭療法用具^{注1}）
- 砂箱：内側を青色に塗った内法57×72×7cmの箱。中には深さ3分の2程度に、適度に湿らせた砂が入っている。
- 玩具：各種の人間、擬似人間、動物（家畜、野獣、は虫類、鳥、魚、怪獣など）、植物（樹木、草花、花壇、芝生など）、家、建造物、家具、遊具、乗り物、柵、石、タイル、木片など、さまざまなものを用意する。

3）教示

「ここにあるおもちゃと砂を使って、この中にあなたの好きなものを作って下さい。おもちゃは何を使ってもかまいません。時間は自由です。できたら知らせて下さい」

4）記録

制作に要した時間、使用した玩具の数や種類^{注2}、最初に置いた玩具、砂の使用、制作中の態度、制作過程、作品の印象などの点について、立ち会いのテスターが測定、観察して記録用紙に記入する。さらに、制作終了後、被験者に対して作品のテーマ、説明、制作してみての感想などを質問して記録する。できあがった作品は写真撮影し、カラースライドにして、資料として保存する。

5）テスター

筆者または I（女性）、O（男性）^{注3}のいずれかが立ち会い、1対1で制作させ

る。原則として第3者の立ち会いは認めない。
6）その他
　被験者群によっては、箱庭制作の前後に、ロールシャッハ・テスト、Y-G性格検査、バウム・テスト、タイプ検査なども実施している。

整理の方法
1）被験者ごとに、次の点について比較検討を行う。
- 制作時間、使用玩具の数と種類などについての数量的検討。
- テーマ、表現傾向についての検討。
- 砂の使用等についての検討。

2）上に述べた点に関して、次のような視点から比較を行う。
- 年齢発達的視点：幼児群、小学生群、中学生群、高校生群、大学生群に関して。
- 正常群各々の男女差に関して。
- 知的レベルの差違に関して：高知能児群、精神薄弱児群を中心として。
- 生育環境の違いに関して：施設児群を中心として。

第3節　結果と考察

測定値による数量的検討

　各被験者（以下Sub.と略）が箱庭制作に要した時間、玩具数、および玩具の種類に関する平均値は表4-2に示される。さらにこの値について各群の差をみたものが表4-3である。
　また、各群における種類別玩具の使用量は図4-1に示されるとおりである。
　さらに、正常群における種類別玩具の使用人数（その群のSub.のうち何人がその種類の玩具を使ったか）と、群間でのX^2検定の結果が表4-4に示される。
　これらの数量的資料から、まず正常群内における比較検討を男女比較も含めて進めていき、次に特殊群について考察していく。
〔以下、本文中において、各群を次のように略して述べる。〕

　幼児群——㉿　　　小学生群——㋛　　　中学生群——㊥

　高校生群——㊴　　　大学生群——㋖

表4-2 平均値

群*		人数	制作時間(分)	使用玩具数	種類
正常群	幼児	52	22.5	40.7	3.07
	小学生	80	18.2	49.8	3.98
	中学生	47	23.2	52.8	3.74
	高校生	82	23.7	41.1	3.94
	大学生	92	19.6	43.6	3.93
特殊群	発達遅滞児	28	23.3	75.0	4.82
	高知能児	35	33.6	63.4	4.34
	施設児	38	14.8	34.3	3.68
	精神病者*	27	16.5	32.5	—

*岡田(1969)による精神病者のデータを加えて比較した。(文献110)
なお、岡田の資料では、玩具の分類法が異なったため、種類についてはここではとりあげなかった。

表4-3 各群間の比較

比較群	項目	制作時間	使用玩具数	種類
正常群	幼：小	幼＞小＊		幼＜小∴
	幼：中			
	幼：高			幼＜高∴
	幼：大			幼＜大∴
	小：中	小＜中＊		
	小：高	小＜高∴	小＞高＊	
	小：大			
	中：高		中＞高＊	
	中：大			
	高：大	高＞大＊		
特殊群	MR：小		MR＞小∴	
	MR：幼		MR＞幼∴	MR＞幼＊
	HIQ：小	HIQ＞小∴	HIQ＞小＊	
	HIQ：中	HIQ＞中＊		HIQ＞中∴
	HIQ：高	HIQ＞高＊	HIQ＞高∴	HIQ＞高＊
	HIQ：大	HIQ＞大∴	HIQ＞大∴	HIQ＞大＊
	施：中	施＜中∴	施＜中∴	

＊ P＜.05
∷ P＜.01
∴ P＜.001
特殊群については比較することに意味があると思われる群間の検討を行った。

発達遅滞児──Ⓜ̇Ⓡ 高知能児群──ⒽⒾⓆ 施設児群──㊟
男子群──Ⓜ 女子群──Ⓕ

1）正常群（N群）の一般的特徴

制作時間においては、18分から23分くらいまでの間に平均値があり、N群のSub.たちのおおまかな平均制作時間は20分前後[注4)]であるといえる。N群の中では㊏と㊆がやや短く、表4-3にみられるような有意差があった。すなわち、制作時間は㊐では23分程度であるが、㊏になるとやや短くなり、㊥、㊫になると再び23分前後に戻って、㊆ではまた少し短めになるのである。箱庭制作のための所要時間の長短は、箱庭作りにコミットする度合と、周囲に対する防衛的態度、興味の多少などによって左右されると考えられる。ここにあげたデータはいずれも1回限りの箱庭制作のものである。そうした条件のもとでは、幼児においては玩具と砂に対する無邪気な興味から遊びをかねて制作に熱中するが、小学生になるとテスターや、示された課題に対する緊張感が生じ、そのために制作に費やす時間がやや短くなるのかもしれない。それが中学生、高校生になると課題を課題として割り切ってとり組むことができるようになり、また、思春期と呼ばれるこの時期には内的な問題もからみあってくるため、非言語的な手段での表現意欲が高まってくるのであろうか。

それがさらに大学生になると常識的な態度や表現の行動様式を身につけ、あっさりと表面的にまとめていく傾向の増加へと移行していくのではないかと考えられる。

使用玩具の数は、N群においてはほぼ40〜50個の範囲である。㊏、㊥がやや多く、㊐が少なめである。㊐では年齢が低く、「世界」を構成するということがよくのみこめず、少数の玩具を使って半ば砂遊び的にとり組んだSub.も多かったため、玩具数の平均値が少なくなったものである。各群とも10分たらずの制作時間のSub.もあれば50分もかける人もあり、玩具数も1個だけのものから100個近いものまである。箱庭制作は個人的なものであり、個人差はきわめて大きい。しかし、さまざまな年齢層、あるいは特殊群のようなSub.のおおまかな平均値を知り、比較検討することも基礎的な研究の一貫として重要であると考える。本研究においてはN群の平均的な制作時間は20分前後であり、約40個の玩具を使うことがわかった。この結果は岡田[(120)]の研究ともほぼ一致する。

使用玩具の種類において、5種類（人間、動物、植物、建造物、乗り物）の玩

具のうち何種類を使ったかについては、表4-2にみられるように(幼)がやや少なく3種類程度であり、他群はほぼ4種類を使用する。(幼)はまだ興味の範囲や視野が狭く、自分が興味を持ったもののみを手にとって砂箱に置く。自動車類だけを置く者、動物のみを並べる者、家具やままごと道具で遊ぶ者などである。したがって種々の玩具を使って変化にとんだまとまった構成をするところまでいかない。そのために(幼)の場合他群より種類が少なくなるのであろう。

次に種類別の玩具の使用量の割合を群ごとにパーセントで示したもの（図4-1）と、各群における玩具の使用人数（その群のSub.のうちの何人が使用したか）とその割合は表4-4に示されたとおりである。この結果により5種類の玩具の使用状況について次のような傾向がみられることがわかった。

- 人間類は(幼)でやや少なく、(小)(中)(高)になって1割を越えるが、(大)になるとまた少し減少する。
- 動物類は(幼)が最も多量に使い、以後減少するが、途中、(中)で急に減少し、(高)になると少し増えて(大)になると全体の2割弱程度になる。
- 植物類は(幼)ではたいへん少ないが、以後は次第に増え、成人になると全使用量の4割を占めるようになる。
- 乗り物は(幼)に多く、(高)以降は急に少なくなる。
- 家その他の建造物は、各年齢層を通じて全体の使用玩具量の3割程度を占める。

表4-4　正常群における種類別玩具の使用人数　（　）内は%

	人数	人間を使用	動物を使用	植物を使用	乗り物を使用	建造物を使用
幼児	52 人中	25 (48.1)	36 (69.2)	25 (48.1)	40 (76.9)	34 (65.4)
小学生	80	56 (70.0)	69 (86.3)	76 (95.0)	48 (60.0)	72 (90.0)
中学生	47	26 (55.3)	30 (63.8)	46 (97.9)	24 (51.1)	46 (97.9)
高校生	82	60 (73.2)	71 (86.6)	78 (95.1)	36 (43.9)	78 (95.1)
大学生	92	64 (69.6)	70 (76.1)	87 (94.6)	45 (48.9)	88 (95.7)
X^2 検定の結果、群間に差のみられたもの	(幼)＜(小) * (幼)＜(高) ** (幼)＜(大) * (中)＜(高) *	(幼)＜(小) * (幼)＜(高) * (中)＜(高) ** (小)＞(中) **	(幼)＜(小) *** (幼)＜(中) *** (幼)＜(高) *** (幼)＜(大) ***	(幼)＞(小) * (幼)＞(中) ** (幼)＞(高) *** (幼)＞(大) **	(幼)＜(小) *** (幼)＜(中) *** (幼)＜(高) *** (幼)＜(大) ***

* P＜.05　** P＜.01　*** P＜.001

これらのことから、N群においては次のようなことが考えられる。

人間という素材は、ある程度まとまりのある世界を構成するのにほぼ全体の1割前後使用されるのが一般的といえるようである。(幼)においては動物や乗り物への興味が強い分だけ人間類の使用は少なく、(小)(中)(高)においては対人関係、仲間意識などが発達してくる時期でもあって、人びとの集まりや生活の営みなどの場面を作るためにやや増加する。そして(大)になると、落ち着いた家庭や町、村などの表現の中にさほど多数でない人物を配置することでまとまった表現にできるようである。

動物については、幼児が多数使うことは予測したが(中)で一時減少することが注目される。「動物」はロールシャッハ・テストのFM反応やコンテントにおいて、人間の本能的、衝動的側面として解釈される。一方、中学生という年代は、いわゆる思春期のまっただ中であり、精神肉体の両面において自らの本能的な面が問題になってくる時期である。そんな時に動物の使用量が少なくなることの意味は何であろうか。ここにあげたデータのみで断定的なことはいえぬし、個々の制作者によっても違うが、思春期の子どもたちの衝動性や本能的なものに対するなんらかの抑圧か拒否の傾向とも考えられるかもしれない。

植物においては(幼)がかなり少なく、成人になるに従って増えていく傾向がはっきりとうかがえる。木や草花の使用は箱の中を美しくみせ、作品としてのまとまりを感じさせる効果がある。そういう意味で、Sub.が箱庭の世界を飾りたいとき、そして作品と自分との間にある程度の心理的距離をおいて表現するとき、植物の使用量が多くなるのではないだろうか。経験的にではあるが、クライエントの作る箱庭には今回のデータほど植物は多く使われないように感じられる。内面の深いストレートな表現に装飾は必要ではないといえるのかもしれない。

2）正常群における男女差

(幼)、(小)、(中)、(高)、(大)の各群について、制作時間、使用玩具の数と種類の特徴などに関する男女差は表4-5、表4-6に示したとおりである。

表4-5にみられるように、制作時間、使用玩具の数についてはさほど著しい男女差はみられない。(小)の制作時間に男＞女、(幼)の玩具数に男＜女の有意

表4-5 正常群の男女比較（その1 t検定）

群	男女	人数	制作時間(分)	使用玩具数	種類
幼児	M	28	21.9 *	25.5 *	2.75
	F	24	23.2	58.4	3.45
小学生	M	43	19.7 *	50.6	4.02
	F	37	16.5	48.8	3.93
中学生	M	22	25.9	57.1	4.00
	F	25	20.9	49.0	3.52
高校生	M	37	24.9	42.3	3.89
	F	45	22.8	40.1	3.98
大学生	M	46	20.9	40.7	3.98
	F	46	18.3	46.5	3.89

* $P<.05$
M…男子
F…女子

差がみられたのみである。㉕を除いて一般に⑤よりも⑩の方が制作時間は長めになるようである。すなわち、⑤は比較的あっさりと玩具を並べるという感じで制作をする者が多く、それに対して⑩は玩具の構成に興味を持って時間をかける者が多くなるためである。㉕において玩具数が女児に多いのは、男児が砂遊び的に対処したり、怪獣の戦いなど、玩具を使って遊んだりするのに対して、女児はきれいな玩具を並べていく羅列傾向があるためである。

玩具の種類に関しては成人女子に植物の使用量が多くなっている（1人あたりの平均使用量に対して男：女＝35％：45％）程度で、さほど大きな差はみられない。また、使用人数に関しては表4-6にみられるように、㉕において女児の方が植物と建造物を使う者が多いこと、㊥では人物を女児が、乗り物を男児が多く使うこと、㉕では乗り物を同様に男性が多く使う傾向があることがわかった。これらは男児が乗り物に興味を持っていたり、女児がきれいな草花

表4-6 正常群の男女比較（その2 種類別玩具の使用人数、X^2検定）

（数字は％）

群	男女	人数	人間を使用	動物を使用	植物を使用	乗り物を使用	建造物を使用
幼児	M	28	42.9	75.0	28.6 *	71.5	64.3 *
	F	24	54.2	62.5	70.8 *	58.3	91.7
小学生	M	43	51.8 *	86.0	76.7	79.1 *	88.4
	F	37	83.8	86.5	100.0	37.8 **	91.9
中学生	M	22	54.5	72.7	100.0	50.0	100.0
	F	25	56.0	56.0	96.0	40.0	96.0
高校生	M	37	67.6	83.8	91.9	54.1	91.9
	F	45	77.8	88.9	97.8	35.6	97.8
大学生	M	46	73.9	76.1	91.3	63.0 *	93.5
	F	46	65.2	76.1	97.8	34.8 *	97.8

* $P<.05$
: $P<.01$
∴ $P<.001$

第4章 箱庭表現と制作傾向の分析

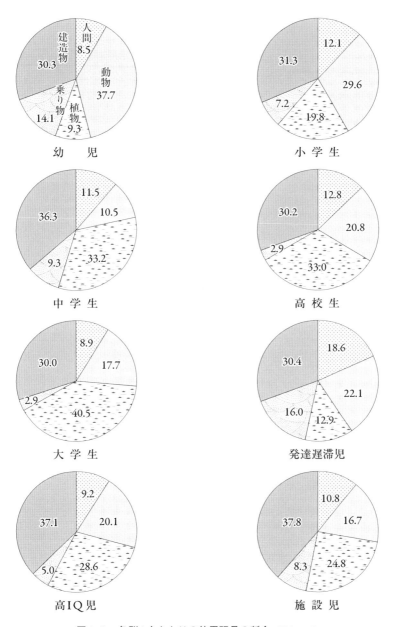

図4-1　各群1人あたりの使用玩具の割合（数字は%）

や家、家具、ままごと道具などに関心を示すという一般的な態度がそのまま玩具の選択にもあらわれたものであろう。

箱庭の作品そのものの印象には後述するようにかなりの男女差がある。しかし、数量的なデータから見る限りではN群全体としてはさほど著しい男女差があるとはいえないようである。

3) 特殊群における傾向

発達遅滞児群（MR）、高知能児群（HIQ）、施設児群（施）における数量的比較については、それぞれに関して比較する意味があると思われる群間での測定値の比較を行った。表4-2、表4-3、図4-1などよりわかったことを次に述べる。

MRは、同年代の小と比較するとともに、発達的に遅れているという点で幼に近いかもしれないと予測し、幼との比較も行った。表4-2、表4-3にみるようにMRは制作時間、使用玩具の数、種類ともに他の2群よりも多く、特に玩具数においては極端な差がみられる。MRの制作傾向は玩具を手あたり次第に羅列したり、箱内に投げ込んだりするものがほとんどであり、そこには意味のある構成やテーマがみられない（図4-16、17、18）。箱の中がいっぱいになるまで玩具を入れてしまうために他のどの群よりも玩具数が多くなり、時間もそれなりに長くなる。また玩具を選択しないため、種類もほぼ5種類すべてに手を出すことになる。類似点があるのではないかと予測された幼と比べ、数と種類に関してむしろ大きい差がみられたことが興味深い。すなわち幼は数も種類もむしろ少なめであるのに対し、MRはとにかく多いという点で対照的である。これは幼が未熟ななりにも自らの興味の範囲がはっきりしていたり、玩具の種類や用途の識別が可能であるためだといえよう。このことは図4-1でもわかる。すなわち、MRは、人、動物、植物および乗り物の使用量において他群ほどの特徴がみられない。彼らは玩具を選択せず、単に手あたり次第に並べていくからである。

HIQに関しては、同世代の小から始まり、中、高、大の各年代群のすべてとの比較を行った。小学生であっても知能の高い子どもの場合、より高い年齢層のSub.のパターンに近いのではないかと予測したからである。その結果、表4-2、表4-3にみるようにHIQの平均値は時間、数、種類すべてにおいて

他のどの群よりも多く、ほとんどに有意差がみられた。㊧は30分以上の時間をかけ、60個の玩具を使って多彩な表現をする。一般的な箱庭制作の平均が20分40個であるのとはかなり違っていることがわかった。㊧のSub.は、筆者から依頼をして来所してもらい、初めての場所で、初対面のテスターの教示のもとに制作したものである。そうした状況のもとでも㊧は十分に時間をかけ、多くの玩具を使って豊かな表現をするのである。もちろん、㊨の玩具数が意味もなく爆発的に多数であったのとは違い、平均60個の玩具はそれぞれがみな有効に使われ、表現も多彩であった。

箱庭制作において玩具数が非常に多い場合、次の3つの場合が考えられる。

(a) ㊨、㊥などにみられるように、羅列、投げ込み、つめ込みなどのパターンで、意味なく多い場合。
(b) 生産性に対する強迫的傾向[注5]として、必要以上に玩具数が増加する場合。
(c) 豊かで緻密な表現をするために多くなる場合。

㊧の場合、(b) あるいは (c) の場合があてはまるのではないかと考えられる。㊧のSub.は普段日常場面でも頭の良い子どもとして認められ、周囲から期待されている。そんな彼らが大学という場に初めてやって来てこうした課題にとり組むことを要求されたのであるから、彼らとしては張り切らざるをえなかったに違いない。そうした頑張りが時には生産性に対する強迫傾向にも関連して、多数の玩具、長時間の制作となったともいえる。

また、知能の定義の代表的なものに「新しい場面に対する適応能力」がある。この意味において㊧は初めての場所で、与えられた素材と時間を十分に使って豊かな表現をし、制作にうちこんだといってよい。すなわち、㊧は、数量的データでみる範囲においては、N群の他のどの群とも違った、独特の結果を示したのである。また、玩具の種類別の使用量において、㊧は他群よりもまんべんなく種々の玩具を使っている（図4-1）。㊧の作品はその構成の巧みさや幅の広さにおいて成人のものに近くなる。しかし、㊎がその作品の中に40％以上の植物を使って世界を装飾するのに対して、㊧の植物使用量はそれほどではない。このあたりにも㊧の特徴がみられるといえよう。

㊗については同じ年代の㊥と比較した。すなわち、同年齢であるが、生育

史や環境が著しく異なる2群としてみていこうとした。

　結果は、使用玩具数、制作時間ともに⑯はかなり少なく、いずれも有意差がみられた（表4-2、表4-3）。制作時間の平均が15分にも満たないのは他のN群のどれと比べても短く、使用玩具の数も少ない。⑯のSub.については個々の事情を集めることはしなかったので詳しくはわからぬが、なんらかの事情のため施設で育ってきた子どもたちである。彼らは初めての箱庭制作の場では十分に自己表現ができず、制作にコミットしきれなかったようである。また自己の内面をストレートに表現することに対して抵抗があったのかもしれない。彼らがこうした素材に対する表現意欲を持つまでには相当の時間と、テスター（セラピストの役割を持った）との交流が必要なのかもしれない。

　岡田の資料による成人の精神病者群は⑧との間に有意差はなかったが、制作時間、玩具数ともに少なく、⑯に似ている。

　箱庭表現の場合、少数の玩具でも意味深いシンボリックな表現ができるし、玩具数が多いのがよいというわけではない。しかし、制作意欲、コミット度、エネルギーなどの点で制作時間があまりにも短かったり、玩具数が少なかったり、また種類が1〜2種類だけであったりするものは、やはりなんらかの意味で問題があるといってよいのではないかと考えられる。

発達段階とテーマおよび表現の特徴

　箱庭の表現はきわめて個人的なものであり、テーマや表現された場面も1つ1つ違ったものである。しかしここではひとまず各群にみられる主だったテーマや表現の特徴について述べる。

　できあがった作品に対するテーマづけは一応制作者自身にさせている。それによると象徴的な意味づけのものもあり、客観的な印象と食い違うことがあって、テーマのバラエティーは幅広い。そうした制作者自身のテーマづけも考慮に入れながら、筆者の側でいくつかの典型的なカテゴリーを設定し、各群の作品を分類したものが表4-7である。

　それぞれのテーマの特色としては次のような基準に従った。
テーマⓐ「家および庭、公園」……1つの家庭とその庭、遊園地や公園といった場面。比較的小さな区切られたスペースを表現したもので、池や小川

表4-7　各群のテーマ　　　　　　　　　　　　　　　　　　　　　　　　（数字は％）

テーマ＼群	ⓐ 家、庭	ⓑ 町、村	ⓒ 郊外、牧場	ⓓ 自然ジャングル	ⓔ つどいおとぎの国	ⓕ 戦い	ⓖ 動物園	ⓗ その他
幼	15.4	11.5	0	9.6	11.5	23.1	1.9	25.0
小	30.0	21.2	17.5	7.5	1.2	12.5	5.0	5.0
中	29.8	8.5	29.8	6.4	8.5	12.8	4.3	0
高	14.6	31.7	28.0	8.5	11.0	6.1	0	0
大	30.4	13.0	28.3	6.5	9.8	3.3	2.2	6.5
HIQ	14.3	25.7	45.7	5.7	5.7	2.9	0	0
施	39.5	7.9	23.7	5.3	5.3	10.5	0	7.9

MRについては、他群と同じレベルでのテーマづけができぬため、ここではとりあげなかった。

　程度の変化はあるが、山、川、海といった大規模な起伏に乏しく、こぢんまりした世界。日本庭園風のものも含まれる。家、家具、遊具、庭木や花などが主として使われ、人物がいるものが多い。

テーマⓑ「町、村」……テーマⓐよりも広い情景を表現したものである。人や車が行きかい、家並や道が作られる。西洋風の町、日本の田舎の村などがある。

テーマⓒ「郊外、牧場」……テーマⓑに似ているが、ⓑよりもさらに広い場面で自然と共存しているような世界。丘や山、川、湖などがある中に少数の家が散在していたり、広々とした牧場の風景であったりして、起伏にとむ。

テーマⓓ「自然、ジャングル」……広々とした世界で人間の営みがなく、動物の世界や砂漠、草原などといった場面。

テーマⓔ「つどい、おとぎの国」……テーマⓐ、ⓑ、ⓒに似ているが、表現された場面の中にいる登場人物（動物も含む）の営みや役割などに重きがおかれ、作者自身も意味づけをしたりしているもの。例えば人が輪になってのパーティー、結婚式、白雪姫などといったおとぎ話の国etc.といったもの。

テーマⓕ「戦い」……前面に出ているものが戦いの場面であるもの。幼児においては怪獣の戦いが多く、年齢とともにインディアンと白人、あるいは兵士の戦いといったものになっていく。

テーマⓖ「動物園」……動物が柵の中にいる形のもので、「牧場」は含まない。"自然動物園"と作者によってテーマづけられたものを含む。

テーマⓗ「その他」……ⓐ～ⓖのいずれにも分類できないもの。内容は大きく分けて、了解不能のものと、きわめて抽象的で、箱庭の作品として一般的なテーマづけができないものの2通りがある。㊨の無差別な投げ込みや羅列（図4-16、17、18）、石や材木のみを使ったオブジェ風の作品（図5-2）などがその例である。

以上のようなテーマに各群の表現を分類した結果より、N群と特殊群および各々の男女比較について、各群の表現内容と制作の特徴を考察していく。各群の男女比較は次の表4-8に示したとおりである。

表4-8　テーマの男女比較（X²検定）　　　　　　　　　　　　　　　（数字は％）

群		人数	ⓐ 家、庭	ⓑ 町、村	ⓒ 郊外、牧場	ⓓ 自然ジャングル	ⓔ つどいおとぎの国	ⓕ 戦い	ⓖ 動物園	ⓗ その他
㊗	M	28	3.6 *	10.7	0	7.1	3.6	39.3 *	3.6	32.2
	F	24	33.3	12.5	0	12.5	20.8	4.2 *	0	16.7
㊥	M	43	9.3 *	25.6	25.6	4.7	0	23.3 *	2.3	9.3
	F	37	54.1 **	16.2	8.1	10.8	2.7	0	8.1	0
㊥	M	22	13.6	9.1	36.4	0	4.5	27.3	9.1	0
	F	25	44.1	8.0	24.0	12.0	12.0	0	0	0
㊀	M	37	18.9	18.9 *	32.4	18.9 *	0 *	10.8	0	0
	F	45	11.1	42.2	24.4	0	20.0	2.2	0	0
㊁	M	46	26.1	10.9	34.8	6.5	6.5	6.5	2.2	6.5
	F	46	34.8	15.2	21.7	6.5	13.0	0	2.2	6.5
㊉	M	24	4.2 *	29.2	54.2	8.3	0	4.2	0	0
	F	11	36.4	18.2	27.3	0	18.2	0	0	0
㊊	M	21	14.3 *	14.3	38.1	4.8	0	19.0	0	9.5
	F	17	70.6 **	0	5.9	5.9	11.8	0	0	5.9

* $P<.05$　　** $P<.01$　　*** $P<.001$

1）幼児群

㊗の箱庭作品については、全体としてのまとまったテーマを見出すのが困難なものが多かった。すなわち、㊗の制作傾向は、目について気に入った玩具を次々と並べていったり、それで遊びを始めたりになって、全体として構

成をするとか、意味のある場面をまとめることが少ないのである。しかし全く無意味な羅列ではなく、戦いがあったり、公園の場面があったりもして、部分部分に意味があり、テーマもあるものが多い。けれども、全体として統合された1つのテーマは見出しにくく、他の年長のSub.たちのように、制作後にそれらしい題をつけるということも難しい。また、㊗の場合、作品を作ることよりも、その過程を楽しむ、すなわち砂遊びをしたり、怪獣を戦わせたり、ままごとをしたりして遊ぶことが主な行動となったSub.も多い。そのため、まず㊗の制作傾向をおおまかに4つのカテゴリーに分類したところ、表4-9のようになった。各カテゴリーの意味は次のとおりである。

表4-9 幼児の表現特徴　　　　　　　　　　　　　　　　　　　　（　）内は%

カテゴリー＼群	3歳児	4歳児	5歳児	男児	女児	総計
砂いじり	3（16.7）	1（6.2）	0	1（3.6）	3（12.5）	4（7.7）
玩具による動的表現	4（22.2）	6（37.5）	2（11.1）	10（35.7）	2（8.3）	12（23.1）
羅列	7（38.9）	4（25.0）	7（38.9）	11（39.2）	7（29.2）	18（34.6）
意図的制作	4（22.2）	5（31.3）	9（50.0）	6（21.4）	12（50.0）	18（34.6）

「砂いじり」……砂とごく少数の玩具を使って、砂で遊ぶことが主とした活動になったものである。砂いじりの段階は年齢の低い子どもに少数みられ、教示がまだ十分に理解できない場合にみられるようである。図4-2はその例である。

「玩具を使った動的表現」……箱の中でいろいろと玩具を使って遊びを展開するものである。怪獣を戦わせて何度も砂に埋めたり、生き返らせたりして遊ぶようなものがその代表的なものである。したがって男児に多く、また幼児にのみ特徴的である。図4-3はその例である。

「羅列的表現」……㊗は玩具そのものに興味を持ち、箱内にまとまった世界を表現するまでに至らない場合も多い。その時、その時に気に入った玩具を手にとって置いていき、そのうちに箱内はいっぱいになってしまう。後に述べる(MR)の羅列のような無差別なものではなく、部分部分に意味があったり、テーマがあったりするが、全体をみるといろいろな世界の雑居にすぎない、といった表現である。図4-4はその例である。

「意図的制作」……他の年齢層に普通にみられるテーマが了解可能な表現であ

る。今回の㋕では約3分の1がこのカテゴリーに入った。

　幼児の自我はまだ未熟でまとまりに欠ける。治療ケースにおいては、中心的なものの出現がその制作者の自我の芽生えであり、以後の成長へのスタートを示すといわれる。そうした意味で㋕の羅列表現はまだ年齢発達的に未分化な㋕の特徴的な傾向として位置づけることができる。

　遊び的な制作傾向や羅列表現は当然のことながら、年齢が高くなるに従って「意図的制作」へと移行する。もちろん、個人によって、3歳児でもテーマのはっきりした表現をすることもあるが、一般的には5歳以降になると大部分の子どもが「意図的制作」のレベルに入る表現をすることが可能になるといえるようである。

　作られた世界のテーマにおいては表4-7にみるように、他群と比べてテーマのつけられないものが多く全体の4分の1を占めている。これを幼児群の中での年齢別テーマでみると、テーマⓗについては、3歳児で39%、4歳児25%、5歳児になると11%となり、年齢とともに減少している。また、「戦い」が多いこと、郊外の風景に類するものがみられないことが主な特徴としてあげられる。戦いはそのほとんどが男児による怪獣の戦いである。怪獣とウルトラマンなどがぶつかりあい死と再生が砂を使ってくり返されて、そのストーリーとプロセスを楽しむものである。中でも4歳男児にこのテーマが多いようであった。

　他のどの群にも比較的多い郊外、牧場などの世界の表現が㋕に全くみられなかったのも興味深い。全体が広々とした感じを与えるような風景の構成は、客観的に表現をとらえ、余裕を持ってスペースを空けて作られる。㋕の世界は夢はあるが、即物的で、目に入るものに対する興味のみにしぼられるため、広々とした自然の風景を表現することに関心がないのであろう。考えてみれば、自然や広大な風景に対するあこがれは、人が年齢を重ねるにつれて大きくなるものなのかもしれない。

　また㋕には箱内に目立つほどの空白部分を残したものが11名（21%）あり、これは他のN群にはない傾向であった。砂箱は一般に制作者の腰のあたりの高さにあって、全体が視野に入る程度の大きさのものである。本研究の㋕の場合、視野に入りやすいように床から15センチくらいの高さに置いて制作さ

せた。それでも図4-2のように、箱の手前の、自分に近い部分にしか玩具を置かない子どもがあった。幼児には客観的に全面を飾り、作るという意図がないことが多い。そのため興味を持った玩具を手にしてすぐ目前の場所で遊び、他は空白のままにしてしまうのである。問題児や神経症者の中には箱を全部使えず、一部に玩具を置くだけに終わる人がしばしばみられる。全面を使い切れないエネルギーの乏しさ、固さ、イメージの貧困などが考えられる。㊴の場合は、全域を使って構成するだけのエネルギーと統合力に欠けるといえるのではないだろうか。しかし、箱内に空白を残した幼児も、1〜2週間おいて再び制作させると、急速に領域の拡大をみた。その変化は、一般の事例にみられる領域の拡大のペースに比べてかなり早く、健康な子どもの特徴であると思われた。[注6]

　また、玩具を砂に埋め込むような置き方をした者も12名（23%）あった。これは㊍群によく見られる特徴であり、「砂遊び」が多いこととも関連して、幼い時代ほど"土"に近いという意味を含め、その発達的な未熟さと関連するのであろう。

　さらに、作っていくうちに、表現が箱庭の枠を越え、外に広がっていく例もあった。まだ統合されぬ、大きすぎるエネルギーが、枠の中のみの表現では足りず、枠外へと出ていかせるのであろう。枠の中に一応おさまる表現ができることも、発達と人格統合の1つの指標となると考えられる。

　以上述べたように、㊴の表現は雑然とした羅列や遊び的な色彩のものが多い。そうした表現の中で、発達とともに全体のまとまりが生まれ、区切るべき所に区切りができて世界が分離し、統合されたテーマが現れていくのである。一概にはいえぬが、5歳児くらいからテーマのはっきりした、まとまった表現が大部分の子どもに可能になるといってよい。

　㊴におけるテーマの男女差においては次のようなことが表4-8よりわかった。

- 女児において家、庭のテーマが多く、男児に比べて5%で有意差があった。
- 戦いのテーマは逆に男児に多く1%で有意。
- おとぎの国やつどいのテーマは女児に多いが、有意差をみるまでには至

らない。

　これらのことから、箱庭の表現を一見してわかるテーマの特徴には、幼児からある程度の男女差があるといえる。すなわち、女児においては家や庭、遊園地など、どちらかといえば狭い守られた世界と、その中での人びとの営みが作られることが多く、男児では戦いといった対立のテーマがすでに特徴的にみられる。箱庭に作られる世界に男女差はないといわれる。しかし、1回限りでノーマルなSub.が作った場合、日常場面での性役割に一致するような世界がまず出てくるといえるのかもしれない。女児が女児らしい表現を作りあげていくことについては、図4-5は興味深い示唆を与えてくれる表現である。

〈幼児群の作品例について〉

図4-2　　3歳・男　「砂いじり」の例

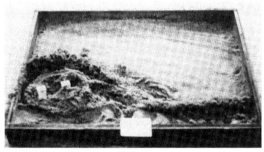

図4-2

　ガソリンスタンドの玩具1個のみを持って砂で遊んだものである。ガソリンスタンドはエネルギー源のシンボルとして重視される。1つだけ選んだ玩具がこれであること自体は、今後の成長の可能性を感じさせる。しかし箱庭の表現としては、十分に理解されて制作されたものとはいえない。

図4-3　　4歳・男　「玩具による動的表現」の例

図4-3

　砂箱の中で怪獣を戦わせて十分に遊んだ結果である。箱庭の「作品」とは言いがたいが、一応、指示にしたがって、箱内での戦いとして展開している点が、幼児なりのエネルギーのコントロールを思わせる。

図4-4　3歳・男　「羅列」の例

　興味を持ったものを次々と箱の中に置いていった。それぞれの玩具はそれなりに意味を持って置かれている。しかし、家具、乗り物、動物などがすべて同一平面上にあり、場面としてのまとまりがない。典型的な幼児の羅列表現である。

図4-4

図4-5　3歳・女

　砂箱の中は「砂いじり」段階である。ガソリンスタンド、ガレージ、耕うん機を使って、砂を掘り返して遊んでいる。ところがこの女児は、この後、箱外のタタミの上に小学生女児にもみられるような「庭」を作った。砂箱内での表現が、

図4-5

まず男女の別のない幼児らしいエネルギーの発散であり、この子どもの内面の深い部分であるとするなら、外に作られた庭は、いかにも女の子らしい場面であり、外界での周囲からの期待に応えたものといえるかもしれない。㉚以後、しばらくの間、特に女子に庭、公園が多くなっていくこととあわせて、幼児の性が未分化な段階から、女児が女性へと発達していく過程を暗示しているようである。

2）小学生群

　㉚の箱庭制作が遊び的要素を多く含むものであるのに対し、㊶になるとSub.はまじめに指示にしたがい、箱庭を作るようになる。したがって、制作のパターンに幼児にみられるようなバラエティーはない。

テーマとしては、㊗になかった郊外、牧場という広い風景をとりあげたものが出てくること、分類できぬテーマが減ること、庭、家が増えてくることなどが特徴的である。

また女児において庭のテーマが多い傾向は変わらず、むしろ女児が作る庭の表現はSub.が1人1人違ってもかなり典型的なパターンになってくるように思われる。図4-6はその例である。テーマⓐに分類される作品はほとんどがこのような印象のものであった。

男児においてはやはり戦いが特徴的である。そして㊗のような怪獣がいり乱れての戦いから、対立の意味あいの強いものがよくみられるようになる。図4-7はその例である。同じ程度の強さであろう2頭の怪獣が向かいあう世界は、男の子として、ギャング・エイジの年頃にふさわしいエネルギーと闘志をみせたものである。

㊥においても、表4-8にみられるように、テーマⓐ（家、庭）およびⓕ（戦い）に男女間で有意差がみられた。女児にⓐが、男児にⓕが多いのは㊥において最も著しい傾向と言えそうである。小学校4年生頃は、それまではあまり男女の区別はなく遊んでいた子どもたちに男児同士、女児同士の仲間ができ、グループ間での結束は固くなる。男女がグループになってはりあったり、無視しあったりするようになり始める頃である。こうした傾向は中学生頃まで続くと思われる。そんな時期、女児が家庭を作り、男児が戦いをとりあげるのは、性役割の分化と、自分自身の性意識のあらわれであろう。また、この㊥におけるテーマⓐ（家、庭）とテーマⓕ（戦い）は、おのおのよく似かよっており、個性に乏しいともいえるパターンである。このことから、この年齢の子どもは、個々の個性を発揮する以前の段階として、一般的な男の子らしさ女の子らしさに代表されるようなパーソナリティーの型で、自らの世界を規定しているといえるかもしれない。

〈小学生群の作品例について〉

図4-6　　小学校4年生・女

テーマⓐ（家、庭、公園）の典型例である。比較的平面的な領域の中で、全体が囲まれ、守られた感じのする世界。㊥の女児の庭のテーマにはこれとそっくりのものが数多くあった。

図4-7　小学校4年生・男

男児のテーマⓕ（戦い）の例。2頭の怪獣が城をはさんで相対しており、戦いが始まろうとしている。「対立」が全体のテーマである。力のバランスがとれ、今後の制作者の成長に期待がかけられる。

図4-6

3）中学生群

㊄のテーマの特徴としては、テーマⓐ（家、庭）と同数にテーマⓒ（郊外、牧場）が出現し、表現される世界が㊧よりもさらに広くなっていることがまずあげられる。次に、テーマⓕ（戦い）は㊧と同様男子のみにみられ、依然として同程度の割合を占める。しかし、その

図4-7

内容はかなり変わって、㊧が怪獣や怪人の戦いが主であったのに対し、㊄では戦車や大砲が出てくる人間の兵士の戦い、あるいはインディアンと白人の戦いといったものがほとんどになる。すなわち㊄の戦いの場面は、人類の歴史や現代の世界にみられるような戦争の一場面が主になってくるのである。その他、㊄での特徴的な表現として注目されたものに、「2つの世界の共存」「まとまった世界の中に混入する異質な要素」という感じのものがあった。

実験的に箱庭を作ってもらった場合、その時点で特に問題を持たぬ人は風景描写のたぐいの作品を作ることが多い。そうした箱庭は見る者に特別意味深いものを感じさせることも少ないし、解釈すべきポイントが見当たらないものである。しかし、本研究のSub.となった中学生はその多くがなんらかの

問題を感じさせるような作品を作っている。中学生の時期は発達的に、心身ともに過渡期と言える思春期のただ中にある時である。相談室を訪れなければならぬような外に出た問題行動はなくても、その時期の彼らの内面は危機的な、あるいは対立的な状況にあり、また多くの葛藤やコンプレックスがうず巻いているといってよいのかもしれない。それゆえ、箱庭表現にみられる⑭の問題は、それ自体が作者の今後の成長と自己実現への道を暗示しているものであるといえる。図4-8（自分の戦い）のような表現は、カルフのいう自己の象徴としてのマンダラであると思われる。それが現れて後、制作者は徐々に成人としての自己成長の道を歩んでいくのであろう。また図4-9のような、異質な世界の併存は、異質なものの統合への課題がはっきりと示されているといえる。また、1つのまとまった世界の中に何かその安定を乱すものが混入されているもの（例えば、平和な公園の木陰に猛獣が1頭ひそんでいる、といった）などもあり、現在の安定した自らの内面に安住して過ごすのでなく、作者の中にこれから何かが起ころうとするのを暗示しているような表現もある。こうした問題表現は、あるいはこの後の展開で非常に危険な局面を迎えることになるのかもしれない。しかしそれこそ思春期の危うさであり、またそれを乗り越えていくのが成長のための試練であるといえよう。思春期とはそうした時期なのである。思春期のクライエントはこうした内面の危機が表面化した子どもたちであろう。そのトラブルは一時的なものであるかもしれないし、統合の失敗によってそれ以後の成長に大きな問題を残すことになるかもしれない。思春期のクライエントに会う時、治療者は彼らのこうした発達課題を常に頭に置いておきたいし、また、クライエントでなくとも、この年頃の子どもの内面には、それ自体問題であるといってよい、種々の課題がいっぱいなのだということを覚えておきたい。

〈中学生群の作品例について〉

図4-8　　中学2年生・男

「ジャングルの中のとりで」と制作者によって題され、戦いがテーマである。中央の城は、柵と木々と深い堀で囲まれている。木々の間にはいくつかの大砲が外側に向けて置かれている。「これは僕の戦い。僕が戦うとすればこんな砦を作る。中から外の様子はうかがえるが、外からは砦は見えない」との説

明である。幾重にも囲まれた砦は作者のSelfをあらわすものかもしれない。そして思春期、青年期というものはこうしてSelfを守りながら外界からの侵入と戦い、必死になって自らを守りぬいていくうちに成人していく、そんなプロセスであるのかもしれない。

図4-8

図4-9　中学1年生・女

2つの世界の共存の例。左側は夢殿と森のある、日本風の静かな領域。中央に道路をはさんで右側は西洋風の家が並ぶ近代的な領域である。西洋と日本、静と動、聖と俗の対比でもある。

図4-9

しかし、この2つの世界が分裂してしまわず、道路の存在によって連続しているところがノーマルな中学生としての特徴だと言えるかもしれない。

4）高校生群

㊂のテーマで注目されることは、主としてそれまで女子群で主流を占めてきた⒜（庭のテーマ）が減少し、テーマⓑ、ⓒ（町、村、郊外）が主なものになってくることである。この年齢でSub.は、現実的でかつ視野の狭い家、庭、公園といった世界に密着することをしばらくやめ、広々とした郊外の世界に理想の土地を求めたり、活気ある町や村の人びとの営みを表現したりするようになる。制作者自身が作品につけるテーマも「田舎」「静かな村」「平和な森の中」といったものが多くなり、そうした所に住んでみたい、とか理想の所を作ったのだと述べる人が相当数あった。

個々のテーマでは、全体として森や静かな村、山の中の教会というような

場面が多く、結婚式のテーマがこの群に急に見られるようになることが注目される。

また「森」のテーマも多数であった。箱庭表現としての森は、その中に何があるかわからない、無意識の奥深い未知の領域をあらわすものとして意味づけられる。㊥において内面の葛藤や問題を示し、以後の変化を暗示するような作品が多かったのに続き、(高)になるとさらにもう少し深い世界へと踏み込んだり、時として迷い込んだりする年齢になり、それが数多くの森の表現となるのかもしれない。ただ、森といっても全くの未開の世界ではなく、木々に囲まれた森の中の教会や小さな村、あるいは森の中の1軒家といった場面が多い。それらは静かな自然の中での人間のささやかな営みを感じさせる。森の開拓の程度や様相は個々のSub.によって異なり、人間の営みがかなりあって開けつつある森の村もあれば、まだ恐ろしいものや未知の部分が隠れており開拓困難を感じさせるものなど、さまざまである（図4-10はそうした表現の1つである）。また、森が人間の自然破壊のために崩れていくというような社会問題風のテーマもみられる。あまりうがった解釈は危険であるが、森が制作者の無意識の領域であるとするなら、そこに侵入してくる人間の力は、思春期の半ばを過ぎ、社会に向けて自分を開いていかねばならない年齢の人たちの内界をゆすぶり、奥深くまで侵入してくる外界からの種々の刺激と対応するのかもしれない。この年齢の人たちはこのような“自分の内面を襲うもの”に対し、それを受け入れ、それによって自らを壊されることなく、より高次に統合されたセルフを獲得していくといえるのかもしれない。

また、(高)において結婚式のテーマが他群よりも多くみられたことも興味深い（9例[注7]。11%。女子7例、男子2例）。後述するが、大学生になると「結婚」は目立たなくなり、場面には現実の生活の営みが増えてくる。結婚式は男女の結合をあらわす最も象徴的な儀式であるといえる。大人の男性として、あるいは女性としての自己のsexual identificationを確立するための前段階として両性性を確かめるために(高)は結婚式を作るのかもしれない。彼らが箱庭に作る結婚式はそのすべてが森の中や西洋の田舎の村の教会での場面であり、制作者たちの現実の生活場面（日本の、開けた都市に住む高校生）とはかなりイメージの違うものである。このことからも、まだ高校生である彼らが作る結婚

式は彼らの現実ではなく、内面の世界での儀式であり、sexual identification 確立に向けての心の仕事を示しているのだと考えられる。

男女差については、これまで③、⑪、⑭にみられたテーマⓐ（庭）に差がなくなり、ⓑ（町、村）、ⓓ（自然）、ⓒ（つどい）に有意差が生じている。戦いのテーマは減少していくが、男子において"なわばり争い"的な戦いがいくつかみられたのも興味深い。

全体としては女子群に町や村での生活やつどい、結婚式といった、人間の営みに関する表現が多いのに対し、男子群では自然や郊外の風景が多い。この年頃の女性が人間関係や生活の営みに関心を向けるのに対し、男性は自然や広い世界に関心を持つといえるのであろうか。

〈高校生群の作品例について〉

図4-10　高校3年生・女

図4-10

「呪われた村」と題された作品。森の中の1軒屋に行く道があるが、上方の森には恐ろしいもの（ヘビが3匹）がいて家の人は外へ出られず、外からの人も訪問できない。道にはジープで兵士がやってきてヘビ退治をしようとしている。森と道の境には多くの柵と棒が立てられ、ヘビが出てくるのを防いでいる。森を開拓するにもこのヘビがじゃまをする――との説明である。開拓困難な無意識の層の表現である。制作後、作者は感想として「もっと楽しい感じのものを作るつもりだったのに、こんなものにするはずではなかった……」と述べている。高校生の内面の混沌とした感じと、それを防衛しようとする動き、さらにそれでも開拓していきたいという意欲が感じられる。

図4-11　高校3年生・女

高校生の結婚式の典型である。木に囲まれた教会の前にカップルがいる。風車があり、牧牛がいて、西洋の田舎のような情景である。右後方隅には古城

図4-11

もある。高校生の少女のロマンチックなあこがれの世界である。

5）大学生群

Ⓚのテーマは、ⓐ（家、庭）、ⓑ（町、村）、ⓒ（郊外、牧場）の3つに代表される。思春期を過ぎて、一応特別大きな問題もなく大人になった人においては、初回の作品はこの3パターンのいずれかになるように経験的に感じている。

戦いのテーマはⒽから減少し始め、Ⓚになるとかなり少なくなる。成人の内的世界に戦いに代表されるエネルギーがなくなるわけではない。ただ、大人になるにつれて、アグレッションは当然のことながら表面化することが少なくなる。攻撃的なエネルギーのコントロールができるようになり、初回の箱庭に「戦い」を作ることはまれになるのであろう。

男女差については、表4-8にみるように、これまでどの年齢層においてもいくつかは有意差がみられたものがあったのに対し、Ⓚになると、さほど著しい差のあるテーマがなくなっている。成人になるにつれて、テーマにおける男女差は少なくなる方向にいくようである。内容的にみると、男子においても家の庭や公園、つどいのようなテーマが増えて、男性が女性のテーマに近づいてくる感がある。このことから、箱庭に表現される世界に男女差はないといわれているとおり、基本的に性差はあるとはいえぬが、発達の過程のなかで、児童期、思春期などにおいて最も男女差が著しくなる時があるといってよいかもしれない。

また、Ⓗにみられたような、ロマンチックな結婚式はⓀには出てこない。男女とも、家庭や日常場面での営みがよく作られ、箱庭の世界も現実的になってくる。

一般に若い女性の箱庭によく見られるといわれる「お待ち」のテーマというものがある。人が公園のベンチや海岸などに1人でいて、誰かを待ってい

る場面である（図4-12）。将来の伴侶を待つという最も女性らしい表現として考えられている。高校女子にみられたロマンチックな結婚のテーマが、やや現実性をおびて、具体的に「人」を待つ「お待ち」のテーマに移行していくといってよいかもしれない。

また、㊤において、テーマが⓱（その他）にしか分類できないものが再び出てくる。これは㋕や㊗に多い了解不能なものではなく、作者自身が独自のテーマづけをしたものがあまりにも特殊で象徴的なものであったり、作品自体が抽象的なものであるため、既成のテーマづけができなかったものである。そうした抽象的なものを作ることは、場合によっては制作者の芸術的才能とみることもできるし、奇をてらったポーズとみて、自己顕示欲の強さを示すとも考えられる（図4-15、図5-2、図6-3など）。また、病的な創造性の1つの現れとなる場合もあるかもしれない。成人の抽象的な構成の表現については、箱庭の象徴解釈とは少し違った視点で考えなければならないだろう。

〈大学生群の作品例について〉

図4-12　　大学生・女

若い女性にしばしばみられる「お待ち」のテーマの作品である。公園のベンチに1人いる人物は誰かを待っているようである。右側の白い道から、アーチを通って現れてくる人は誰なのだろう。

図4-12

図4-13　　大学生・男

世界が川と柵によって大きく2つに分割されている。左側は人びとのいる場所で家があり、車もあって、一般的な世界である。右側は大木があり、怪獣のいる世界。この怪獣がとび出さぬよう、川と柵がデフェンスしている。右側が外界に向けての領域であるとするなら、社会に出ていく前の、大学生の男性にとって、社会はこんな怪獣が住むような恐ろしいもの、危険なものとして認知されているといえるかもしれない。それに比し、内面は車が行きか

図4-13

い、エネルギーの流れる平和なものを持っているといえる。また、この世界全体を制作者の内面とみると、怪獣は彼の無意識の内にある衝動性とも考えられる。それをコントロールし、適応しようとする努力が川と柵によって示されているのかもしれない。

さらに、左の世界の家の前に1人の男性がおり、この人が右側の世界を見ているようである。制作者が懸命に閉じ込めようとしている怪獣で表されるような何かを眺めている人間的な存在があることは、この人が自らの衝動性をある程度客観的にとらえ、知的に処理していける可能性を持っていることを示唆しているといえるであろう。

図4-14

図4-14　大学生・男

一見して女性の作品のようにみえる。「2人の子ども」と題されており、制作者は最初に中央に男女の人形を背中あわせに置いた。女性は右後方の家の方を向き、男性は左前方の砂浜（海）を見ている。海辺には貝と赤い花が1輪。女性が家（現実）に目を向け、男性

図4-15

が海（母性のシンボルor無意識）を見ていること、そして作者が若い男性であることが意味深い。

図4-15　大学生・男

テーマⓗ（その他）の例。箱を額ぶちに見たてて、その中にブロックと砂で軍艦を作った。まれにはこのような制作もある。

6）発達遅滞児群

ⓂⓇは発達が遅れているという意味で、幼児の制作傾向に似ているのではないかとの仮説を持っていた。比較した結果、確かに共通した点はある。幼児の制作パターンの4つのカテゴリーの中の羅列的表現はⓂⓇにしばしばみられる。全体として統一されたテーマのない、箱一面にぎっしり玩具がつめ込まれたものがⓂⓇに多数あった。

ⓂⓇの制作特徴のパターンを次にいくつかにカテゴライズする。

（1）投げ込み：玩具を手あたり次第箱内に投げ込むという、羅列以前のレベル。玩具は正しく置かれず、逆さに置かれていたり、倒れていたり、積み重なっていたりする。IQの低い子どもになるほどこのパターンが多い。（図4-16）

（2）羅列：ⓎⒸの羅列表現に似たもの。ⓎⒸよりも機械的、紋切り型に並べられるものが多い。（図4-17）

（3）埋め込み：羅列や意図的制作の中に時折みられるパターン。玩具の全部または一部を砂の中に埋め込む、あるいは押し込むようにして置く。（図4-18）

（4）意図的制作：幼くはあるが、一応箱庭の表現としてなんらかの制作意図が感じられるもの。その中にわずかながら、作者の自我の芽生えが見出せるものもある。（図4-19）

これらのパターンの他、ⓂⓇの特徴として、人間や動物類を置く際に、それらをすべて正面向き（制作者の方を向いて）に置く傾向もみられた。能力の低い子どもの自己中心的な心性のあらわれといってよいのであろうか。（図4-17、18）

また、ⓎⒸには砂遊び的な箱庭へのかかわりがみられたのに対し、ⓂⓇに砂遊びはほとんどなかった。知恵遅れであっても、小学生であり、与えられた

状況の中での緊張があって、そこで遊んでしまうということにはならなかったのだろう。

テーマの分類においてはその大部分がⓗ（その他）であり、了解できぬものであった。

図4-16

図4-17

図4-18

〈発達遅滞児群の作品例について〉

図4-16 発達遅滞児 「投げ込み」の例

手あたり次第に玩具を入れ込んだため、玩具は箱内に盛りあがった状態であり、何の意味もない。箱の枠を出なかったという点がただ1つのコントロールであろう。

図4-17 発達遅滞児 「羅列」の例

ⓥよりも機械的に、ぎっしりと置かれている。人間や怪獣などがすべて正面向きであることも特徴的である。

図4-18 発達遅滞児 「埋め込み」の例

玩具のすべてが下半分を砂に埋め込まれている。人間類はほとんどが正面向きでもある。

図4-19 発達遅滞児 「意

図のわかる表現」の例

Ⓜ️Rの中では能力のある女児の作品。動物とカエルたちが対面して置かれている。レベルの少し高い羅列といえる。中央近くのトロッコの中に少女が2人いることが注目される。作者は女児であるので、この少女は作者の自我像であるかも

図4-19

しれない。それがまだ1人でなく、2人である点に、彼女の自我の未熟さが感じられる。

7）高IQ児群

Ⓗ️I️Qの箱庭作品は、やはりどちらかといえば成人に近い構成力を持った美しいものが多い。しかし多くの高IQ児の表現はそうした中にも子どもらしいエネルギーにあふれるものがみられた。

表4-7にみるようにⒽ️I️Qのテーマは©（郊外、牧場）が他のどの群よりも多く、Ⓐとは1％、㊋とは0.1％で有意差が生じた。㊗ともに10％で差のある傾向にあった。

また、N群の小学生男児はその23％が戦いの場面を作ったのに対し、Ⓗ️I️Qでは戦いはわずかに1名（4％）であった。知的に高い子どもが戦いを作ることが少ないのは、彼らが内的に安定しているということかもしれないし、精神面の発達がすでにその域を脱して成人に近いのかもしれない。また、日頃から優等生としてみられているため、子どもっぽいアグレッシブなエネルギーを出すことにブレーキがかかるといえるのかもしれない。概してⒽ️I️Qの箱庭はその大半が落ち着いた、優等生らしい表現であった（図4-20）。しかし一方、成績の良い子として認められ、周囲の人びとから期待されている子どもにはそれなりのストレスもあり、無理な頑張りがあることも多い。35名のⒽ️I️Qの中には喘息などの身体症状があったり、対人関係がうまくいかなかったりして、なんらかの意味で心理的問題を持っている子どももあった。そうした

ものが箱庭作品の中に感じられるのが図4-21などである。
〈高IQ児の作品例について〉

図4-20

図4-20　高IQ　6年生・男
　全体は日本の田舎風の風景。多くの玩具を使い、1時間以上かけて、緻密に作られている。左側は山になっており、その頂上の木に囲まれた所に神社がある。中央付近は農村で、田んぼがある。右手前は海で砂浜になっており後方にお城がある。解釈的にみると、無意識の領域の、神秘的な部分に宗教性を持った中心（Self）があり、現実に近い右側の開けた所にもう1つの中心（Ego）があって、典型的な表現であるといってよい。きわめて統合度の高い、優秀な作品。

図4-21

図4-21　高IQ　6年生・男
　制作時間（35分）のわりに寂しい作品。左側に堀に囲まれたお城が1つ、ぽつんとあるのが印象的である。中央付近には何もなく、右側の世界とお城をつなぐものがない。後方に1つある五重塔も唐突な感じがする。
"孤独"という印象が強く、エネルギーに乏しい、日常場面でも孤立しがちな子どもであるとのことであった。

8）施設中学生群
　㊿の箱庭表現は先に述べたように、制作時間、使用玩具数などが少なく、十分なエネルギーの発現がみられないばかりでなく、表現内容やテーマにも問題が感じられるものが多い。その問題はN群の中学生の思春期の不安定さを

暗示するようなたぐいのものとはまた少し異なり、彼らの特異な生育歴を反映したものが多いことが注目された。

　例えば、男子の戦いのテーマの中にみられた、「相手のいない戦い」（図4-22）や、女子の「暖かい家庭」と題された4例などはその例といえる（図4-23）。最近では施設自体さほど居心地の悪いものでもないし、設備も整ってはいる。しかし肉親との愛情接触のない子ども時代を過ごすことは基本的安定感に欠け、その人の人格形成に影を落とすことが多い。親や周囲のそれぞれ勝手な事情から自らの養育を施設にまかされてしまった子どもたち。自分自身には何の罪もないのに、幼い時から施設に育つ運命を背負って生きてきた子どもたちの気持ちは、まさに戦いをしかけようとし、その必要があっても、肝心の相手がいない、わからない、という感じであろう。彼らの怒りは直接両親に、あるいは社会に対して向けられるものなのかもしれない。しかし、その気持ちをぶつける対象を彼らは見出すことができないのである。はっきりした「相手のいない戦い」を作った2名は、施設生活も長い（入所期間5年以上）子どもであったことも意味深い。

　また、家庭の場面を作った女児のうち4名が自分でテーマづけをする際に「暖かい家庭」といった意味のテーマを述べたことも印象的である。しかも施設児たちのこうした家や庭は箱の全面を使っていない、あるいは使えないものが相当数あった。暖かい家庭を作りながらそこには生き生きした自由なエネルギーの流れがなく、世界は小さく小さく縮んでいこうとしているかのようである。こうした家庭のイメージを作ったSub.は、共通して施設入所期間が短いという特徴があった。彼らの中にまだ家庭への記憶が新しいからであろうか。

　さらに、㊜には箱の中にまだ手を触れぬ大きな空白部分（全体の3分の1以上程度の空白）を残した者が7名（18％）あった。N群の中学生にこのような例はなく、ここからも㊜のエネルギーの弱さ、イメージの貧弱さがうかがわれる。それらに加えて㊜においては(MR)や㊝にみられたような、了解できないテーマが少数（3例）であるが出てきている。それらの作者は能力的には特別な遅れもなく、作品も(MR)ほど雑然としたものではない。しかし図4-24のようにまとまらぬものや、箱内がほとんど空白のもの（図4-25）などがあった。

これらのことから、玩具数の少なさや制作時間の短さとも考えあわせてみて、㊷には1回限りの機会で表出できるようなイメージはないといってよいのかもしれない。彼らの内面は空虚で、わけのわからぬものがあるのだろうか。「相手のいない戦い」や「暖かい家庭」の世界が、果たしてどこまで生きたものとして広がっていくのかは疑問であるし、きわめて困難だという感が強い。

〈施設児群の作品例について〉

図4-22

図4-22　　施設中学生・男
　相手のいない戦いの典型例である。左上方に向けて戦車や大砲が戦いをしかけているが、相手の姿はみえない。空白部分も多く、殺伐とした感じである。

図4-23　　施設中学生・女
（口絵参照）
　「暖かい家庭」の例。庭の部分は女性の作品らしく、美しく作られている。しかしその世界はたいへん狭く、外へ広がることが困難なように思われる。

図4-24

図4-24　　施設中学生・男
　テーマが定まらない作品の例。さまざまな場面の混在である。㊵の羅列より少しまとまってはいるが、制作意図という点では、一体何を作りたかったのか、どんな場面なのかが了解できない。

図4-25　　施設中学生・男
　空白部分がたいへん多く、砂にも全く触れていない。無気力で、エネルギ

ーに乏しく、空虚な内面が
うかがわれる。

砂の使用

箱庭表現の多くの要素の
中でも砂は治療的意味の深
い素材である。砂に触れる
ことが適度な心理的退行を
引き起こし、緊張を解きほ

図4-25

ぐして無意識の深い層の自己表現を誘うといわれる。最初のうちは緊張が高
く防衛的で、砂に触れることができなかったクライエントが、治療者との関
係が深まるにつれて砂に親しみ、リラックスしながら深い表現をみせ、それ
とともに成長していくということも多い。

本章にとりあげた1回限りの箱庭表現において、砂に手を触れ、なんらか
の形で砂を使用した各群の被験者の人数は表4-10のとおりである。このうち、

表4-10 砂の使用(その1 使用人数)

被験者群	幼	小	中	高	大	(MR)	(HIQ)	施
全人数	52	80	47	82	92	28	35	38
砂を使用した人数	25	19	19	33	64	10	15	17
%	48.1	23.8	40.4	40.2	69.6	35.7	42.9	44.7

表4-11 砂の使用(その2 有意差)

幼>小∴	小<中∴	(MR)<大∴	(HIQ)<大∴
小<高*	中<大∴	施>小*	施<大∴
幼<大*	高<大∴	(HIQ)>小*	

* P<.05 ∵ P<.01 ∴ P<.001

表4-12 砂の使用(その3 男女差)

| 群 | 幼 | | 小 | | 中 | | 高 | | 大 | |
	M > F		M > F		M > F		M > F		M < F	
全人数	28	24	43	37	22	25	37	45	46	46
使用人数	18	7	13	6	13	6	17	16	30	34
%	64.3	29.2	30.2	16.2	59.1	24.0	45.9	35.6	65.2	73.9
有意差	*				*					

* P<.05

X^2検定の結果、有意差がみられたものを表4-11に示した。

なお、砂の使用についての正常群の男女差は表4-12のようになった。

砂の使用の割合を年齢的にみると、㋚を除いては年齢とともによく使用されるようになり成人ではほぼ7割が使うようになる。健康でノーマルな能力の持ち主であれば発達とともに状況を多面的にとり扱えるようになり、表現も立体的になってくるといえるのであろう。㋚において半数近くの被験者が砂に触れたのは、幼児の制作特徴として述べたように、砂遊び的に対処する子どもが多くあったためである。意図的な表現として川や海や山を作った者のみをとりあげると数はもっと少なくなってくる。

正常群の男女差においては㋐を除いて男子が多く砂に触れる傾向にあり、㋚と㋛において有意差がみられた。幼児よりみられる女児における庭のテーマの中での羅列的傾向と関連するといえるかもしれない。そして、テーマにおいてもみられたように、㋐になってくると砂の使用にも男女差がなくなってくることも興味深い。

特殊群においては、小学生の年代では能力の高い子どもの群がより多く砂を使っており、有意差がみられる（表4-10、11）。砂の使用はその人の能力と関連づけられるといってよいかもしれない。さらに㊗の被験者の砂の使用を個々にみると、きわめて立体的でダイナミックに使っているものが多く、成人の作品よりも独創的なものがほとんどであった。

また、㊍においては、地形の表現のために意図的に砂を使用したものは皆無であった。砂に触れた被験者のすべては単に砂に手をつっ込んでかきまぜたり、玩具を使って砂を掘ったり溝をつけたりしたものである。

これらのことから、砂の使用とその使い方はその人の能力とエネルギーに密接に関連するといえそうである。

第4節　要約

種々の群における箱庭表現の一般的傾向を知るために次の各群の被験者の1回限りの制作について、その表現傾向の特徴をとらえようとした。

被験者群は次のとおりである。

幼児群（52名）、小学生群（80名）、中学生群（47名）、高校生群（82名）、大学生群（92名）以上正常群。

発達遅滞児群（28名）、高知能児群（35名）、施設中学生群（38名）以上特殊群。

分析、考察しようとした視点は、a）年齢、発達による傾向　b）知的レベルによる表現特徴　c）生育環境による特徴　d）男女差　などである。

これらの点に関して、制作時間、使用玩具の数と種類、テーマといった観点から比較考察を行った。

結果は次のとおりである。

1）正常群の被験者は20分前後をかけ、40〜50個の玩具を使って制作するのが一般的な傾向である。
2）何種類の玩具を使用するかについて、玩具を5種類（動物、人間、植物、乗り物、建造物）に分けて検討したところ、幼児群がやや少なく3種類程度、他群は4種類を使うのが平均的であった。
3）各玩具の使用量について、人間類は幼児群でやや少なく、小、中、高校生になって1割を越えるが、大学生群になるとまた少し減少する。動物類は幼児群が多量に使い、以後減少するが、中学生群で急に減り、高校生群になると少し増加をみる。植物類は年齢とともに増加する。これらの傾向は、作品を見る際に、発達、成熟のある程度の目安となると考えられる。
4）男女差においては、幼児群を除き、制作時間が男子群の方が長めになること、またテーマにおいては女子群にどの群でも「庭、公園」といったものが多いことがわかった。
5）各群の表現の特徴は次のようであった。

　幼児群：砂遊び、羅列、玩具を使って箱内で遊ぶなど、他群にはみられない特徴がみられ、5歳児くらいから、ほとんどの子どもが枠内での意図的な制作が可能になると思われた。

　小学生群：女児、男児の典型的なパターンが増え、性役割の分化、意識化の問題と関連するのではないかと思われた。

　中学生群：問題児に多いような表現やテーマがしばしばみられた。思春期としての彼らの心の葛藤や、成長に向けての発達課題が示されているよ

うである。

高校生群：理想の世界や人生の夢のようなものがテーマとして表現されることが多い。結婚式の場面がこの群において最も多く作られた。

大学生群：やや現実に近い場面の表現が多くなり、いくつかのパターンのものに表現が限られがちになる。男女の差もあまり著しいものではなくなってくることも特徴的であった。

発達遅滞児群：幼児群に似ているが、それよりもさらに機械的な羅列、埋め込みが多く、玩具を自分の方に向けて置くなどの特徴があった。

高IQ児群：概して構成力も高く、砂をダイナミックに使ったスケールの大きい、広い世界の表現が多い。しかし、中には高知能児ゆえの問題をはらんだものもみられた。

施設児群：制作時間、使用玩具数ともに少なく、内的イメージの貧困が感じられた。今回の1回限りの制作では箱庭にその内面を十分に表現できなかったのではないかと思われる。

以上のような結果は、臨床場面で作られる箱庭表現を見る際に、種々の点においての目安になり、コントロール群としての意味も持っているといえる。

注1）第1章第2節参照
注2）玩具をおおまかに5種類（人間、動物、植物、建造物、乗り物）に分類する。
注3）テスターは、理想としてはすべて同一人物であることが望ましいが、時間、場所、被験者の都合などのため、3人のテスターのものとした。3者はこの試みが行われた時点で、箱庭に対する理解、被験者に対する態度などに関して大差がないと思われたものである。しかし、テスターの違いによる制作傾向の差もあるかもしれないことも考慮しておく必要がある。
注4）岡田の研究では、小学生群と中学生群がやや短く12分、17分となっているが、ほぼ同様の結果であるといってよい。（120）
注5）ロールシャッハ・テストにおける反応数過多の場合の解釈と同じ意味である。
注6）Sub.のうち、何人かは、試みとして、1～2週間おいて、3回ほど、継続して制作させた。
注7）制作者自身が結婚式の場面であると説明し、花嫁と花婿がいる作品。表4-7のテーマ分類においてはその多くがテーマⓒに入っている。ただ、作者の自

発的な説明がなく、ごく片すみにそれらしい場面があるものは、全体の感じから、テーマⓒに入っているものが若干ある。
注8）砂を掘り下げて川や海を作ったり、あるいはもりあげて山を作ったりするような意図的な砂の使用のみに限るとⓢやⓂⓇはもっと人数が少なくなる。
注9）砂の使用の意味については、第5、6章で、人格検査との関連においてさらに触れていく。

第5章
箱庭表現とロールシャッハ反応

第1節　問題と目的

　箱庭表現はクライエントがセラピストとの人間関係のもとで、自らの無意識の世界のイメージを玩具と砂によって構成するものであり、制作者の内面のかなり深い部分を把握できると考えられている。しかし人格テストとして用いられるものではなく、治療関係を重視し、その表現の独自性に注目するものであるため、作られたものの意味は多様であり、それはセラピストの主観的なみかたや、象徴解釈の面から把握されることになる。もちろん治療関係の中でのその作業に意味があるし、箱庭はあくまでも制作者の非言語的なレベルでの自己表現であり、多義的なものである。しかしまた、箱庭はこれまであまりにも独自の、箱庭表現だけのものとしてとりあげられてきた。さらに第8章で述べるように、セラピストの感受性によって受けとられ方が多様になることも多い。本章においては、箱庭表現をロールシャッハ・テストとの関連において検討しようとする。無意識の部分をとらえ得るといわれる代表的な投影法の心理検査から得られる知見を箱庭表現の解釈に導入することによって、箱庭理解の分野においてこれまで見逃されがちであった側面をとらえ、新たな視点を見出せるかもしれない。
　ロールシャッハ・テスト（以下ロ・テスト）は、被験者の内面がインクブロットの上に投影され、種々の反応となって把握されるものであり、人格のかなり深いレベルを測定できるとして鑑別診断や人格構造の解明に有効な投影法のテストとしてあまりにも有名である。ロ・テストに関しては種々の解釈仮説をはじめ、数多くの実験、研究が積み重ねられてきている。ロ・テスト

の反応は、被験者の無意識の中から引き出されたものである。一方、箱庭表現も、その制作者の無意識の中にある心的内容がイメージ化されて外に出てきたひとつの反応であるといえる。ロ・テストの手続きによって得られた反応とは意味あいが異なりはするが、両者ともに同じ一人の人から出た反応であることに変わりはない。したがって、解釈仮説がさまざまに展開されているロ・テストの知見を箱庭表現の理解の中に生かしてみることは、そうした意味で興味深い試みであると考えている。

第2節 手続きと方法

被験者（以下 Sub.）
　大学生49名[注1]（うち女子25名）。いずれも正常な学生生活を送っており、特別な問題行動はない。

実施方法
1) 箱庭制作：第4章に同じ
2) ロ・テスト：標準どおりの方法で個別に実施した。テスターはすべて筆者。スコアリングはクロッパー法に従った。

整理の方法
　箱庭における諸要素の特徴的な Sub. のロ・スコアにみられる傾向を検討する。すなわち、箱庭制作に要した時間、使用玩具の数や種類、砂の使用などに関し、Sub. の上位群について、ロ・スコアの特徴を比較、検討する。とりあげたロ・スコアは、反応数、反応時間、W％、A％、F％、M反応などをはじめ、カード回転の有無も含め、主だったロ・スコアや量的比率である。
　また、特徴的な個々の箱庭作品をとりあげ、箱庭表現と、ロ・反応の結果を概観する。

第3節 結果と考察

　箱庭制作および箱庭作品における各要素にみられる特徴とロ・テストの主な要素との関係は、表5-1に示したとおりである。

表5-1 箱庭の諸要素とロールシャッハ反応

箱庭 \ ロールシャッハ		人数	R	T(秒)	T/R	W%	D%	Dd + S%	A%	H%
使用玩具数	50以上	14	37.6	1270	37.8	56.7	34.2	6.46	40.4	25.3
	30未満	18	33.8	1226	36.5	55.3	34.8	6.94	44.2	19.1
制作時間	25分以上	10	39.8	1692△	42.9	63.9	26.8	7.67	37.7△	26.2*
	15分未満	19	34.5	1081	34.7	58.9	32.6	6.57	45.7	18.1
砂	使用	36	39.4△	1352	36.3	55.3	32.6	7.76	43.9	22.7
	使用せず	13	30.8	1083	40.4	58.9	32.0	7.30	38.8	19.0
人間	10以上	9	31.3	1187	45.4	68.7*	27.2	4.04*	41.0	22.7
	使用せず	11	42.7	1168	40.4	48.3	38.1	11.30	43.1	22.5
動物	10以上	13	44.8	1463	35.0	51.9	36.3	8.54	37.9	23.3
	使用せず	12	35.5	1566	42.7	62.3	24.0	11.63	41.1	19.4
植物	20以上	10	37.9	1216	36.2	59.6	31.5	6.55	34.2*	23.7
	5以下	16	34.4	1442	42.5	54.6	37.0	6.78	43.2	19.9
建造物	10以上	22	40.2	1479*	37.6	58.6	29.8	9.55	40.6	20.6
	5以下	16	32.9	984	34.1	57.8	33.5	5.55	45.2	23.5
乗り物	使用	25	35.5	1244	39.2	59.5	31.4	7.29	43.4	22.0
	使用せず	24	38.8	1380	35.5	55.5	33.5	8.00	41.7	21.4
玩具の種類	5種	14	33.9	1220	38.7	57.1	36.3	4.16*	42.5	24.4
	3種以下	10	37.8	1577	40.6	52.1	33.9	11.20	40.8	20.5

: $P < 0.01$ * $P < 0.05$ △ $P < 0.1$

使用玩具の数について

　箱庭作品における使用玩具数に関しては、多数使用群と少数使用群の間にロ・スコアで有意差がみられたものはP反応のみであった。常識的に考えて、箱庭の使用玩具数とロ・テストの全反応数との関連を予測したが、それらの間に関連はみられなかった。

　ロ・テストにおける全反応数は、被験者の内的なイメージの豊富さや知能、生産性、興味の広さなどを意味するといわれる。しかし箱庭の場合、少数の玩具で象徴的な意味深い表現をすることも多く、使用玩具の数が即イメージの量や生産性といったロ・テストのサインとは結びつかないようである。

　ロ・テストにおいてP反応は現実吟味の程度や、他者と同様に世界をみる傾向として解釈される。Pが少なすぎると現実との結びつきの弱さを問題とし、多すぎるときには世界を決まりきった方法でみる度合が強すぎること、誤りをおかすことを恐れる強迫的な傾向として云々される。したがって、箱庭

P	F%	M	ΣC	FM	m	FK	Fc	FC	CF+C	VIII IX X %	カード回転%
4.57*	45.5	5.21	3.54	4.36	2.00	1.07	0.86	1.14	3.46	37.9	85.7
3.44*	43.2	5.28	2.78	5.67	2.17	0.78	0.61	1.22	2.86	34.7	55.6
4.20*	46.3	6.00	3.70	5.20	2.30	0.90	0.90	2.05	3.75	36.8	100
3.37	45.9	4.53	3.45	5.21	1.58	0.79	0.84	1.45	3.16	37.1	63.2
3.97	44.1	5.83△	3.33	6.11*	2.31	1.14	0.97	1.64△	3.11	37.1	77.8
3.62	48.9	3.46	3.54	2.92*	1.69	0.54	0.46	0.77	3.42	34.7	61.5
4.33	41.5	4.89	2.72	5.56	1.67	1.00	0.67	0.61	3.11	32.1*	88.9
3.91	44.9	5.91	2.77	6.82	2.91	1.36	1.00	1.59	3.05	41.7*	90.9
4.38	46.7	4.92	5.19*	4.69	2.15	1.62	1.08	1.46	4.73*	38.1	84.6
3.33	44.9	5.33	2.63	4.50	2.83	0.67	0.75	1.21	2.42	36.1	75.0
4.50*	47.1	3.90	4.05	4.00	1.80	1.30	1.20△	1.20	3.95	38.8	90.0
3.60	46.1	4.90	3.25	5.38	2.00	1.20	0.50	1.31	3.15	36.3	62.5
4.14	46.2	5.23	3.95	5.18	2.73*	1.09	0.82	1.61	3.64	36.8	77.2
3.56	48.1	4.31	2.66	4.25	1.31	0.81	0.94	1.34	2.38	35.5	68.8
3.76	45.2	5.56	3.44	4.84	1.80	0.76	0.76	1.42	3.24	37.2	76.0
4.00	45.4	4.83	3.33	5.71	2.50	1.21	0.92	1.42	3.15	35.8	70.8
4.00	44.4	5.36	3.75	4.50	1.64△	0.57	0.50	1.50	3.39	37.7	71.4
3.80	48.3	4.20	2.75	4.50	3.10	0.90	0.80	1.35	2.87	39.9	80.0

に多数の玩具を使う人は、他者のみかた、やり方を気にかけ、多分に平凡で常識的な面を持ち、多少とも強迫的に使えるだけの玩具を並べなければ気がすまない傾向のある人だといえるかもしれない。

　異常に多い玩具の使用は躁状態の人や、テンカン性のエネルギーが爆発した際の表現にしばしばみられる。また、知恵遅れの人が玩具を無意味に羅列して箱内がぎっしり玩具で埋まってしまうこともある。しかし今回の場合、被験者は正常人であるため、こうした意味あいは除外して考えたい。

　一方、箱庭制作にあたって、比較的少数の玩具で表現を完成させる人は、どちらかというと平凡さに欠け、常識的なことには関心を向けない傾向があるのではないかと思われる。きわめて象徴的な、集約された表現はむしろごく少数の玩具で効果的にまとめられるともいえる。その場合、それは多くの玩具で箱庭を飾る人よりも、むしろ自分の内面をより直接砂箱の中に表現しようと箱庭に向かっている人であるとも考えられる。そうした人にとっては、他

者がどんな見かたをするのか、平凡なとらえ方はどうか、といった考え（すなわちロ・テストのP反応の知見）は関心外のことになるのかもしれない。したがって、箱庭表現にあまりにも玩具が少ない場合、多少とも作者のreality testingを疑ってみる必要があるかもしれないと考える。

制作時間について

　箱庭の制作時間においては、長時間群が短時間群よりもP反応およびH%が有意に高く、A%は低い傾向にあり、全反応時間も長くなることがわかった。

　長時間制作群におけるP反応の多さは、玩具多数使用群と同様のことが考えられるのではないかと思われる。すなわち、あれこれと考え、時間をかけて粘り強く制作することにエネルギーを費やす人は、自己中心的な側面のみに気をとられるのではなく、まんべんなく、平凡なものにも目をとめ、P反応として多くを拾っていくことができる人であると思われる。このタイプの人はロ・反応にも時間をかけて取り組む傾向にあり、せきたてられることのない、落ち着いた態度を身につけていると考えられる。

　一方、H%の高さは人間に対する関心、共感性、あるいはA%との対照において成熟の指標であるとされている。したがって、長時間制作群においてH%が有意に高かったことは、制作に粘り強く取り組む人の方が、簡単にやめてしまう人よりも共感性に富み、成熟度も高い傾向があるということを示唆しているといえるかもしれない。

　また、長時間群はその全員がカード回転を行っているのに対し、短時間群は6割程度しか回転しなかったことも、長時間群が状況を十分に吟味し、いろいろな角度から取り扱うことを示唆しているものと思われる。

　こうした傾向は短時間群のA%が高い傾向にあることでも裏づけられる。高A%には知的な低さや未熟さ、無難なものの見かた、といった解釈がなされる。今回の場合、被験者がすべて大学生であるので知能の問題は一応除外すると、未熟さと、無難なものの見かたの考えが取り入れられる。すなわち、箱庭制作に十分な時間をかけて取り組むことのない人は、自己の内面のイメージを作品に表現することに防衛と困難があって、あっさりと片づけてしまう

のかもしれない。それがA%の高さ、すなわち無難に事をおさめておこうとする傾向に通じるのではないかと思われる。それに比し、長時間群はH%、A%のバランスからみても短時間群よりも成熟し、個性的であり、かつリアリティーを失うことも少ないパーソナリティーであると考えることができよう。

砂の使用について

　箱庭作りにおいて、砂に手を触れ、効果的に使用するか否かは、積極性、創造性の表れとして臨床場面でも注目される点である。

　本研究において、箱庭制作に砂を使った人は使わぬ群に比し、FM反応が有意に多く、M、FC反応は多い傾向にあり、全反応数そのものも多くなる傾向がみられた。このことから、砂を使用する群は、どちらかといえば運動反応優位で、内的なイメージの量が多く、生産性に富み、豊かな内面を持ったパーソナリティーであると考えられる。砂の使用についてはBowyer, R.（1970）[12]が、高知能の指標であること、ロ・テストのM反応と関連することを述べているが、この結果とも一致している。

　FM反応についての仮説は幅広いが、内的な衝動生活の認知、あるいは即時的な欲求の満足に価値を見出す傾向、との解釈がしばしばなされる。一方、箱庭における砂の使用は先に述べたような側面のほか、触れることによって制作者の心理的退行を誘う効果があるともいわれる。これを考えあわせると、衝動生活を認知し、即時的な欲求の満足を求めがちな動きが、砂に手を触れ、regressiveな感じになることと関連するといえるのではないかと思われる。

　砂の使用は、ロ・テストにおいて、被験者のカードの取り扱い方と関連するのではないかと予想していた。しかし、今回の結果では、砂の使用群のカード回転は78%、非使用群は62%となり、回転させる人が使用群にやや多いものの、著しい差はみられない。したがって、箱庭における砂の使用は、状況をどう多面的に取り扱い、アプローチするか、という側面よりも、どちらかといえば、内面的な精神活動の活発さや生産性、イメージの量と関係するものであるといえるようである。

人間の使用について

　箱庭制作に人物を使用するか否か、また、人物の存在する世界をどの程度表現できるかは、自我の意識や自己主張、対人関係、社会に対する関心の度合などと関連する。また、全くの人間不在は内的世界の固さやエネルギーの乏しさ、自我の未熟さとして、クライエントの予後や治療の進展を考える手がかりとなり、臨床的に注目するところとなる。BühlerのWorld Testにおいても、人物の不在は空虚性（empty）のサイン[14]として重視されている。

　今回、ロ・テストとの関係において、人物不在群は多数使用群に比べ、（Dd＋S）％、および（Ⅷ Ⅸ Ⅹ）％が高く、W％が低くなり、いずれも有意差がみられた。このことから、人間不在群は、個性的でユニークなもののみかたを好むこと、そして細かい観察から大まかで一般的な結論を引き出すことにためらいがあって、自分にとって確実な限られた領域に執着することで自己を守る傾向にある人であることがうかがわれる。

　また、環境からの刺激に対する反応性の指標である（Ⅷ Ⅸ Ⅹ）％が人間不在群に高いことも興味深い。推測であるが、外界からの刺激を敏感に感じ、動かされやすい人ほど、箱庭の世界に思い切って人間を使うことにためらいを感じるのではないだろうか。箱庭の中に人物を使うと、世界は一瞬にして有機的でなまなましい印象を与えるものになると思われる。こうした感じを、環境刺激に敏感な一群の人たちは受け入れかねるのではないだろうか。人間のいない箱庭の世界はしんとして人間臭さがなく、冷静に受けとめられる世界として把握されるものになる。こうした意味で、刺激に対して敏感な人ほど箱庭内に人物を使うことを難しく感じることになるのかもしれない。もちろん、治療的な意味あいからは、箱庭の世界は生き生きした有機的なエネルギーの感じられるものであることが望ましい。したがって、刺激に対して過敏で外界に適応しにくい人の治療においては、クライエントがセラピストとの人間関係に支えられて、人間臭い世界とも親和性のある自分を育て、箱庭の中にも自由に人物が置けるようになるといったプロセスが展開されることになるかもしれない。

　一方、人間を多数使用する群におけるW％の高さも注目に値する。経験をおおまかに全体としてまとめて把握する力を示すのがW％であり、形態水準

との関連において、その人の知覚の分化度が云々されることになる。今回の被験者はすべて正常な大学生であり、病的な知覚の持ち主はいないが、拡大して考えると、人間を使用することは前述したような意味では好ましいが、過度な使用は体験の把握の様式がかなり大ざっぱで未分化なものであることと関連すると考えられるかもしれない。発達的にみると、年齢の低い子どもほど、人や動物が全使用玩具の中で占める割合が多く、成人になるに従ってさほど数多くはなくなり、植物の占める割合が多くなるのが一般的な傾向である[注2]。また、知恵遅れの子どもがやたらに羅列的に人や動物を並べ、その中に中心となるものが感じられないことがよくある。それが成長とともに、表現の中からその人にとって大切で意味のある存在としての特定の人物（赤ん坊や、本人とよく似た感じの人形などであることが多い）が出現してくるようになる。漠然とした未分化な世界からの自我の芽生えである。人間多数使用群におけるW%の高さは、こういった側面と関連づけられるかもしれない。

　また、箱庭における人物の使用と、ロ・テストのH%やM反応はあまり関連がないようである。ロ・テストではM反応やH%は成熟の指標として考えられることが多い。しかし、箱庭における人物はそういう側面のみでなく、使用の量や使われ方によって意味が異なり、刺激に対する敏感さや、体験の把握の細かさといった面と関連が深いように思われた。

動物の使用について

　箱庭における動物はポピュラーで使いやすい素材であり、ロ・反応におけるFM反応と同じく、無意識な衝動性や本能を意味するものと考えられている。

　ところが、今回の結果ではΣCおよび（CF + C）において有意差がみられた。すなわち、FM反応やA%との関連は認められず、情緒的な刺激に対する反応性、感情表出といった色彩反応の分野に差がみられたのである。中でもCF反応が多くなる傾向があり、このことから、箱庭における多数の動物の使用は必ずしも本能的な側面ばかりでなく、感情表出の自由さ、フィーリングの子どもっぽさといった側面とも関係すると考えられる。すなわち、箱庭内に動物を多く使用する人は、情緒の表出が自由で、感情を抑圧することの少な

い、屈託のないパーソナリティーの持ち主であるといえるかもしれない。

　A%やH%、あるいはFMやMには目立った差はみられなかった。箱庭における人物の使用がM反応やH%とあまり関係がなかったのと同様、箱庭での動物の使用もロ・テストの動物反応とは関連しないようである。

　なお、有意差をみるまでには至らないが、動物多数使用群にP反応がやや多く、箱庭における動物が、平凡なものの見かたと多少とも関連することがわかった。

　また、locationにおいて動物不在群の（Dd＋S）%が10%を越えており、人間不在群と同様、高い傾向にあった。

　これらのことから、動物不在群は自由な感情表現が困難であり、他者とは少し異なるユニークなものの見かたをする傾向があることが考えられる。

植物の使用について

　成人の作る平均的な箱庭作品の中では植物が最も多く使われ、全使用玩具のほぼ半数を占めることがわかっている[注2]。すなわち、年齢とともに人は箱庭に多くの植物を置き、緑のある美しい落ち着いた表現をするようになるのである。

　ロ・反応との関係においては、多数使用群にP反応が多く、少数使用群ではA%が高くなり、いずれも有意差があった。また、多数使用群はFc反応が多い傾向にあり、カード回転も活発である傾向がみられた。すなわち、植物を多く使用する人の方が、平凡で常識的なものに目を向ける度合が大であり、かといって決まりきった無難なものの見かたに流れてしまうのでもないことが考えられる。高いA%は幼稚さを示すものとして、成熟度を云々する場合に取り上げられることが多い。植物の少数使用群がA%において有意な高さを示したことから、箱庭においては植物の使用の多少が制作者の成熟の度合と関係するといえるのではないかと思われる。また、好ましい対人接触および愛情欲求の認知の指標であるFcは植物多数使用群に多い。これらのことを考えあわせると、植物を多く使う人は、対人関係や愛情面でも感受性に富み、基本的安定感にも問題が少なく、成熟した人格の持ち主であると考えられるのではないかと思われる。

箱庭に植物を多数配置すると、世界は風景として美しく、見た目にも感じの良いものとなる。こうしたことから、植物はロ・テストでは色彩反応と関係するのではないかと考えていた。しかし、本結果でみる限りでは目立った相違はなく、箱庭での植物が単に表面的な、視覚に訴えるだけの意味を持った存在ではないことがわかった。ただ、体験型において、多数使用群はM＜ΣCとなって右寄りのサイコグラムになるのに対し、少数使用群ではM＞ΣCとなり、左寄りのサイコグラムになることが多いようであった。すなわち、多数使用群はどちらかといえば外向型で、色彩的、感覚的なものに反応しがちであるのに比し、少数使用群は内向型であり、表面的な色彩刺激には動かされにくいタイプの人であるということはいえるようである。

有意差をみるには至らぬが、カード回転においては多数使用群の方が柔軟にさまざまな角度から刺激を把握しようとする傾向がみられる。このことは、植物を多く使って箱庭の世界を美しく飾ろうとする客観的な視野を持っていることと関連するのではないだろうか。

建造物の使用について

家、家具、柵、橋、石などの建造物は、ほとんどの人が箱庭の中に使用する。素材自体はロ・テストのcontentにおけるObjに相当するものが多いと思われる。

建造物の多数使用群のロ・テストにおける特徴は、全反応時間が長いこと、m反応が多いことであり、いずれも少数使用群と比べて有意差がみられた。contentについては、A％、H％などに片寄りはなく、特にObjの占める割合に特徴があるということはなかった。

このことから、箱庭制作に生き物や植物以外の建造物を多く使う人は、ロ・テストにおいて反応に時間をかけ、多くのものを見出そうと頑張る傾向がある人であると思われる。また、箱庭における建造物は、ロ・反応のObjと関連するといった表面的な類似点はなく、m反応と関連することも興味深い。m反応は、ストレートにMやFMになりにくく、自我の統制の難しい心の内面の緊張や葛藤、不全感などの指標として知られている。また、否定的な意味のみでなく、mの存在は人格の複雑な面、成熟はしているが安定を得るには

いまひとつという側面をも含んでいるとされている。そうした傾向が、箱庭制作においては無機的で、どちらかといえば防衛的な表現になりがちであり、各種の建造物の使用量が増えることになるのかもしれない。

　もちろん、箱庭に家その他の建造物が使われるのはごく普通のことであり、建造物が多いことが即、緊張と葛藤を示すとは言いがたい。また、建造物の中でも、橋、神社、城などそれ自体が深い意味を持った玩具も多いし、使われ方によって、一軒の家、あるいは1個の石がきわめて象徴的な存在となることもある。したがって、建造物についてはさらに詳しく分類して傾向を検討する必要があると考える。

乗り物の使用について

　箱庭における乗り物は、エネルギーの流れを表す動的な素材として考えられる。

　今回、ロ・反応との比較においては、乗り物の使用群と非使用群の間に注目すべき差は認められなかった。このことから、今回の試みの範囲では、箱庭における乗り物の使用はロ・テストの解釈仮説とは目立った関連を見出せない、箱庭独自の世界において意味を持つものであると考えられる。

使用玩具の種類について

　箱庭に使用される玩具を大別して5種類（人間、動物、植物、建造物、乗り物）に分け、各人が何種類を使用したかについて検討した。

　その結果、3種類以下しか使わなかった群が、5種類全部を使用した群に比し、(Dd + S)％が有意に高く、m反応も多い傾向にあることがわかった。

　箱庭の作品では、建造物があり、人や動物がいて、適度に草木があるというのがごく一般的な表現であり、そうした表現には少なくとも4種類以上の玩具が必要である。それに比し、3種類以下の玩具では相当変わった表現になりやすい。例えば、全くの生物不在で、時として植物すらも置かれぬ無機的な世界の表現などが代表的な例になろう。こうした箱庭を作る人は (Dd + S)％の高さにみるようなユニークさを持っているともいえるし、他者と同じものの見かたをしたくないという頑固さもあるかもしれない。使用玩具の種

類の少ない箱庭は、それが知的に処理され、シンプルな印象や抽象的な意味あいをねらった、計算されたものであるなら、その傾向は制作者の個性的な感受性と知的な高さの表れであると考えられよう。

また、玩具のバランスなど、玩具に対する過度の気遣いのために少種類のものしか使えない人もある。この場合には、おおまかに反応をまとめてしまうことができぬ傾向、あるいは課題に対して強迫的に取り組む傾向として考えられるかもしれない。このことから、使用玩具のバラエティーに乏しい人に内的緊張や葛藤を示すm反応が多い傾向にあることもうなずける結果であると思われる。

いずれにしても、玩具の種類を多く使わぬ人は、良くいえば個性的で特異な感受性を持っているが、相当変わった面があり、内的には緊張の高い人も多いと考えられる。

すなわち、生き物も、植物も、他のいろいろなものも自由に使用でき、バラエティーに富む世界を作れる人ほど自由で緊張も少なく、屈託のない、好ましい平凡さを持ったパーソナリティーであるといえるのだろう。

個々の作品より

次に、今回の箱庭作品のいくつかを抽出し、ロ・反応の傾向とあわせて特徴を考察していきたい。各箱庭作品のテーマ、制作時間、使用玩具数およびロ・テストの主な傾向は表5-2のとおりである。

〈作品A〉図5-1……道路、公園、池などの場面があっさりと1つの世界にまとめられ、動的で自然な、まとまって感じの良い作品である。制作には適度に時間をかけ、玩具も5種類全部を使った、健康で屈託のない人柄が感じられる。ロ・反

図5-1

応ではW％が高く、ややおおまかなところがあるが、比較的良好なMやFC

表5-2 作品A～Hの作者のロ・反応

		作品A	作品B	作品C	作品D	作品E	作品F	作品G	作品H
	作者の性別	女	女	男	女	女	男	男	男
箱庭	テーマ*	楽しい公園	遺跡の哀歌	朝	海と心	夕暮れの砂丘	私邸	遊園地	自分の住む所の理想
	使用玩具数	43	13	25	34	2	41	22	17
	制作時間(分)	30	38	19	17	8	34	8	11
各作者のロ・反応	R	46	66	20	50	29	49(+8)	23	19
	T (秒)	1624	4218	260	1198	1018	1546	473	1092
	T/R	35.3	63.9	13.0	23.9	35.1	31.6	20.6	57.5
	W%	84.8	29.2	65.0	50.0	69.0	44.9	73.9	52.6
	D%	8.7	46.2	20.0	18.0	27.6	38.8	17.4	42.1
	Dd + S%	6.5	20.0	10.0	28.0	0	16.3	4.3	5.3
	A%	32.6	40.9	40.0	36.0	65.5	46.9	52.2	36.8
	H%	39.1	30.3	0	36.0	13.8	14.3	17.4	5.3
	P	4	3	2	4(+1)	3(+1)	3(+1)	3	3(+1)
	F%	41.3	37.9	55.0	22.0	34.5	67.3	56.5	42.1
	M	11	14(+2)	0	17	4	2	5	1
	ΣC	5.5	3	2	3	1	3.5	0	4
	FM	8	11(+1)	0	8	9(+1)	3	4	2
	m	0(+2)	7(+6)	3(+1)	5(+4)	4(+1)	2(+2)	1(+4)	2(+2)
	FK	1(+1)	1	0(+2)	0(+2)	0	1	0	0
	Fc	0(+1)	2	0	2(+1)	2	2	0	0
	FC	3(+1)	4(+1)	0	2	0	1	0	0
	CF	4(+2)	1(+2)	2	2(+1)	1	3(+2)	0	4(+1)
	VIII IX X%	39.1	37.9	25.0	40.0	34.5	53.1	30.4	36.8
	カード回転	有	有	無	有	有	有	有	有

* 制作終了後、作者自身がつけた題名。
カッコ内は add. score

が多く、ロ・テストにおいても健康さと内的な豊かさがうかがわれる例である。

〈作品B〉図5-2……制作に長時間をかけ、砂と石、木片、バネなど比較的少数の建造物のみで立体的に制作されている。一般の箱庭作品とは非常に異なった、抽象的なオブジェ風の作品である。作者は芸術家志望の、み

図5-2

るからにユニークな感じの女性で、「人形や家などは色が気に入らなくて使いたくなかった。私は流動性のあるものが大好きで、動きを出したかった」との感想であった。ロ・反応でもRが多く、しかもその1つ1つにストーリー性があって、反応にきわめて長時間を要した。著しく左寄りのサイコグラムでdrも多数である。しかし、カラー反応ではFCが優位で、自己の個性をかなり意識しており、自分なりのコントロールには成功している人という印象である。

〈作品C〉図5-3……「朝、目覚めた自分が伸びをしている。右端の木や家はつけ足しで、なくてもいい」との説明である。砂を使用しておらず、動物類もいない作品の例である。また、空白部分が目立ち、なにかもの足りぬ感じがして、臨床

図5-3

的にも問題が感じられる。ロ・反応はAtが多く、運動反応を欠いた特異なプロトコルになった。2個のCF反応はいずれもAt（C/F）である。カード回転もなく、箱庭の砂や空間を十分に使えぬ人の問題がロ・反応にも反映されて

いる。事例として考えるなら、領域の拡大がテーマとなり、内的エネルギーが動きはじめるとともに箱全体にイメージが広がっていくことになると思われる。見通しとしては、現在小さな領域ではあるが、まとまった庭らしい部分があること、そこになによりも、1人の"自分"がすでに存在していることから、今後の発展は十分に期待できると思われる。

図5-4

〈作品D〉図5-4……石と貝を主に、十分に砂を使った動物類のいない作品の例である。手前の石の上に小さな人物が1人おり、それが自分だと言う。「もっと広い海の感じが出せたら……」との感想であったが、母性や女性性のシンボルである海や貝を効果的に表現した作品である。ロ・反応は著しい内向型で、M反応が17個もあり、自己の内に生ずる動的なイメージに動かされやすい人である。それに比してカラー反応の領域では、形態優位のものが少なく、F%も低くなっている。感情表現が苦手な傾向があり、それでいて外界の刺激には動かされやすいタイプであるといえる。こういった型の人が箱庭という素材に出合えば、意味深い表現ができるのかもしれない。

図5-5

〈作品E〉図5-5……植物のみ少数を使い、砂に指で風紋を描いて砂丘の感じを出そうとした作品。「海をもっと広く、木々はもっと遠くに植えて、広い砂丘の感じにしたい」との感想であった。作者はもの静かで少し現実離れしたような感じの人。ロ・反応では内向

型で、内面のコントロールが難しく、自己不全感を持ちやすいタイプであった。作品Dと並んで色彩反応に乏しく感情表出が困難な、現実場面での生き生きした自由さに欠ける人の箱庭表現として特徴的である。

〈作品F〉図5-6……箱全体を使い、美しくまとまって作られている。中の世界には西洋風の家が4軒、庭のあちこちに点在し、緑の芝生があって、飛び石も配置され、池もある。「私邸」と題されて、制作者自身の将来の夢としての生活設計

図5-6

の一端をイメージ化したものである。しかし、生き物が不在で生命力や動きが感じられない。また、箱の枠に沿って木がずらりと植えられ、中の世界をさらに囲んでおり、固い印象を受ける。さらに、右上方に赤い乗用車が止められているが、これもしっかりと柵で囲まれて、ひどくきゅうくつそうにみえる。銀行マンとしての就職がこの時すでに決定していたこの人のロ・反応は、F.L.は良好だが後になるほど強迫的な感じで反応数が増えてくること、F%が高いことなどが特徴的であった。

〈作品G〉図5-7……「子どもにかえったような気分で楽しんで作った。無邪気でいいと思う」との本人の感想であった。怪獣や怪人、ユーモラスなオバQなどが入り乱れての世界。成人の表現としては幼稚で、制作時間も短く、小学生男児のような作品である。しかし、作者は比較的満足しており、

図5-7

遊びの空間として箱庭が機能を果たしたようである。ロ・反応は、標準的なF.L.の運動反応が多くて色彩反応がなく、A%が高めであることが特徴的であった。しかし、色彩ショックが認められ、情緒刺激に対する感受性はかえって過敏なのではないかと思われた。そうした人は直接的な感情表現ができなくても、箱庭という守られた枠を与えられることによって、自己の内にあるエネルギーを遊びという形で表出し、展開することができると考えられるのではないだろうか。

図5-8

〈作品H〉図5-8……生き物も草木も一応全部の種類を使ってはいるが、砂に手を触れず、平面的で変化に乏しく少女の作品のように見える。「もっと子どもらしい気持ちで自由に作りたかった。自分の感じを素直に出せなかった」との感想であった。ロ・反応ではCF優位の外向型で反応数も少なく、色彩ショック、濃淡ショックがみられ、情緒的な刺激や感情表出にいろいろと問題があることが推測された。箱庭制作においてはそうした自分の感じを初めての箱庭の中に表現できなかったケースであるといえよう。なお、男性においてはCF優位の型の人が、女性に特徴的な「庭」のテーマを作ることが多いように思われた。

第4節　要約

　本研究においては、49名の被験者の制作した箱庭表現にみられる特徴と、彼らのロ・反応の傾向との関連性をとりあげて考察した。その結果、次のようなことが認められた。

正の相関が認められたもの
1）使用玩具の数とP反応

2）制作時間とP反応およびH%
3）砂の使用とFM反応
4）人物の使用とW%
5）動物の使用とΣCおよびCF＋C反応
6）植物の使用とP反応
7）建造物の使用と反応時間およびm反応

負の相関が認められたもの

1）人物の使用と（Dd＋S）%および（VIII IX X）%
2）植物の使用とA%
3）使用玩具の種類と（Dd＋S）%

　有意差の認められたものは以上であった。

　箱庭表現は非常に個別性の高いものであり、数量的にまとめて検討してしまえるものではない。また、ロ・テストがあくまでも与えられた刺激をどう受けとめ、反応するかをとらえるものであるのに対し、箱庭は視覚に訴える表現を自らがいかに作りだすかという作業である。箱庭の要素とロ・反応に表面的な類似点、例えば動物類の使用とA%といったものに関連がみられなかったのは、被験者にとってそうした作業の意味の違いがあったからではないかと思われる。箱庭は作るという行為そのものが意味を持つばかりでなく、自らが表現した世界が新たな刺激となって制作者にフィードバックされることになり、そこにも治療的な意味があると考えられている。もちろん、ロ・反応、箱庭ともに、人格のかなり深い部分からのイメージの表れであるといえる。したがって、今後は両者の表現や反応ができあがっていくプロセスの検討も含めて研究の課題としたいと考えている。

（「ロールシャッハ研究XXIII」1981　金子書房　収録）

　注1）第4章のSub.の一部である。
　注2）第4章より

第6章
箱庭表現とY-G性格検査

第1節　問題と目的

　本節においては、箱庭表現と、Y-G性格検査[注1]の関連をとりあげる。

　箱庭が無意識の世界の内にある可能性の表現であるのに対し、Y-G性格検査は質問紙法によって自己評定の結果を得る代表的な検査である。人が自らの性格や行動の傾向を自分でどう把握しているかは、時として他者からみた客観的なその人像と異なることもある。しかしその人の真実の姿がどうであれ、自分自身が持っている自分像がいかなるものであるかはその人の現実の営みを大きく規定することになる。したがって「自分で自分をどのように認識しているか」も人を理解する際にひとつの大切な側面になる。そういった意味でY-G検査のような意識的な自己評定による検査も大いに有効であると筆者は考えている。

　Y-G検査によってとらえられた人格像は、あくまでも自分のみた自分、自己の意識している自分であり、さらにある程度の防衛も働きうる。一方、箱庭表現は自由で保護された空間の中で作られた、無意識の世界の表現である。反応の出てくる状況も、手続きも、科せられた条件も大きく異なる。しかし、いずれも同じ1人の人間の出す反応であり、表現であることも事実である。その意味でも、意識的に把握された自己像のプロフィールと、無意識の世界からのメッセージを含む表現との関連をなんらかの形で把握することができれば興味深いことである。そして、箱庭をより多方面から理解していくためにも、こうした試みは必要な過程であると考える。

第2節　手続きと方法

被験者（Sub.）
　大学生42名[注2]（うち女子23名）
実施方法
1）箱庭制作：第4章に同じ
2）Y-G性格検査：個別あるいは集団で実施
整理の方法
1）Y-G性格検査の12の尺度について、標準点1～2のSub.および4～5のSub.を選び出し、各尺度における両群の箱庭表現の傾向を比較検討する。
2）Y-G検査におけるA～Eの5類型別にみたSub.の特徴的な箱庭表現を検討する。

第3節　結果と考察

　Y-G性格検査の各尺度と箱庭表現との関連は表6-1に示したとおりである。
　使用玩具の数および制作時間に関しては明確に有意差のみられたものはなかったが、傾向として次のようなことが言えるようである。
　使用玩具の数においては、成人の平均が40個余りであることがこれまでのデータでわかっている。したがって、それに比べると、抑うつ性が大、思考的内向型、主観的傾向が強い人において玩具数は少なめであること、逆に玩具を多く使うのは、客観的傾向の強い人、のんきさに欠ける人、神経質な人といった特徴があるようである。このことから、使用玩具の数は、活動性、エネルギー、外界への関心、といった側面に関連すること、さらに、少し違ったレベルで、神経質な傾向、あるいは強迫的傾向によって増加していくこと、などが考えられる。
　次に、制作時間に関しては成人の平均が20分少々であり、今回みる範囲ではさほど著しい特徴のある尺度はない。個別にみると、抑うつ的で劣等感が大きく、神経質で社会的内向型の、活動性に欠ける人に短時間制作の傾向が

表6-1　箱庭表現とY-G12尺度

Y-G尺度		箱庭 n	使用玩具数	制作時間(分)	砂の使用(%)	箱庭表現の傾向、テーマの特徴など
D	抑うつ性 小	18	43.8 △	19.8	100 *	抑うつ的な人は、砂や玩具を豊かに使うエネルギーに乏しい。抑うつ傾向の少ない人の作品は人物が多く、のどかな町や、つどいのテーマが多い。
	抑うつ性 大	7	29.3	15.0	42.9	
C	気分の変化 小	13	39.5	18.6	100 *	気分の安定した人は、余裕を持って砂を使い、人物も多い。不安定な人の作品は、平板で防衛的な印象のものが多い。
	気分の変化 大	12	38.4	18.7	33.3	
I	劣等感 小	11	41.1	21.9 △	100	自信のある人の作品はにぎやかで活気のあるものであるのに対し、劣等感の強い人の箱庭は平凡で、おざなりに作られた印象である。
	劣等感 大	8	35.3	14.0	50.0	
N	神経質でない	17	44.1	19.2	88.2 △	神経質な人は玩具は多く使うが、ゆっくりと時間をかけてとりくまない。作品はイライラした感じ、ピリピリした印象のものになりがち。
	神経質	10	48.9	16.2	50.0	
O	客観的	12	49.9	19.5	100	客観的な人が多数の玩具を使い、砂もよく使うのは作品のできばえを考えるためかもしれない。主観的な人の表現は、やはりユニークなものが多い。
	主観的	11	32.2	17.7	45.5	
Co	協調的	20	48.2	19.6	95.0 *	協調的な人の作品は、庭、町、人びとの集まりなどのテーマが多く、非協調的な人の作品の中には不可解なテーマのものが含まれる。
	非協調的	12	38.0	18.1	41.7 *	
Ag	非攻撃的	13	46.2	18.8	92.3 *	攻撃的な人の方が玩具が少なく、砂にも触れにくい。箱庭内で表現する攻撃性とY-Gでとらえる攻撃性は少し異なるのかもしれない。
	攻撃的	11	35.8	19.9	45.5	
G	非活動的	9	35.3	16.8	55.6	活動性の高い人が豊かに玩具を使ってゆっくりと制作する。テーマなどに目立った特徴はみられない。
	活動的	17	47.7	21.7	88.2	
R	のんきでない	5	49.8	22.1	100	のんきさに欠ける人が多くの玩具を使って時間をかける。この傾向がエスカレートすると強迫的な方向へ向くのではないだろうか。
	のんき	25	43.2	19.7	68.0	
T	思考的内向	5	28.6	21.2	60.0	内省的、空想的な人は、玩具は多く使わないが、時間をかける。思考的内向型の人の作品にはテーマの不可解なものが一部含まれる。
	思考的外向	22	41.6	18.3	90.9	
A	服従的	3	41.0	18.8	66.7	服従的傾向が大の人の箱庭表現は、玩具数にかかわらず、落ち着いた、静かな感じのものが多いようである。
	支配性 大	15	39.2	19.8	86.7	
S	社会的内向	4	47.5	16.1	75.0	人づきあいの苦手な人は、多くの玩具を使うわりに時間をかけない。T尺度と逆の結果になっているのが注目される。
	社会的外向	26	39.6	20.1	76.9	

Y-G尺度 ┌ 上段……標準点　1～2
　　　　 └ 下段……標準点　4～5

　：P＜0.01
　＊ P＜0.05
　△ P＜0.1

あると思われる。制作時間は概して、その人の自信や活動性と関連すると言えるようである。

　また、外向―内向の尺度に関して、T（思考的側面）とS（社会的側面）とでは逆の傾向になっていることが注目される。すなわち、思考的内向型は玩具は少ないが適度に時間をかけて制作するのに対し、社会的内向型の人になると玩具数は多いが作る時間は短くなる傾向がみられる。Y-G尺度におけるT尺度とS尺度の向性の概念から、箱庭に表現されたものの意味とあわせて考えていく必要があろう。

　砂に手を触れ、制作に砂を効果的に使用するか否かに関してはX^2検定の結果、かなりの項目に特徴がみられたことが注目される。すなわち、抑うつ性や劣等感が少なく、気分が安定しており、客観的で協調性に富む、よく適応した人はその9割以上が砂を使って制作しており、有意差がみられる。さらに砂を使う人は、多くが活動的ではあるが攻撃性は高くないということも考えあわせると、箱庭制作における砂の使用は、適応、安定といった側面にきわめて関連深いと言えるようである。砂の使用はロールシャッハ・テストとの関連では、FMやMなどの運動反応と関連することがわかっている。また、治療が進むにつれて、砂に手を触れ、創造的に制作できるようになってくる人も多い。これらのことから、箱庭療法における砂の使われ方は興味深い側面であると言える。今回の結果からも、砂の使用は適応のサインと言ってよいほど、情緒の安定や社会適応といった分野に関連深いことがわかった。

　次に、Y-GにおけるA〜Eの5類型別にみた箱庭表現の特徴を概観する。

　表6-2にみられるように、A類およびD類に属する人の箱庭制作は平均的な時間で行われ、適度に玩具を使い、9割が砂にも触れている。標準型ないしは安定積極型として、当面の目立った問題のない人の特徴と言えるであろう。個々の作品のテーマにおいてもA類とD類では比較的よく似たものが多く、おおむね平和で、のどかな印象の表現であり、あまり突飛なものや大きな問題が感じられるよ

表6-2　箱庭とY-G5類型

類型	箱庭 n	玩具数	制作時間（分）	砂（％）
A類	11	41.6	18.0	90.9
B類	9	41.0	18.9	22.2
C類	4	56.8	18.7	100
D類	15	40.1	19.2	93.3
E類	3	30.7	18.1	66.7

うなものはみられない。強いて言うなら、A類にはどちらかと言えば風景的なものが多いのに対し（図6-1）、D類では人間の営みが積極的なテーマとして前面に出ている感じの表現になるように思われる（図6-5）。このことから、平凡で標準的なA型の態度が無難な風景の表現に流れがちであるのに対し、より積極的な行動性と安定感を自覚しているD型の人たちは、人間の現実の営みをイメージ化しやすいと言えるのかもしれない。

　次に、B類の9名の特徴としては、砂に触れる人が少ないことがまず注目される。活動的ではあっても不安定で適応性が低い場合、はじめから積極的に砂にとり組むことができないようである。子どもの場合、砂を使って攻撃性を表出することもあり、エネルギー量のサインにもなると思われるが、成人では砂はやはり適応のサインと考えるべきかもしれない。B類の人の作品には共通した印象のテーマは感じられず、内容は多彩であった。B系統値が高くなる人はその時点で各々の問題が自覚され、表面化して、嵐のただ中にあると言える。その意味でも表現は多様で、個別性の高いものになるかもしれない（図6-2、3）。

　C類およびE類は人数が少ないため、はっきりしたことは言えない。C類はもの静かなタイプとされているにもかかわらず、全員が砂を使い、玩具数も多いことが注目される。表面の行動上の意識的な自己評価が静かで活動性の低い人であっても、あるいはそういう人ほど、箱庭に表れた内的なイメージの表現は豊かになるのかもしれない（図6-4）。B類との比較において興味深い。一方、E類は逆に玩具が共通して少なめである点が特徴的である。あまりに玩具数が少ないことはやはりニューロティックなサインのひとつとして考えてよいと言えるかもしれない（図6-6）。

〈A類の作品例〉 図6-1 Y-G A'型の男性の作品。

図6-1

テーマは「田舎」である。自分は町の育ちなので、こういう所に住んでみたい、との説明。淡々とした態度で制作した。静かで落ち着いた、日本の風景画のような印象の作品である。

〈B類の作品例〉図6-2（図5-8に同じ。p.96）

Y-G B'型の男性の作品。一応、「自分の住む所の理想」がテーマである。しかし、本人の感想でも、思ったことが表現できなかった、自分が出せなかった、とのことであり、防衛的になった、表面的な世界の表現のみに終わった作品である。

〈B類の作品例〉図6-3（口絵参照）

Y-G B'型の女性の作品。攻撃的、非協調的の尺度が特に強調されている。「天国と地獄があるとしたら、こういう感じだと思った。右が地獄、左が天国。今の世の中は苦しいことの方が多い。だから地獄の方が広い」との説明である。気味悪いものがゴロゴロしている大変な世界。作っていて、自分でも気持ち悪くなった、との感想である。

〈C類の作品例〉図6-4

Y-G C型の女性の作品。協調的、神経質でない、との項目が強調されている。「牧場」というテーマ。現実場面では積極性に欠けるのかもしれないが、箱庭表現の中に豊かな良い面がイメージ化されていると思われる。

図6-4

〈D類の作品例〉図6-5

Y-G D型の女性の作品。

図6-5

白雪姫の結婚がテーマで、明るい森の幸せな感じを出したかった、との感想である。教会の前に白雪姫と王子が並んでおり、みんなから祝福されている。平凡で安定した女性の夢が積極的に表現されている作品である。

図6-6

〈E類の作品例〉図6-6

Y-G E型の男性の作品。神経質、非協調的、社会的内向の各尺度が強調されている。「奈良時代」というテーマで、西洋化された現代社会に対する抗議の意味があるのだという説明である。人物は聖徳太子と、十二単の女性とのことであるが、もうひとつ、意図のつかめない感じの作品である。

第4節　要約

42名の大学生のSub.について箱庭表現とY-G性格検査の結果を比較、検討したところ、次のような結果が得られた。
1）使用玩具数に関して次のような傾向がみられる。

　多数……客観的、のんきさに欠ける、神経質

　少数……抑うつ性が大、思考的内向、主観的傾向が大

このことから、使用玩具数は、活動性、エネルギーのレベル、外界への関心および強迫的傾向と関連するようであるといえる。

2）制作時間に関してはさほど著しい特徴はあげられないが、概してその人の自信や活動性と関連するようである。
3）砂の使用に関しては次のようなことがわかった。

　砂を使用したSub.群は抑うつ性や劣等感が少なく、安定しており客観的で協調性に富み、しかも攻撃的ではない。これらの尺度についていずれも有意差がみられた。このことから、箱庭における砂の使用は、適応、安定といった側面に関連深いといえる。

4) A〜EのY-G 5類型については、次のような傾向であった。

　A類の箱庭表現は無難な風景のようなものが多い。

　B類は砂に触れることが少なく、内容、テーマは多彩であった。

　D類はA類に似ているが、人間の営みがメインテーマになるものが多い。

　C、E類については数が少ないためはっきりしたことはいえない。

　以上、主としてY-G性格検査の類型や尺度にみる箱庭表現の特徴をあげてみたが、箱庭の要素の多様さがあらためて浮き彫りにされた感もある。箱庭表現はそれだけ多義的であり、図式的な解釈が簡単にできぬものであることがうかがわれた。一方、始めにも述べたように、Y-G検査はあくまでも本人の自己評価である。それが客観的なその人像といかに異なっていても、本人がとらえた自己イメージという点で見るべきものがある。Y-G検査で得られるような、質問紙法による自己概念と、箱庭表現からみる制作者のイメージとは、表現方法、その深さのレベルなど、いろいろな意味で相当な質の相違があるといってよい。しかし、そうであればこそ、両者から得られる1人の人間の情報は興味深いものである。本章においてはY-G検査で把握される自己評価が、箱庭表現の諸要素のどのあたりに特徴づけられるかがある程度明らかにできたのではないかと考えている。今後、箱庭療法の研究の一環として、こうした分野の研究も追試を重ねていっていただきたいと思う。

　注1）矢田部・ギルフォード性格検査
　注2）第4章のSub.の一部である

第7章
制作者のタイプとの関連

第1節　問題と目的

　人間には本来その人に備わっているさまざまな性格の特性や傾向があり、そうしたものがその人の行動や対人関係のあり方を規定し、日常場面での問題へとつながっていくことが多い。そうした人間の特性に関するユングのタイプ理論は、人の自己実現や成長のあり方を考えるうえで臨床的にも興味深いものである。
　本章では実験的に制作してもらった箱庭作品をその制作者のタイプから検討しようとした。非言語的な手段による自己表現のしかたがタイプによりどのような特徴があるか、箱庭表現の中にその制作者のタイプがどのような形で表れうるのか。前章に引き続いて、ここではタイプの把握をひとつの検査を用いて行い、箱庭表現の特徴との比較を行う。

第2節　ユングのタイプ論

　ユングは人間の「関心」あるいは「リビドーの運動」の方向が客体に対して積極的であるか否かによって、すべての人間には外向、内向という一般的態度があるとした。すなわち、興味や関心が外界の事象に向けられ、それらとの関係が重視されるのが外向的態度であり、逆に関心がその人の心の内面の主観的な世界へと向かうのが内向的態度である。これらの2つの態度は、そのどちらかのみが1人の人間の中にあるというわけではなく、普通、人はこの両方を共に自らの中に持っている。しかし、多くはそのいずれかの態度が

習慣的に外に表れ、片方は影をひそめている。そのために1人の人が外向的であるとか、内向的であるとかという表現をすることが可能になってくるのである。

またこれとは別に、ユングは人間の持つ4つの異なった心理機能（psychic function）を考えている。これは、さまざまな状況のもとでも基本的には変わらない心の活動様式であって、その性質によって、思考（thinking）、感情（feeling）、感覚（sensation）、直観（intuition）と呼ばれている。次にこの4つの心理機能について簡単に説明する。

思考とは、すべての体験や自己の行動を思考作用の力、つまり認識の力によって理解し、規定し、適用していこうとする機能である。したがって常に概念的な関連を重視し、論理的にものごとに対処していくことが特徴となる。

感情とは、快・不快、あるいは好き・嫌いといった主観的な価値基準の判断が特徴的な機能であり、知的、論理的判断とは正反対のものである。

感覚とは、ものごとをありのままに知覚し自らの中にとり入れることを主とした機能である。思考や感情のように、良い悪い、とか好き嫌い、といった価値判断は一切行わない。

直観も同様にものごとをそのままとり入れるのであるが、感覚が主として知覚に頼るのに対し、事物そのものよりもその背後にある可能性を知覚し、ひらめきや予感に頼ろうとする機能である。

思考と感情、感覚と直観は、それぞれ対立関係にあるが（図7-1）、ものごとに対して、論理的あるいは感情的な価値判断を下すという意味で、前者をまとめて合理機能（rational function）と呼び、理屈ぬきでそのままものごとを知覚したり感じとったりするという意味で後者を非合理機能（irrational function）

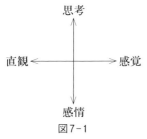

図7-1

表7-1　タイプの構造化

		心理機能			
		合理機能		非合理機能	
		思考	感情	感覚	直観
一般的態度	外向	外向的思考	外向的感情	外向的感覚	外向的直観
	内向	内向的思考	内向的感情	内向的感覚	内向的直観

として分類することもある。

この4種の機能と、前述の2つの態度が結びついて上に示すような8種のタイプが考えられている（表7-1）。

第3節　手続きと方法

被験者（Sub.）[注1]

高校生66名（うち女子35名）、大学生42名（うち女子17名）、合計108名（うち女子52名）

実施方法

1）箱庭制作：第4章に同じ
2）タイプ検査：Qカード分類による自己評定検査を実施する。[注2]

方法は次のとおりである。

前述の8つのタイプを最もよく表現すると思われる特性を述べたカードが各タイプにつき5枚ずつある（したがって、カードは全部で5×8＝40枚である）。Sub.は、これを「どちらとも言えない」を中央に表7-2に示すように、7段階に、枚数が正規分布をなすよう、自己評定をしながら、指定された枚数にカードを分類するのである。すべてのカードは、−3〜＋3の点数が与えられ、各Sub.の得意とする機能、態度がプラス点として集計されることになる。

表7-2　Q分類基準

カード枚数	分類基準	得点
2	非常によくあてはまる	＋3
4	あてはまる	＋2
8	ややあてはまる	＋1
12	どちらともいえない	0
8	あまりあてはまらない	−1
4	あてはまらない	−2
2	全くあてはまらない	−3

Sub.1を例にとれば、自己評定の結果は次のような得点として出てくることになる。

思考		感情		感覚		直観		外向	合理
外向	内向	外向	内向	外向	内向	外向	内向	18	−3
0	−5	8	−6	9	−1	1	−6		

各カテゴリーの得点は、それぞれのタイプの性質をよく表すように作成さ

れた5枚のカードの得点の和である。ただし、ここに表れたものはQカードによる強制分類の結果であるため、Sub.自身が意識的に把握している自己像が反映されていることになる。したがって、この結果は各Sub.の意識的な自己像であることを考慮に入れておく必要がある。なお、108名のSub.の評定結果は省略した。

整理の方法

外向・内向、合理・非合理、思考、感情、感覚、直観、などの種々のタイプ特性をQカード分類によって把握し、特徴的なSub.群に共通してみられる箱庭表現、数量的要素などについて比較、検討する。

第4節　結果と考察

外向・内向

一般的態度については、得点の絶対値が10以上であったSub.（外向型19名、内向型10名）について、比較検討を行った。結果は表7-3、4のとおりである。

表7-3　Sub. 1人あたりの平均値

	得点 >10 の人数	制作時間(分)	使用玩具数	種類	人間	動物	植物	建造物	乗り物
外向	19	19.9	33.7	3.74	18.1	21.2	35.6	22.6	1.2
内向	10	23.4	49.5	3.70	13.5	19.8	41.4	21.0	4.2
有意差			*				*		*

5種類の各玩具については使用玩具数に対するパーセント。

表7-4　使用人数　　　　　　　　　　　　　　　　　　　　（数字は%）

	人数	人間	動物	植物	建造物	乗り物	砂
外向	19	78.9	73.7	94.7	100	21.1	57.9
内向	10	60.0	80.0	100	80.0	50.0	30.0

数量的側面においては、制作時間、使用玩具数ともに内向型が多く、玩具数においては有意差がみられた。また、使用人数では乗り物において内向型が半数の人が使用するのに対し、外向型は約2割であること、砂の使用では外向型が6割近く使用するのに対して、内向型が3割程度であることが注目されるが、いずれも有意差をみるまでには至らなかった。箱庭表現がその人

の内的世界の表現であるなら、その世界に多数の玩具を使う人が、より内面のイメージが豊富で、それに注目しているのだと言えるのかもしれない。

作品の印象については次のようなことが言える。

外向型の人たちの箱庭表現は全般に動的で明るく、のどかな印象を与えるものが多いようである。すっきりして見やすい感じで、玩具数は多くはないが、その中で生き物の存在が目立つのが特徴的である。また、ある意味で常識的で、強い個性という点においては特徴的でないといった感じが大である。

一方、内向型の人の作品の全般的な特徴としては、玩具数は多めであるがどちらかといえば静的であり、あまりすっきりとせず、わかりにくい印象を抱かせるものが多いようである。中には唐突な感じの表現もあって、外界に自己表現をしたり、アピールすることには関心が向かないという内向型の特徴がうかがえるように思われた。町や村、郊外といったテーマは、外向、内向、いずれのSub.にもみられるが、外向型では世界がオープンな感じであるのに対し、内向型ではどちらかといえば閉じられ、やや奥深く、神秘的な印象であると言えるように思われた。

次に個々の作品について、超外向と超内向（15以上の得点のもの）をとりあげてその特徴を概観した。

図7-2（図5-7に同じ。p.95）は、大学生男子（外向得点＋18）の作品である。場面は戦いで、遊び的な要素が大であり、小学生のような子どもっぽさが感じられる。また、図7-3は大学生女子（外向得点＋16）の作品であるが、これはいわゆる女子の典型であり、そういった意味ではわかりやすく、明るく、さしたる問題や不可解なところがない表現である。また、図7-4のSub.（外向得点＋16）の作品はいかにもあけっ広げ、といった印象の表現であり、これらの箱庭表現から超外向型の人の作品はテーマに不可解なものがあまりなく、男性、女性

図7-3

第7章　制作者のタイプとの関連

各々がその性の典型といえるテーマのものを作るということが言えるようである。

それらに対し、超内向型の3名の作品はいずれも意味ありげであるがわかりにくく、見る者にアピールしにくいものであった。

図7-5は大学生男子（外向得点－17）の作品である。ひっそりと静かで、玩具数はむしろ少ない。木と釣り人がテーマで作者自身はかなり制作にエネルギーを集中し、自分としては満足のできる、意味深い表現ができたとの感想であった。客観的には空白の部分もあって寂しい感じでもあり、見るものによくわかる形で訴えかけてくるものを見出しにくい。

また、図7-6は、高校生男子（外向得点－16）の作品であるが、一見した感じでは稚拙で未熟な印象であり、テーマや場面が一体何であるのかも非常にわかりにくい。この2者については、制作後の感想が、「とてもやりにくく、難しかった」というものであったことも特徴的である。箱庭作りは内的世界の表現で

図7-4

図7-5

図7-6

あるとはいっても、やはり目に見える形での表現をするという点では、外界へのアピールであり、その意味で内向の傾向が著しくなりすぎると、箱庭表現の中に自己の内界を出すこと自体が、1回限りの場においてはきわめて困難な課題になるのかもしれない。

合理・非合理

前項と同じく、得点の絶対値が10以上のSub.について検討した。数量的な結果は表7-5、6のとおりである。

表7-5 Sub. 1人あたりの平均値

	|得点|>10の人数	制作時間(分)	使用玩具数	種類	人間	動物	植物	建造物	乗り物
合 理	8	19.5	36.5	3.88	9.6	18.1	33.7	35.6	3.1
非合理	8	17.3	34.6	4.18	16.6	24.2	38.7	18.4	9.2

5種類の各玩具については使用玩具数に対するパーセント。

表7-6 使用人数 (数字は%)

	人数	人間	動物	植物	建造物	乗り物	砂
合 理	8	62.5	75.0	100	100	50.0	75.0
非合理	8	87.5	75.0	87.5	100	62.5	37.5

数量的側面においては制作時間や玩具数に大きな差はなく、有意差をみるまでに至る項目はなかった。傾向としては非合理タイプ群に人間を使う人が多いこと、また、砂の使用は合理群に多いことがわかった。

作品の印象では、合理タイプ群の表現は秩序とまとまりがあってわかりやすいものが多いようであった。方向性がはっきりしていたり、構成のバランスがとれているものが多い。中には左右対称や1対1対応の配置のものもあって、整理されてはいるが硬い感じを受ける作品もみられた。

図7-7(図5-6に同じ。p.95)大学生男子(合理得点+15)の私邸と題されたこの作品は、周囲をきちんと樹木で囲まれて美しくまとまってはいるが、生き物がおらず固くて、やや冷たい印象を受ける。図7-8の大学生男子(合理得点+11)の作品は、2軒の家が左右対称にあって、玩具数も少なく、1対1の対応の中で動きに乏しく、寂しい世界である。

一方、非合理タイプ群は、はっきりと共通した特徴を見出すのは困難であ

ったが、全体として秩序に欠け、わかりにくいという印象である。人や動物が多くいて、雑然とした中にも生命力が感じられ、独特の雰囲気の世界を作っているものもあれば、平板で不可解なものもある。自由に自らの世界を発揮できた人と、十分に出すことができなかった人とに分かれるようである。

図7-9の大学生男子（合理得点-12）は、自分の表現したいものが出せた、と本人が述べている例。これに対し、図7-10（図5-8に同じ。p.96）の大学生男子（合理得点-14）は、十分出しきれなかった例である。この2人が特徴的であった。

図7-8

図7-9

4つの心理機能に関して

思考、感情、感覚、直観の4つの心理機能について、同様の検討を行ったところ、表7-7、表7-8のような結果が得られた。

表7-7　Sub. 1人あたりの平均値

タイプ	人数	制作時間	使用玩具数	種類	人間(%)	動物(%)	植物(%)	建造物(%)	乗り物(%)
思 考	9	17.3	37.8	3.89	10.6	24.7	27.1	31.5	3.5
感 情	25	22.0	37.4	3.96	13.8	24.6	29.3	27.8	3.0
感 覚	34	20.6	42.1	3.91	12.4	14.7	38.5	31.1	3.4
直 観	8	22.8	54.3	4.00	12.7	18.2	31.6	37.1	0.5

4つの心理機能については、|得点|>5のものをとりあげた。

表7-8　使用人数　　　　　　　　　　　　　　　　　　　　　　　　（数字は％）

タイプ	人数	人間	動物	植物	建造物	乗り物	砂
思　考	9	66.7	77.8	100	88.9	55.6	55.6
感　情	25	76.0	84.0	96.0	100	78.6	44.0
感　覚	34	79.4	70.6	91.2	97.1	52.9	67.6
直　観	8	87.5	100	100	87.5	25.0	37.5

　思考タイプ群は、制作時間がやや短めであることが数量的側面の特徴であった。作品の印象としては全般に構成がまとまっており、テーマがある作品、何を作りたいという意図があって作っており、見る者にそれが了解できる（表現の象徴性といった深いレベルであるとは限らないが）ようなものがほとんどであった。中には図7-7、8のような、固いものもあるが、色や形がバランスのとれたものであることも共通して言えるように思われた。また、思考タイプ9名（うち女子2名）の作品の中に、戦いのテーマがゼロであったことも注目される。

　感情タイプ群の作品の印象としては、構成にまとまりがあるとは言えないが、訴えかけてくるものがあり、フィーリングの動きやもりあがりが感じとれるという表現がふさわしい作品である。思考タイプ群の特徴が「何を、どんな場面を作ろうとしたのかが了解できる」という感じであるのと対照的な意味で、感情タイプの作品の特徴が言い表せるように思われた。

　感覚タイプ群の特徴は、動物の使用量が少なめであり、逆に植物がやや多く、砂を使う人が多いということであった。動物が内的なエネルギーや衝動性のひとつの表れであるとするなら、感覚タイプの人はそうした点よりも、視覚に直接訴えてくる植物の色彩的な美しさの方を重視するといえるのかもしれない。作品の印象としては、テーマはさまざまであるが、砂をよく使った立体的な表現であるとか、たいへんきれいにまとめられた町や庭、風景が多く、全般的に、見ごたえがあり、鑑賞できる、といった印象であった。

　直観タイプ群は生き物を使う人が多いが、砂を使う人は少なめで、玩具数は多くなる傾向がみられた。

　作品には特徴として記述できるような共通したものはみられず、むしろ平

凡で個性に欠けるようなものが多いように思われた。直観タイプはその数自体あまり多くなく、タイプそのものを記述することも難しい。そうした意味でも、直観タイプの人の場合、1回限りの場で、与えられた目前にある箱庭という世界に十分な自己表現をするということ自体、非常に困難なことであるのかもしれない。

　以上、タイプによる箱庭作品の特徴をみてきたが、ここでとらえたタイプは、あくまでもSub.本人の自己評定によるものを基準としたことを考慮しなければならない。しかし、箱庭作品との検討によって、特に外向型、合理タイプなどにおいてはある程度の共通した特徴が把握され、また、内向型、非合理の各タイプにおいてはその意味の多様性、不可解さ、深さ、によっていくつかの層からの箱庭表現の例をみることができたと言える。

第5節　要約

　Qカード分類によってユングのタイプのカテゴリー別にとりあげた108名のSub.について、その箱庭表現の特徴を検討したところ、次のような結果が得られた。
- 外向群は内向群に比べ、制作時間、使用玩具数ともに少なく、玩具数においては有意差がみられた。
- 外向群の箱庭表現は、全般に動的で明るく、すっきりとして見やすい印象であるが、一面常識的で強い個性に欠ける。
- 内向群の箱庭表現は、どちらかといえば静的でわかりにくい。中には唐突な感じのものもあって、まとまりに欠ける。
- 合理タイプ群の箱庭表現はバランスがとれ、秩序があって、制作意図が了解しやすいが、整然としすぎていたり、硬い印象のものもある。
- 非合理タイプ群の箱庭表現は、秩序に欠け、わかりにくい印象であり、類似した点を見出すのは困難であった。
- 4つの心理機能について、思考タイプの箱庭は制作意図が了解しやすくまとまっていること、感情タイプの箱庭はまとまりには欠けるがフィーリングの動きやもりあがりが感じとれること、感覚タイプは砂をよく使

い、立体的に構成したり、カラフルで美しい見ごたえのあるものを作ること、直観タイプの特徴はとらえにくく、むしろ平凡なものも多いことなどがわかった。

注1）Sub. は、第4章のSub.群の一部である。
注2）Qカードはユングのタイプ論に従ってS.44に河合が作成し、さらにS.46に改正されたものを使用した。文献108、109はこのQカードを使った研究である。Qカードの40の項目は資料1に示した。記録用紙は資料2のようなものを使った。

第8章
箱庭の見かたに関する研究
―― セラピストの特性との関連 ――

第1節　問題と目的

　治療場面において、ThがCl^{注1}に接する時、Clの表現をThはどのように感じ、それに対していかに応じるのか――心理治療を志す者にとって、これは最も基本的でかつ重大な問題であろう。自分の目の前にいるひとりのClが何かを語り、あるいは絵や遊びの中に彼の内界をのぞかせるとき、Thは自らの感性でもってそれを感じとり、自らの受けとめうる範囲内で彼に反応し、治療関係が深まっていく。その際のThの感じ方、そしてそれをClに伝える表現のしかたによって治療のプロセスが特徴づけられていく。

　筆者の最初のClとなったのは自閉傾向を持った男児であった[注2][72]。彼はThには何の関心も示さず、毎回判で押したように同じ箱庭を作り続けた。そんな彼のかたわらにいてThは半ば途方にくれ、また時には義務的にさえなって、彼のひとりごとに耳を傾けていたものである。そして誰にでもわかる変化だけにしか目が届かず、数十回にわたって同じ箱庭を作る彼を見て、なぜこれほどまでに同じパターンに固執するのかという疑問を持ち続けた。さらにその「なぜ」ということにこだわること自体をも含めて、それはTh自身の問題でもあるのではないかと考えるようになった。別のThであれば彼の表現からより多くのことを感じとり、治療の展開もまた違ったものになったのではないか？　Th自身の要因が彼の表現に影響を与え、同じパターンに固執させているのではないか？　初めてのケースがこのような問題を提出し、それが本研究を行う動機づけとなった。

　心理治療には技法的側面もあるが、根本的には治療者がその人間性をかけ

て相手とかかわる部分が大である。治療過程にはそれぞれにそのThなりの特色がある。「心理治療とは、ClとThの2者を1つの容器に入れ、火をたいてそこに強烈な変化を起こさせるようなもの。中に入るのもThなら容器も火もThかもしれない」[63]とまで表現されるほど両者の人格が云々される。したがってThの感受性やパーソナリティー、興味のあり方などによって治療の様相はかなり特徴づけられていくと考えられる。

　本章において筆者は前述した自分自身のケースよりの動機づけのもとにセラピスト研究を試みる。Th側の要因がClに与える影響は見逃せぬと思うからである。具体的には箱庭表現をとりあげ、その表現の感じ方という点についてThの特徴を把握していきたい。Clの表現をどう感じるかはそのThの個性にも通じ、それに対してのThの反応にも影響し、ひいてはそのThの治療の傾向や特色とも関連してくるのではないかと考えるからである。

　Clの作る箱庭をThがみていくとき、解釈は公式的なものでなく、2者の関係のもとでなされる生きたものであること、また解釈自体、言語化が必ずしも必要でないこと、作品は系列として見ていくことなどはカルフらの言うとおりである。しかしながら1つの表現に対するThの感じ方も無視できないと筆者は考える。1つの表現が多義的であり、いくつかに変化しうる可能性を含むものであれば、そのうちのどんな可能性が2者の間で育っていくのだろうか。無論、それを決定していくのはCl自身であるが、彼を見守り、支えていくThはClがどんな可能性を伸ばしはじめた時どのような反応を示すのであろうか。これは個々のThによって異なり、それが各Thの個性ともいえる。それゆえ、Thとの関係のもとで作られていく箱庭には、そのTh特有の発展過程すらあるかもしれない。Th側の決まった枠組にあてはめてしまうという意味ではなく、柔軟性のある見かたをしていく中で、Thとしてのその人らしさが個性としてあってよいと思う。時折問題にされるThとClの相性というのもこのあたりに関連するのではないだろうか。

　Thは先入観を持ってClに会うわけではない。しかしながらここに述べたように、無意識のうちに治療の展開に影響を与えるTh側の要因があろう。ここではそういうThの特徴をさぐるために、設定された状況下でのThのものの見かたを把握しようと思う。

目的

　心理治療者が「箱庭」の作品を評定して得た結果より、箱庭表現が治療者たちによってどうみられるかを検討しながら、治療者の特性（経験、性差、タイプなど）による評定傾向を把握する。

第2節　手続きと方法

被験者（以下Sub.）

1）経験者群（V群）：14名（うち女子4名）
　心理療法の実践経験が5年以上のセラピスト。いずれも箱庭療法に関心を持ち、実際に治療場面でも箱庭をとり入れており、ユングの理論にも詳しい。

2）初心者群（B群）：11名（うち女子7名）
　心理治療を勉強中の大学院生、あるいは治療施設に勤務して間もない人。はじめての治療ケースを持ってから3年以内の経験がある[注3]。箱庭療法に関心があり箱庭療法セミナーにも参加している。

評定用作品の選択

　Sub.に提示する箱庭作品のスライドを選択するにあたり、次のような点を考慮に入れた。

1）正常群（N群）とクライエント群[注4]（Cl群）の作品がほぼ同数になること。
2）Cl群は、問題の大小を考え、軽い情緒障害から重度の統合失調症の人までを含むこと。
3）成人・子ども・男女など年齢、性差において、さまざまな人の作品を含むこと。
4）箱庭療法でとりあげられることの多い典型的なテーマ（戦い、世界の分割、マンダラなど）を含んでいること。
5）作品のタイプや特徴（玩具数の多少、動的、静的など）を考慮し、種々の感じの作品が含まれること。
6）作品そのものからみて、きわめて病的なものから、健康的にみえるものまで、幅広く入っていること。
7）作品は初回のもの、あるいはそれに近い初期のものであること。

以上の点を考えて、まず30個の箱庭作品のスライドを選び、予備実験としてこれを4名のセラピスト(注5)に見せ、試験的に作成した評定項目（後述）に従ってチェックさせた。またこれらについて河合に口述でコメントしてもらい、各作品の特徴を把握した。その結果、特徴的な表現が幅広く入るように、先述した点を再度考慮しながら最終的に次の20個の作品を評定用に抽出した。

スライドNo.（年齢　性別　診断　主訴etc）

P-1（6歳　男児　normal）

　怪獣を中心とした戦いがテーマ。戦車、飛行機などもあるが人間はまだ関与していないレベルの戦いである。荒れているとはいえぬが、かなり混乱した世界である。しかし非常にエネルギーを感じさせる。「D」(注6)の作品。

P-2（29歳　男子　統合失調症）

　きわめてていねいに作られ、硬い感じがする作品。やや左よりの川によって、くっきりと世界が左右に分かれている。左に金閣、銀閣のような建物があり、右は西洋風の家。自動車はあるが、人はおらず、左に鹿が一頭いるだけである。右の隅に1つだけ、プラレールがぽつんと立てて置かれている。「S」(注6)の作品の1つ。

P-3（小学校5年　女児　発達遅滞児）

　カエルと動物たちが1列になって向かいあっている。テーマは不明であるが、中央の馬車に女の子が2人乗っており、それがこの制作者のまだ未分化な自我像のようにも感じられる。全体に、カラフルで、かわいい感じがする。

P-4（22歳　大学生　女子　normal）

　円形の堀に囲まれた2つのお城がテーマ。右側に道があり、堀にかかった赤い橋に続いている。まわりを木がとり囲み、前方後円の古墳のようにみえる。人、生き物はおらず、右上に田舎の村があって静かな風景。「S」の作品の1つ。

P-5（32歳　女子　統合失調症）

　ヘビ、トカゲ、サンショウウオなど、ハ虫類や両生類がうようよしている異様な作品。ヘビたちの頭部が中央に向いており、中に向かって集まってきているようにみえる。「D」の作品の1つ。

P-6（4歳6か月　男児　normal）

　中央に川が掘られ、後方の海（池？）にそそいでいる。2台のひかり号が、左から橋を渡って通っていく。左右には、ウルトラマンとガメラが小高い所に立ち、対立している。幼児としては珍しく、砂を意図的に使った、ダイナミックな作品。「D」の作品の1つ。

P-7（22歳　大学生　男子　normal）

　自然動物園とのことで、迫力を出すために、動物の代わりに怪獣を1頭置いたもの。深い川を掘り、さらにサクを立てて、完全に2つに分かれている。左には車や家もあり、怪獣を見ているような感じの人が1人いる。

P-8（小学校6年　男児　学業不振　無気力）

　IQは100以上であるのに、クラスでは最下位というクライエント。家庭が不和で暗い表情の子どもであるが、この作品のテーマは戦いである。中央のインディアンが円陣になって、外からせめてくる白人に応戦している。「インディアンの生き残りが戦っている」とのことで、白人の方が優勢である。後ろで動物たちが戦場から逃げていく姿が印象的。「D」の作品の1つ。

P-9（23歳　男子　ヒステリー）

　きちんとした円形の線路があり、ベンチはあるが、人、生き物はいない。汽車があるにもかかわらず、あまり動きが感じられぬ作品。「S」の作品の1つ。

P-10（小学校2年　男児　オナニーが目立ち、落ち着きがない）

　動物を手あたり次第、ほぼ左向きに置いた。混乱状態の作品。左向きの傾向以外は特に置かれ方にまとまりはない。ただ、左端の箱のへりに、パンダが1頭チョコンと置かれているのが意味ありげである。「D」の作品の1つ。

P-11（3歳11か月　男児　normal）

　20枚中、最年少の作品。ミニチュアでない玩具を持ち込み、一見して「工事中」とわかる。左隅にオートバイに乗った人がいる。砂を大きく掘り返したダイナミックな作品。臨床場面においては、この年齢の子どもが箱庭を作ることは珍しく、「作品」とは言いがたいが、セラピストがこれをどう見るか、試みに選んだもの。「D」の作品の1つ。

第8章 箱庭の見かたに関する研究

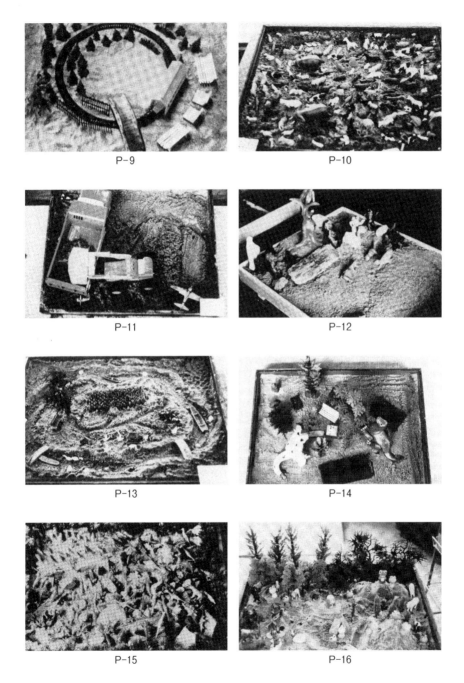

P-9　　　　　　　　　　　　P-10

P-11　　　　　　　　　　　　P-12

P-13　　　　　　　　　　　　P-14

P-15　　　　　　　　　　　　P-16

P-17

P-18

P-19

P-20

P-12（26歳　女子　統合失調症）

　　右側が海で、異様な怪獣がたむろしている。赤いタコの怪獣があたりをにらんでいるようにみえる。手前にワニが1頭、また左隅にマリア像が1つあって、まわりが木のくいのようなもので囲まれている。妙に静まりかえった感じがする。「S」の作品の1つ。

P-13（小学校5年生　男児　高IQ児）

　　高知能児ではあるが、内気で、小児喘息がある子ども。箱いっぱいに楕円形の川がめぐっており、その中に島のような感じで田舎の村がある。各家へ行く道が線でつけられ、川には魚、ツル、アヒルなどがいる。船頭さん、釣人など、ごく小さい人もおり、貝がらが散らされている。1本の大木にはサルが、また左下の隅の岩の上にカエルが1匹ちょこんといる。大人びた作品。

P-14（小学校4年生　男児　normal）

　　2頭の怪獣が金色の城をはさんで対立している。戦車はあるが人間はおらず、戦いがテーマであるにもかかわらず、しんとした動きのない作品。左

後方に五重の塔が1つあり、城とはまた別の、もう少し深い所での中心を表現しているようである。「S」の作品の1つ。

P-15（28歳　男子　統合失調症）
　石の上に小さい恐竜をぎっしりと置き、さらに箱の枠に沿って植物を置いて内部をとり囲んでしまっている。左後方に細い川があって、領域を区切っており、恐竜たちはこの川をはさんで向かいあっているようにみえる。中央にピンクと青のブロックが置かれ、怪獣のタマゴのようにもみえるが、何かはわからない。「D」の作品の1つ。

P-16（22歳　大学生　男子　normal）[注7]
　本人の説明によれば、「カエルの国の結婚式」とのテーマ。後方は深い森、右に2つの小高い山があり、後ろの山の頂上にいる緑のカエルが花婿であり、中央にいる人間の少女が花嫁である。他のカエルや動物たちはお祝いに来ている。手前の左隅に、大きい象の上に子象が乗り、さらにその背中に子ブタが乗っている。

P-17（4歳6か月　女児　normal）
　芝生、人間、花、木、家と、それぞれの種類が分けられ、層化されて横に並んでいる。種類分けしてあるだけで特に意味はない。カラフルで美しいが、テーマのない作品。「S」の作品の1つ。

P-18（小学校5年　女児　高IQ児）
　玩具を使うことが楽しくてたまらず、できるだけ多く使ったため、少し混雑気味。左側のかきねに囲まれた庭では、船に乗った赤ちゃんを、カエルたちが見守っている。庭の外では、働く人が、クワをふるったり、収穫を運んだりしている。「D」の作品の1つ。

P-19（小学校5年　女児　遺尿）
　中央が柵で2つに区切られ、左側は日本庭園で、釣人やツル、魚がいる。しかし右は西洋風で、インディアンのテントをヘビが襲っていたり、ヒョウがアリ地獄に落ちていたりする恐ろしい世界。左の庭園の中にも、大きいクワガタムシが入りこんで、平和を乱そうとしている。

P-20（21歳　大学生　男子　normal）
　中央に背中あわせの男女が立つ意味ありげな作品、男の子は左下の海岸

らしい方を見つめ、女の子は木のかげにある家を見ている。中央に白馬がおり、人の座っていないベンチには赤い小鳥が1羽とまっている。静かでファンタジックな感じの作品。「S」の作品の1つ。

評定項目の作成

　箱庭作品を評定する際の質問項目の作成にあたっては、次のような点を考慮して、まず予備実験用の項目を作成した。

1）作品の感じ方については、統計処理ができるような形のデータが得られること。
2）感じ方の内容については、Sub.によって評定に幅ができるような主観的な視点（例えば好き嫌いなど）の項目を含むこと。
3）作品についての着目点、コメントなども得られる部分も含むこと。

　前述した4名が予備実験を行った結果、評定者の意見も参考にして、不必要だと思われる項目を省き、スケールの幅を広くして、次のような項目を本実験用に決定し、質問紙を作成した。

　A　感じ方のスケール（7段階評定　得点1～7点）
　　　A-I　　健康性の度合
　　　A-II　　発展の可能性の度合
　　　A-III　治療的接近の必要性の度合
　　　A-IV　好き嫌いの度合
　B　了解のスケール（4段階評定、得点1～4点）[注8]
　　　B-I　　感情の了解度
　　　B-II　　制作意図の了解度
　　　B-III　問題の了解度
　C　各作品に関して最も着目する点を1つあげる。

実施方法

1）場所、状況

　大阪市立大学家政学部面接室のほか、各Sub.の勤務先あるいは自宅に筆者が出向き、暗くした室内のスクリーンに映したスライドを見て評定してもらう。

2）教示

ほとんどの場合、筆者が1対1でSub.に対し、次のように教示する。
「これからいろいろな人の作った箱庭の作品を見てもらいます。その1つ1つについて、この質問項目に従ってチェックまたは記述して下さい。作品は20個あります。制作者に関しては年齢と性別のみを情報として提供します」
3）記録

質問項目に対するチェック、記述は、あらかじめ作成した質問紙（資料3）に記入してもらう。なおV群に依頼した数枚のスライドに対する口述のコメント[注9]はテープレコーダーに録音する。

4）情報の提供

Sub.に与えられる情報は、原則として、箱庭作品のスライドのほかは、制作者の年齢、性別のみとした。

作った人の年齢や性別もわからぬのでは治療の実際とかけ離れすぎ、極端な「あてもの的」興味に走るかもしれぬと思われたからである。しかし、作者や作品についてのその他の情報は述べる側の主観が加わる恐れがあること、またSub.によっては作品以外の情報によって評価が大きく左右されるかもしれないため、他の情報は提供しなかった。

5）自己評定

Sub.のタイプを客観的に把握し、評定傾向との関連をみるため、各Sub.にQカード分類[注10]による自己評定を依頼する。

整理の方法

1) Sub.の特性（キャリア、性差、タイプ）がどのようにその評定傾向と関連するかを検討する。
2) 評定結果より、いくつかの尺度について、Sub.に関する主成分分析を行い、Sub.のグルーピングを試みる。その結果、どのような特性のSub.が似た評定をしているのか、そしてその傾向がいかなるものかを考察する。
3) 作品の、各尺度における平均得点。1つの尺度内での得点順位などから、どのような表現がセラピストにどう見られるかを検討する。
4) その他作品への着目点、自己評定などに関して若干の考察を行う。

第3節　結果と考察

被験者の特性による比較

　今回のSub.である25名のセラピストに関して、次の3つの観点からその評定の特徴を考察した。
1）セラピストとしての実践の経験年数。
　　経験者（V）群と初心者（B）群。
2）性差。男性（M）群と女性（F）群。
3）Qカード分類によってとらえたその人のタイプ。外向（Ex）群と内向（In）群、および、合理タイプ（R）群と、非合理タイプ（I）群。
　　具体的な方法は次のとおりである。
　各作品の1項目についての25名のSub.の評定結果をmedianを参考にして2分割し、2群（例えばV群とB群）の比を検討する。すなわち、各群の何割がポジティブ（あるいはネガティブ）な判断をしているかにおいて、X^2検定（2×2分割）を行い、差を考察した。すべての作品についてこの検討をしたところ、表8-1のような結果を得た。

1）経験年数

　Thはそのキャリアの多少によってClの表現をどこまで感じ、どのように柔軟に反応していくのであろうか。カウンセリングやプレイセラピィに関して、Thのキャリアによる差を検討した実験、研究は数多い。ここでは箱庭表現の見かたについて、経験者（V）群と初心者（B）群の差違や特徴を比較考察していく。
　見ていこうとしたのは次のような点である。
- V群は作品にも多く接し、理論にも詳しいため、作品のとらえ方にも何らかの基準を持っているかもしれない。そのため、客観性の高い項目、診断的な項目であれば、B群に比べて一致する率が高いのではないだろうか。そのような項目として、A-I「健康性」、およびBの了解スケールが考えられる。また逆に、キャリアや知識的なものに左右されにくい主観的な判断にたよる項目の代表的なものに、A-IV「好感」が考えられる。

表8-1 被験者の特性による比較

	V群：B群	M群：F群	R群：I群	Ex群：In群
健　康	V>B P-11, 17		R<I P-6	Ex>In P-3 Ex<In P-8**, 14
発展性あり	V>B P-13*, 16*, 17**, 19	M>F P-7	R>I P-12	Ex>In P-7
治療の必要あり	V>B P-13, 20 V<B P-11	M<F P-5	R<I P-16	Ex<In P-3
好　き	V>B P-2, 6, 11, 17*, 18, 19	M>F P-1*, 11, 17	R>I P-11	Ex>In P-11, 20
感情がわかる	V>B P-2*, 17	M>F P-4, 8, 13, 14	R<I P-6***, 11, 19**	Ex>In P-17, 20
制作意図がわかる	V>B P-3	M>F P-5	R<I P-3, 11, 17	Ex<In P-3
問題がわかる	V>B P-2*, 4*, 5, 8, 11, 13, 16*, 20 V<B P-3	M>F P-9, 16	R<I P-3, 5, 7, 14*	Ex>In P-7, 16* Ex<In P-3

* $P<.05$　** $P<.01$　*** $P<.001$
残りは、2群間で3割以上の差のあったものを記した。

- 個々の作品について、両群が特徴的な評定をするものは、どのような傾向の作品であろうか。

表8-1の結果より各尺度について両群の間に認められた傾向、差違は次のとおりであった。

a）**健康性**：両群の間に著しい差のあった作品は比較的少ない。この尺度においては両群とも、他の項目に比して評定の幅が広く、分布は多様であった。そのため、V群の判断が一致しやすいのではないかという予想した結果は得られなかった。全体の傾向としてはV群がB群に比し、子どもの作品をより健康とする人が多いようであった。（P-11、P-17はいずれもNormal幼児の作品である）

b）**発展の可能性**：この尺度においては、V群の方が多くの作品に対して可能性ありとする率が高い。有意差がみられた3個のうち2個は子どもの作品である。特徴としては一見してわかるような大きなテーマや目立った玩具が見当たらず、その意味でB群にとってはわかりにくく可能性を見出すのが難しく思われたのであろう。また有意差をみるまでには至らぬが、V群が発展性がありとした人の多い作品の中に統合失調症者2名の作品（P-2、P-15）が含まれており、このような硬い表現や混乱した世界の中にもV群は何らかの可能性を見出しているのに対し、B群はそれなりに自らの感じとれる枠を守っているように思われた。

c）**治療の必要性**：両群とも治療的接近が必要であるとの判断が多く、顕著な差のある作品は多くなかった。V群がB群よりもより多く治療の必要性を認め差が大であったものに静的な表現があり、V群は箱庭の世界に「動き」が出てくることを成長と結びつけているといえるのではないかと思われた。

d）**好悪**：この尺度では主観的な判断による評定であるため、キャリアによる差は少ないであろうと思われたが、予想以上に両群で差のあるものが多くなった。V群は全体に多くの作品について「好感が持てる」とする人が多く、差が大であった作品はP-2、P-19を除いては正常群のものであった。すなわち、統合失調症者の作品としては例外的なP-2と、遺尿のClの意味ありげな作品以外は、V群は正常群の作品、子どもの作品に好感を持つことが多いことがわかった。

e）**了解スケール**：どの尺度においてもV群の方が「わかる」とする人の割合が高い作品が多数であった。B群に比べ、V群には各人それなりの判断の基準があって自信を持って評定しているのであろう。

「感情」の了解度において差が大であったもの（P-2、P-17）は動きがなく、幾何学的な、あるいはしんとした感じのものである。戦いなどの動的なテーマの作品は誰がみてもわかりやすいが、静的な表現から何らかの表情を読みとることは初心者にとっては難しいことであるようだ。

「問題」の了解度ではV群＞B群が著しい。1％水準で差の生じたP-2、P-4はやはり静的な表現である。またV群は成人、子どもの作品を問わず、比較的テーマのはっきりした表現を「わかる」とするのに対し、B群は成人の作品には戸惑いを示すようである。これはB群のSub.が子どものプレイセラピィを主として行っている人で、成人のClに接する機会が少ないためではないかと思われる。

以上のことから、両群の全体的な特徴として次のようなことが考えられる。V群は多くの作品に対して、B群よりもポジティブに評定することが多い。特に好悪の尺度においてはその差が著しい作品が多く、ノーマルな人の作品がV群によって「好感が持てる」とされたものが多かった。この傾向は「健康性」においてみられるかと予測していたが、客観性をおびた「健康度」の判断よりも、主観的な好悪のスケールにおいて差がみられたことが注目される。なまじっかの診断的な判断より、ベテランのThの主観の方が実際と一致した結果を得たのである。経験を積むことによって得られたThとしての感受性が、自然とノーマルな人の作品に好感を抱かせるように傾いてきたのであろう。この「主観より生じる客観性」がThのキャリアに関係することは興味深い。しかしまた一方では、病的な作品や、硬い動きのない作品に対しても、V群はさほど悲観的にはならず、その中に何らかの可能性をみつけたり、感情や問題を読みとって、治療の対象としていこうとする。荒れた病的な作品の中にThがほんのわずかでも可能性をみるなら、彼はそれを頼りにClにかかわっていける。経験の長い人が許容量が大きく、多くの作品に対してもポジティブな方向を見出しうるのであろう。それに比し、B群は多くの作品についてV群よりもネガティブに評定する人が多い。初心者であるこの人たちは、自分なりに許容量を守ってその範囲内で作品を見たのだと言えよう。

2）性差

Thは一般の人よりも両性的な面を兼ね備えていなければならないといわれ

る。男性のThに対してClが時として母親のイメージを投影することもあり、Thはそんな場合にも柔軟な態度で処していかなければならない。ユング派においてはThの中に両性の面を開発していくためにも、教育分析の際には男女2名の分析家につくことになっている。[59]

　Thが両性の感受性を備えていることは無論望ましい。しかしまた、実際の場面において、ケースのはじめに「あのクライエントは男性（あるいは女性の）セラピストの方が良いだろう」と話しあうような場合がある。そのような話しあいは、一体何を基準に行われるのであろうか。運動量の多い子ども、攻撃的な子どもは、体力の面からみて男性のThの方が適当だということもあろう。しかし単にそれだけであろうか。Thが男性（あるいは女性）であればこそ開発され得たClの可能性というのもあるのではないだろうか。治療者研究は数多いが、性差をテーマにしたものは少ない。また、Clの側からみてもThが男性であるか女性であるかは実際問題として重大なことであろう。Thが男性（あるいは女性）であるがゆえに特徴的な感じ方があるなら、それはどんな傾向を持ったものであろうか。ここでは25名のSub.を男性と女性に分け、前項と同様の方法で比較を試みた。[注11]

a）**健康性**：著しい差が生じたものは少なかったが、大まかな感じとしてはF群は男児の戦いのテーマなど、ダイナミックな表現に対してポジティブであるのに対し、M群は女性らしいかわいらしいテーマのものに「健康」とする傾向があった。全体をみても「D」の作品8個はすべてM＜Fであり、「S」の7個はM＞Fであった。

b）**発展性**：M＞Fのうち、比較的差があったものはP-7のみであった。怪獣が柵に閉じ込められたこの表現からM群はアグレッションの今後の解放に期待をかけるようである。これに対し、F群が可能性ありとしてM群との差が大であったものにP-5がある。ヘビのみが登場するこの作品はすべての中で最も特異で極端なものであるといえる。さらに玩具過多のP-10、P-15においてもM＜Fで発展性がみられている。女性のThの方が混乱した表現にも何らかの可能性を見出しその表現を受け入れていけるのであろうか。

c）**治療の必要性**：この尺度においては、M群がP-1、P-11のような動的な

表現に対して治療の必要性を感じている。M群はエネルギーのコントロールに治療的意味を見出すといえるのかもしれない。

d) **好悪**：あまり著しい傾向はみられないが、全体としてはM群が静かなまとまった感じの作品に好感を持つことが多いようであった。

e) **了解スケール**：この尺度において両群に大差のあるものは多くない。M群の方に「わかる」の判断がやや多く、差のある作品は成人のものが大部分であった。

以上のことから性差については次のようなことが考えられる。

男性のThは、静かな表現、女児のよく作るカラフルなかわいらしい感じの作品には、比較的ポジティブで、健康性を感じることが多い。そしてアグレッションを抑圧しているものはその解放に、また「戦い」のテーマに対してはそのエネルギーが統合されることに期待をかけて、治療の対象としていこうとする。一方女性Thがポジティブにみるのは「戦い」のテーマなど、きわめて動的な、エネルギーにあふれたものが多い。そして爆発的に玩具を並べた極端な表現に対しても、女性は男性よりも肯定的になりうるようである。極端にいうなら、両群を比較すると、男性はやや女性的な表現に、女性は男性的な表現に対してポジティブであると思われる。これは前述のThの両性性と、何らかの意味で関連するのかもしれない。

女性Thの方がアグレッシブなものや荒れた作品に対する許容量が大きいというのが実際の治療とつながるかどうかはわからぬが、女性特有のある種の柔軟性、ねばり強さというようなものがあるのではないかと思われる。しかしまた、Clの表現を、あまりどこまでも許容しすぎると、失敗する場合も多い。Thが、それぞれの受け入れうる範囲を知ることは、きわめて重大なことであろう。

3) タイプ

Sub.の評定傾向を解釈するひとつの基準を得るため、ここではユングのタイプ論をとり入れQカード分類によって25名のSub.のタイプを把握した。

この結果より、ここではSub.を合理タイプ（R）群と非合理タイプ（I）群、および外向（Ex）群と内向（In）群の2点からとらえて評定傾向との関連をみていく。

合理タイプ群と非合理タイプ群

a) **健康性**：I群の方が「健康」と判断する割合が多く、かつI群は動的な表現に健康性を感じるようであった。「D」の作品はすべてR＜Iであり、I群は動きのある表現から感じとれるエネルギーを健康と結びつけており、これに対して、R群は比較的落ち着いた表現の方にややポジティブになるようであった。

b) **発展性**：この尺度は多くのSub.がすべて高い評定をする傾向にあるため、著しい差は出にくいが、P-12においてR＞Iであり、P-16に対しては逆にR＜Iとなった。P-12をはじめ、P-2、4、9、20など「S」の作品はR＞Iであり、「D」の表現はR＜Iであったのがほとんどである。ここでもI群が動的な表現に発展性をみることがわかった。

c) **治療の必要性**：表現の内容との関連においては目立った傾向は認められなかったが、全体にR群の方が「治療の必要あり」と評定する作品が多いことが注目された。

d) **好悪**：R＜Iであったものが大部分である。さらに差が大であったものはほとんどが子どもの作品であり、動きのあるもの、にぎやかなもの、といった特徴があった。

e) **了解スケール**：3尺度ともI群の方が「わかる」とする人が多い。R＜Iで差が大きいものは子どもの作品が多く、I群が年齢の低い人の表現に対して高い了解度を示す傾向がみられた。

以上のことから、全体として、I群は多くの作品に対して感じ方のスケールではR群よりもポジティブであり、特に動的な作品、子どもの作品に対して高い評定をする傾向にあることがわかった。それに比し、R群では、I群に比べて特に肯定的にみられた作品は非常に少ない。すなわち、I群は作品に対して比較的楽観的で、明るい面を多く認めていこうとするのに対し、R群は多くの作品に関してかなり懐疑的であるといえる。

ところで、合理機能としてまとめられる思考、感情の2タイプは、ものごとに対してまず何らかの判断を下すところに特徴がある。それに対し、非合理の機能である感覚、直観の2タイプは、理屈ぬきでものごとをそのまま知覚し、自分の中にとり入れることを優先する機能である。このような点から

考えると、非合理タイプの人は作品に健康、不健康というような判断を下し、ランクづけすること自体に疑問を持つかもしれない。それに対して、合理タイプのSub.は、判断を下すことに抵抗は少なくても、実際の評定に際して、何を基準にして、その作品をどのランクに入れるかの決定にあたって困難を感じるかもしれない。したがって、非合理タイプの人が評定をするときは、理論や、一般の価値基準によらず、まず作品から受けた自分自身の「感じ」や「ひらめき」を大切にしようとするだろう。すなわち、その時の印象で「なんとなく」好きであったり、健康だと思ったり、発展性を感じたりすることが多いと思われる。そのような「感じ」を評定すれば、その結果はポジティブな方へ傾きがちになるであろう。そして、Sub.のそうした感受性に訴えがちな表現は、整然として落ち着いたものよりも、少々混乱はしていても動きがあり、エネルギーが感じられるようなもの（例えば戦いのテーマなど）になる。ところが合理タイプの人の場合には、作品をみて評定する時、「どこが好き」なのか「なぜ健康」なのかといった判断の基準を、作品や自分自身の中に求め、それに従ってチェックしていこうとするだろう。その場合、「なんとなく」の感じを優先させる人と比べると、どんな作品についても、判断はどちらかといえばネガティブな方へ傾きがちになろう。すべてが全く健康で、申し分のない作品というのはごくまれにしか存在しない。したがって疑問な点を見出しそれを追求していけば、一見して健康な作品であっても、問題はいくらでも出てくるからである。

　この傾向は了解スケールにおいてさらに著しい。すなわち、I群の方がほとんどの作品に対し、「わかる」とする人が多いのに対し、R群ではよほどテーマのはっきりしたものや、特異な表現でないと多くが「わかる」で一致をみない。I群は「なんとなく」了解できればそれで満足するのだが、R群の方は「どうもわからない。これは何を意味するのか？」と考えこんでしまうのである。しかし、この了解スケールにおいてはV群とB群の比較の際にも差が明らかであり、キャリアによる差が大であった。そして、V群には非合理タイプの人が多いため、全体からみると、V群の傾向がかなり影響していると思わなければならない。そのため、さらに細かくV群の中での合理、非合理の人の違いを、評定が分かれた作品について調べてみた。その結果、V群の中

でも「わからぬ」の方に評定しがちな傾向にあるのは合理タイプの人であった。この傾向はB群の中においても同様で、評定傾向が単に経験年数だけに影響されているのではないことがわかった。ただし、I群は「なんとなくわかる」傾向にあるとはいえ、V群の人たちは、その内容を簡単に記述した人も多かった。したがって、タイプの違いによる評定の傾向はこれまでに述べたとおりであるが、ベテランのThになると「わかる」の程度がB群とは異なるのであろう。また、R群の人たちの評定は、どちらかといえば中央に集りがちであり、安定した分布を示しているのに対し、I群の人の評定の幅はかなり広くなっている。特に著しい思考タイプの人と直観タイプの人をとりあげて比較してみると、この傾向が顕著であった。すなわち、前者は目立って高い（あるいは低い）評定をすることが少ないのに対し、後者においては、評定が極端から極端へ走る傾向がみられた。この傾向は、今回の実験に限らず、尺度評定するテストの場合には常にみられるものであろうと思われる。これは合理、非合理の両タイプの特性をよく表しているし、また、このような見方、感じ方の傾向は、実際にClに会っていく時の、その治療者の態度や判断に何らかの特徴づけをするのではないかと考えられる。

外向群と内向群

　Sub.の一般的態度が外向であるか内向であるかによる比較も同様に行った。表8-1よりわかった傾向は次のとおりである。

a）**健康性**：In群の方が多くの作品に対して「健康である」とする人が多い。P-3（カエルの対面）のみEx＞Inで差が大きいものであった。あまり動きはないが、対面しあっていて、そこに何らかの関係が生じつつあるところに、Ex群は健康的なイメージを持ったのかもしれない。それに対しEx＜Inで差が大であったP-8、P-14は、いずれも戦いがテーマである。これらを主として、In群は戦いや混乱が予想されるような作品に対して健康のイメージを抱くようであった。

b）**発展性**：あまり著しい傾向はみられなかったが、P-3（カエルの対面）において健康とは逆にEx＜Inとなり、P-7（閉じ込められた怪獣）でEx＞Inとなるところが興味深い。In群は対面が起こり、そこから関係が生じてくることが予想できる点を発展性とみたのであろう。またEx群は閉じ込められ

た動物的なものがあること自体に、そしてそれが解放されていく可能性に発展性をみたのであろう。

c）**治療の必要性**：この尺度ではEx群が動的でかつ未分化な感じのもの（P-11のようなもの）に治療的接近の必要を感じている。それに対してIn群は、動きが少なくて未熟な感じのものに治療的配慮を向けようとするようであった。

d）**好悪**：この尺度では健康と逆の傾向がみられた。すなわち、Ex群の方に「好き」との評定が多く、戦いのテーマや未熟な感じの表現に対してもこだわりなく好きであるとするようであった。

e）**了解スケール**：「意図」においてP-5（ヘビ）、P-10（動物の大混乱）についてEx＞Inの差が大である。Ex群はこのようなきわめてショッキングで特異な表現に出合うと「わかる！」という感じを持つのであろうか。それに比し、In群では比較的おとなしい印象の表現にも了解度が高いようであった。また「問題」において、Ex群が「わかる」とした作品の中に、「何かを眺めている」という共通のテーマが見出された。P-7（閉じ込められた怪獣を外から眺めている1人の男）、P-12（全体をにらみすえているような赤い怪獣）、P-16（カエルの結婚式の花婿ガエルは山の頂上にいて下を見ている）、P-20（背中あわせの男女は、それぞれ海と家庭を眺めている）などがそれである。

以上のことから次のようなことが考えられる。外向型の人は「戦い」のテーマなどに好感は持ちながらも、エネルギーの出し過ぎが気にかかるのか、その統合に注目し、アグレッシブなもののコントロールを治療の課題とする傾向にあるように思われる。それに対して内向型の人は、テーマが「戦い」であるような子どもの作品や、これから闘争が始まろうとしている緊迫した感じの作品に対し、きわめて健康的なエネルギーを感じている。内向型の人は、「戦い」がテーマになるようなレベルでは、制作者の持つエネルギーに対して非常にポジティブになれるのであろう。そして、この人たちが治療的配慮の必要を認めるものは、どちらかといえばおとなしい静的なものや、やや未成熟なものである。内向型の人はこれらの表現に対し、エネルギーが湧いてくることや、成熟度が高くなってくるのを期待するのであろう。

ところが「好悪」において、「戦い」のテーマに好感を示すのは逆に外向型

に多い。また内向型の人が外向型の人に比べ、P-9、10などの特異な作品にさほど否定的でないのは、これらの作品がいわゆる「非常に問題のありそうなもの」であり、内面の問題を出していくという点に対して肯定的になったのだろう。それに比し、外向型の人は「好悪」というような主観的な尺度では、はっきりした「戦い」のテーマや、カラフルで見て感じの良い作品の方がさっぱりとして好ましいと思うようである。さらに「問題」において、Ex群が「よくわかる」とするのは、この人たちが、作品に表れたテーマや表現自体を、外的に存在するものとしてとらえているためであるのかもしれない。そしてまた、「眺めているものがいる」テーマにEx群の了解度が高いのは、「見る」という行為が外在するものを客観的に把握しているという意味で、外向型の人が着目しやすい特徴のひとつであると考えられるのではないだろうか。

　外向、内向の態度の違いによる評定傾向の比較は以上のようなものである。しかし、本実験の場合、25名のSub.の中に外向型の人が少ないため、少数の人の傾向に左右されている可能性もあり、特に著しい傾向とは言いがたい。この点は今後さらに明確にしていく必要があろう。

被験者のグルーピングの試み

　ここではSub.の評定結果から、それぞれのスケールについての25名のSub.間の相関を求め、それを主成分分析して、いくつかの主成分を抽出した。その結果より、今度は同成分に負荷量の高いSub.に共通した特性は何であるかを明らかにし、箱庭表現を見る際に影響するTh側の要因を考察する。

　主成分分析を行ったのは、被験者相関の分析ということで、あらかじめ予測しえない、かなり独特な因子があると思われたこと、また変数の分散が何ら規定されないという利点があったためである。[89]

　箱庭の作品をSD法によって評定させ、因子分析を行った研究は岡田によって発表されている。[110] この場合、作品の類型化が主な目的であり、そのためSub.間での判断の相違は問題にされない。SD法による研究はこのようにサンプルと対形容詞について行われ、それらの因子抽出がほとんどであって、評定傾向によってSub.の「似たもの集め」をすることはあまりないようである。その理由は、人間の方をグルーピングしたところで、その要因が何であるか

の説明が非常に困難であるからであろう。1人の人間の特性を客観的にとらえていっても際限がないし、また、客観的な尺度では測れぬいろいろな個人的要素も多い。したがって、ここで主成分分析を行うだけで評定傾向によるTh の類型化ができるとは思わない。しかし、評定結果の分布状況をみると、例えば「健康」という尺度で評定した場合、「非常に健康」とする人と「きわめて不健康」とする人の両方がある作品も少なくない。それを見るとやはり人によって特徴的な受けとり方があると思わざるをえない。したがってここでは、Th 側にもある種の傾向があるのではないかという問題を提起するために分析を行った。

ここでSub.側を説明する客観的な情報は、Thとしての経験年数、性別、Q分類によるタイプなどである。さらに実際の評定結果を作品の特徴と結びつけて、どんな作品に対してポジティブ（またはネガティブ）であるかという点を考える。

方法は1つの項目につき、25名のSub.の20個の作品に対する評定結果を1セットとして計算を行った。したがって、各々の尺度につき、計7通りの相関行列および分析結果が得られることになる。この中で結果を考察するのは、「健康」および「好悪」の2項目とした。この2つの尺度は全員が高く評定しがちな他の項目に比べ、評定の幅が広く分布が広範にわたったため特徴がとらえやすいと思われたこと、さらに信頼性の高い項目であったからである。

1）健康性

健康性の尺度について、25名のSub.間の相関行列より主成分分析を行い、固有値1未満を切り捨て抽出した主成分は6個であった。それをさらに最適な位置までヴァリマックス回転して得た因子行列よりこの6成分を説明するために25名のSub.をそれぞれ最も負荷量の高い成分にふりあて、グルーピングした。各グループのSub.のキャリア、性別、タイプなどをまとめたものが表8-2である。さらにこのうちで、負荷量の絶対値0.6以上のものを有意味なものとして、各グループを代表するSub.であるとし、特徴的であると思われる作品群（統合失調症者の作品、幼児の作品、動的な作品など）に対する評定傾向を平均得点で示したのが表8-3である。

これらの結果により「健康性」においてはSub.のタイプ、キャリア、性差

表 8-2 「健康性」における各群の特徴

成分 No.	Sub. No.	回転後の因子負荷量	キャリア	性別	合理得点	外向得点	思考	感情	感覚	直観	平均得点
I	10	.7923	V	F	－4	－11	－5	1	－5	9	3.80
	23	.7847	B	F	6	－4	5	1	5	－11	3.25
	3	.6096	V	M	11	1	12	－1	1	－12	3.40
II	4	.9141	V	M	14	12	12	2	－4	－10	2.65
	21	.8231	B	M	8	－4	9	－1	－5	－3	3.15
	7	.7946	V	M	－3	－6	－9	6	－6	9	3.65
III	15	－.8411	B	F	－4	－9	－3	－1	7	－3	3.85
	24	－.8286	B	M	－8	－16	－7	－1	9	－1	3.70
	5	－.7454	V	M	－6	－7	－11	5	2	4	4.15
	12	－.6431	V	F	－15	－2	－11	－4	7	8	3.65
	9	－.6130	V	M	－5	10	－2	－3	2	3	3.35
	18	－.6017	B	F	1	－5	2	－1	－1	0	2.40
	20	－.4648	B	F	4	－11	5	－1	4	－8	4.45
IV	11	.7867	V	M	－8	－14	－5	－3	1	7	2.95
	8	.7681	V	F	－4	－4	8	4	2	2	4.55
	25	.6212	B	F	7	3	4	3	4	－11	3.60
V	22	－.8191	B	M	9	6	11	－2	－5	－4	2.90
	14	－.7207	V	M	－11	－4	－8	－3	0	11	3.80
	17	－.6910	B	F	1	－6	0	1	－4	3	2.25
	2	－.6575	V	M	7	－1	1	1	－2	－5	3.95
	16	－.5415	F	－9	－16	－11	2	－3	12	3.85
VI	13	.7893	V	F	－10	－5	－4	－6	3	7	3.10
	19	－.5982	B	M	8	1	5	3	－12	4	3.35
	1	－.4905	B	M	7	－4	7	0	－5	－2	4.35
	6	－.4311	V	M	－7	3	－6	－1	－3	10	2.95

負荷量の絶対値0.6以上のものを有意味なものとして考えた。

などによって特徴づけられるものはあまりなく、作品そのものの性質によって評定が左右されていることがわかった。ただ感覚得点のプラス、マイナスはある程度関連すると思われた。

　次に各成分の特徴を述べる。

〈第I主成分〉

　思考タイプ2名、直観タイプ1名の計3名が高い負荷量を持つ。評定の状況は、標準偏差が少なく分布の幅が狭い。すなわち、極端に高く評定したり低く評定したりすることが少ない。したがって、他群に比すと中央（どちらともいえぬ）に近い評定が多く、そのためP-10、15などの混乱した表現に対して

表8-3 「健康性」における各群の特徴（評定傾向）

視点 \ 成分No.	I	II	III	IV	V	VI
人数	3	3	6	3	4	2
全作品の平均点	3.65	3.15	3.82	3.30	3.35	3.60
標準偏差	1.27	1.53	1.35	1.53	1.34	1.62
「D」の作品 *	4.40	2.80	4.80	4.46	4.36	4.00
「S」の作品	2.83	3.89	3.47	2.89	3.03	3.13
子どもの作品	3.97	2.88	4.18	3.91	4.00	3.84
幼児の作品	4.42	2.42	4.89	4.25	4.60	4.13
「戦い」のテーマ	3.75	2.50	4.50	3.46	4.05	3.25
統合失調症者の作品	2.67	2.25	2.96	2.25	1.90	2.69
玩具過多の作品 (P-10、15)	2.83	1.00	2.79	2.17	1.60	1.63

* ここでは「D」の作品の中から、特異なもの（P-5、10、15）を省いた。
数字は各群のSub.の、その作品に対する平均点である。

も目立って否定的にならない。そうした中で、この群の人たちが肯定的にみがちなものは、攻撃性を感じさせるもの（P-1、7、8、19）、カラフルでかわいらしい女児の作品（P-17、18）など子どもの作品が多い。逆に、静的な感じの成人の作品（P-2、4、9、20）や、子どもでも、まとまった、おとなびた表現（P-13）にはかなり否定的になる。すなわち、このグループの特徴は、「子どもらしさ肯定」型、「静否定」型であるといえる。

〈第II主成分〉

　感覚得点がマイナスの3名がこのグループに入る。思考型2名に直観型1名である点は第1群の構成に似ている。

　標準偏差が大で評定の幅が広いが、全体にスコアが低めである。しかし、それにもかかわらず、この群の人が他群よりも高い評定をするのは、成人の作品、まとまった静的な表現（P-2、4、9、13、16、20）がほとんどである。そして全体に肯定的にみられがちな子どもの作品、アグレッシブなもの（P-1、3、6、8、11、17）や、極端に玩具の多い混乱したP-10、15などに対して著しく否定的になるのが注目される。したがってこのグループの人たちが「健康」としがちなのは、成人の作品にみられるようなまとまった静かな感じの作品である。そして「不健康」とするのは、特に年齢の低い子どもの、まとまりのない表現や、雑然とした感じを受けるような作品である。すなわち、この群は典型的な「おとな肯定」型、「静、まとまり重視」型であるといえる。

〈第III主成分〉

　感覚がプラス、思考にマイナスの得点を持つ、よく似たタイプの、非合理、

内向型の人が集まったグループである。

　全体に評定点が高く、この群のSub.は多くの作品に対して非常に肯定的で、どんな表現にでも「健康性」をみていこうとする。

　この群内での傾向は、子どもの作品や動的な表現に肯定的であり、その点では第Ⅰ群に似ているが、第Ⅰ群ほど「静」に否定的でない。すなわち、この群が他群と比べて特に不健康だとみる作品は少なく、きわめて「許容量が大」の群であるといえる。

〈第Ⅳ主成分〉

　感覚得点がプラス傾向の3名がこの群に入る。得点は低めで、標準偏差が大きく、評定の幅が広いところは第Ⅱ群に似ているが、この群は「子ども肯定」型である。子どもの中でも砂を十分に掘り返している「遊び」的なもの、男の子らしいダイナミックなもの（P-6、11）、混乱していても動きのあるものなどに対してきわめて健康だとする。そして不健康だとしがちなのは、おとな、子どもを問わず、不気味な静けさを感じさせるような作品（P-9、12、14）、また、こまごましたものや、女性的な印象の作品（P-13、17、18）などである。したがってこのグループは、特に「動き」を重視する「子ども肯定」型であると思われる。

〈第Ⅴ主成分〉

　感覚得点がマイナスの内向型の人たちのグループである。幼児の作品に肯定的で、統合失調症の人のものなどには著しく否定的な傾向があるが、他群をとらえたようなレベルではあまり特徴的なものではない。

　しかし、他群がすべて4以上に評定するP-16に対して、この群だけが低い評価をしていること、また「子ども型」の人たちがあまり健康としないP-13に対して、この群としては最高の得点を与えていることが注目される。

　P-16は楽しい感じの作品ではあるが、大学生男子としては、やや幼稚な表現である。評定の際に、この作品に対して未熟さをとりあげて感想を述べたり、着目点にこれをとりあげたりした人があったが、それはすべてこの群の人であった。また、P-13は「子どもらしからぬ、おとなびた作品」といわれることの多い高IQ児の作品である。これらの点からみると、このグループの人たちが健康的とみるのは、おとなびた表現、年齢のわりにきちんとまとま

って構成された作品（P-4、8、13、17など）であろう。そして不健康とするのは、年齢に比して未熟な感じのもの（P-3、7、12、16など）であるように思われる。すなわち、このグループの特徴は「成熟度重視」型であると思われる。

〈第VI主成分〉

ここに集まった4名のうち、2名は負荷量もかなり低く、ここでとりあげた6つの成分とは別の、特殊成分に負荷の高い人であろうと思われる。したがってこの4名において共通性を検討することはあまり意味がなく、説明困難な成分であると考えられる。

2）好悪

好悪の尺度についての主成分分析の結果は表8-4、表8-5に示したとおりである。

好悪の尺度では、7つの主成分が抽出された。小人数の群もあるため断定的なことは言いがたいが、比較的タイプの似た人が集まったり、性差やキャリアもある程度グルーピングに関係するようである。

以下に各成分の特徴を述べる。

〈第I主成分〉

この成分に負荷量の高い5名は全員が非合理、内向型で、感覚得点がプラス、思考がマイナスという、よく似たタイプの人であった。また比較的女性が多く、V群の女性4名中2名までがこの群に入る。評定の傾向としては標準偏差が小で、中央近くの評定が多く、極端な好き嫌いをしない。特に、極端に低い評価はほとんどなく、P-10、12、15などにもかなりの許容性を示している。P-5（ヘビ）のみが著しく嫌われているのは、この群に女性が多いためであろうか。この群に特徴的であったのは子どもの作品を好む傾向であるといえる。

〈第II主成分〉

正負の負荷量を持つ2名がこのグループである。この成分に正の負荷量を持つ人は、どんな作品に対してもきわめて高く評定し、標準偏差も小である。P-5、9、10、12、15など、他群がかなり低く評定する作品にも否定的でなく、他の作品と全く同じレベルでとらえる。この群内での傾向は、戦い、対立など（P-1、6、8、14）をやや嫌うことであった。

表8-4 「好悪」における各群の特徴

成分 No.	Sub No.	回転後の因子負荷量	キャリア	性別	合理得点	外向得点	思考	感情	感覚	直観	平均得点
I	8	.7929	V	F	− 4	− 4	− 8	4	2	2	4.65
	13	.7914	V	F	−10	− 5	− 4	− 6	3	7	3.90
	12	.6831	V	F	−15	− 2	−11	− 4	7	8	3.85
	15	.6809	B	F	− 4	− 9	− 3	− 1	7	− 3	4.45
	24	.6355	B	M	− 8	−16	− 7	− 1	9	− 1	4.15
	2	.5572	V	M	7	− 1	6	1	− 2	− 5	3.95
	33	.5555	B	F	6	− 4	5	1	5	−11	2.85
	17	.4931	B	F	1	− 6	0	1	− 4	3	3.45
II	20	.7636	B	F	4	−11	5	− 1	4	− 8	4.50
	22	− .7076	B	M	9	6	11	− 2	− 5	− 4	3.85
III	10	.9051	V	F	− 4	−11	− 5	1	− 5	9	3.80
	16	.5965	B	F	− 9	−16	−11	2	− 3	12	3.00
IV	11	− .8112	V	M	− 8	−14	− 5	− 3	1	7	4.10
	18	− .7887	B	F	1	− 5	2	− 1	− 1	0	3.40
	5	− .7425	V	M	− 6	− 7	−11	5	2	4	4.25
	6	− .7211	V	M	− 7	3	− 6	− 1	− 3	10	4.30
	25	− .6388	B	F	7	3	4	3	4	−11	4.20
	9	− .6025	V	M	− 5	10	− 2	− 3	2	3	4.95
V	3	.8995	V	M	11	1	12	− 1	1	−12	3.70
VI	7	− .8065	V	M	− 3	− 6	− 9	6	− 6	9	4.60
	4	− .7859	V	M	14	12	12	2	− 4	−10	4.50
	14	− .6208	V	M	−11	− 4	− 8	− 3	0	11	4.55
	1	− .6048	V	M	7	4	7	0	− 5	− 2	4.00
VII	21	.8129	B	M	8	8	9	− 1	− 5	− 3	2.70
	19	− .5063	B	M	8	1	5	3	−12	4	3.90

負荷量の絶対値0.6以上を有意味とする。

〈第III主成分〉

　この群に入る2名のSub.は両者とも直観スコアの高い内向型で、表8-4にみるようにタイプが酷似している。評定傾向はスコアが全体に低めで標準偏差が大きく、好き嫌いが激しい。P-2、9、12、14など「S」の作品を著しく嫌い、カラフルで、人や擬似人間の多いP-16、17、18などを好む。すなわち、人のいない作品や、動物、怪獣などが主人公になりすぎているようなもの（P-1、2、5、6、7、9、10、12、14、15）は嫌いで、人間的なものが全面に出ている、色彩豊かな作品を好むようである。

〈第IV主成分〉

表8-5 「好悪」における各群の特徴（評定傾向）

成分No. 視点	I	II *	III	IV	V	VI	VII
人数	5	2	2	6	1	4	2
全作品の平均点	4.20	4.32	3.40	4.20	3.70	4.65	3.30
標準偏差	1.20	1.17	1.63	1.44	1.19	1.43	1.23
「D」の作品 ‡	4.89	4.20	4.10	5.40	4.20	5.10	3.30
「S」の作品	4.10	4.75	2.83	3.41	3.17	4.63	3.58
子どもの作品	4.60	3.23	3.05	4.27	3.00	4.11	3.13
幼児の作品	4.65	3.63	4.25	5.04	4.25	4.94	2.62
「戦い」のテーマ	4.60	3.62	3.00	5.00	3.00	5.06	3.13
統合失調症者の作品	3.45	4.38	2.00	2.58	4.00	2.81	3.00
玩具過多の作品 (P-10、15)	3.30	4.75	2.25	2.33	3.50	1.75	2.00
ヘビ (P-5) の作品	1.80	4.50	1.50	2.33	4.00	2.75	2.50

* 第II成分においては2名のSub.の負荷量が正負であったため、共通した傾向とは言えない。
‡ 「D」の作品からはP-5、10、15を除いてある。

　6名のSub.がこの群に入るが、タイプ特徴に目立ったものはない。標準偏差が高めで好き嫌いがはっきりしており、P-10を除いて、子どものにぎやかな作品が好きである。全体のスコアが高めであるにもかかわらず、P-2、4、9、12など、「S」の作品には著しく否定的になるのが特徴的である。

〈第V主成分〉

　思考タイプの男性1名だけが負荷量がきわめて大である。1名のみであるため、傾向はとらえがたいが、大きい玩具を使ったり、箱いっぱいに作られた元気な作品が好きで、混乱した表現にもあまり否定的にならない。しかし小さいこまごました玩具の多い作品は好きではないようである。

〈第VI主成分〉

　感覚スコアがマイナスの、ベテランの男性ばかり4名がこの群である。この人たちはP-10、15のように著しく混乱した作品に対してきわめて否定的になるほかは、どんな表現に対しても好感を持ち、全体の評定点は高い。そして他群に比べ、「静」をも非常に好む点が注目される（P-2、4、9、14、20）。しかし、「動的なもの」も嫌いではなく、「戦い」のテーマにも好感を持つようである（P-1、6、8）。

〈第VII主成分〉

　思考タイプで感覚がマイナスの男性2名がこの群に入る。タイプ特徴や、男性であることでは第VI群に似ているが、この2名はB群である。どんな作品についてもこの人たちはきわめて否定的であり、全体に評定点が低いのが特徴である。

3）健康および好悪のグルーピングをめぐって

　次に、Sub.が「健康」と「好悪」の両方において、どの成分に属しているかを検討したところ、次のような傾向がみられた。

　「健康」で第Ⅲおよび第Ⅳ成分に属した人が「好悪」ではすべて第Ⅰおよび第Ⅳ成分にグルーピングされている。そしてこの人たちは、子ども型、ダイナミック肯定型、許容量大型という特色を持っており、タイプ特徴もよく似た人たちであった。

　また、「健康」で低得点型の第Ⅱ群に入ったベテランの男性2名が、「好悪」では「極端な混乱以外は全面肯定」の第VI群に入っている。客観的な尺度では否定的にみても、作品そのものは「好き」と感じるのである。やはり長年の治療の実践を積んできた結果であろうか。「健康」で同じ第Ⅱ群に入った1名の初心者男性は、「好悪」においてもなお低得点型（第VII群）である。このような人も経験を重ねることによって、主観的なレベルでは高得点型に移行する可能性があるのではないだろうか。

　さらに、ここで得た結果と他の研究との比較を試みる。

　作品をSD法で分析した岡田[110]は、作品の類型化と同時に対形容詞句の次元抽出を行っている。その結果、作品の性質を表す表現に関して、統合性次元（Integration Dimension）[注14]、充実性次元（Abundant Dimension）[注15]、力量性次元（Magnitude Dimension）[注16]、柔軟性次元（Flexibility Dimension）[注17]という4つの次元を得ている。

　本研究で得た「健康」「好悪」についての分析結果は、タイプ、評定傾向などが混ざりあった種々の要素が多く、各群に適当な名称を与えることは困難である。しかし、「ダイナミック肯定」など、種々の特徴は作品を評定する場合、どういう点を重視しているかという意味において、前述の岡田の研究結果とある程度結びつくように思われる。

すなわち、「健康性」において、統合性次元を特に重視するのは第II群のような「まとまり重視型」「静肯定型」であろう。そして、充実性次元の肯定的な面を主として見ていこうとするのは第Iおよび第III群の「子ども型」であり、第I群はこの次元の否定的な面も「不健康」とする際の重要な手がかりとしている。力量性次元は、第IV群の「ダイナミック肯定型」によってきわめて重視され、また、どの次元にも属さなかったとされた形容詞「未熟な―成熟した」が関係するのは第V群であるといえる。

「好悪」においては、タイプなど、Sub.の特性そのものが各群の特徴となるため、あまり明確に関係はとらえられない。しかし、全体の傾向として、充実性次元が好悪の決定の際に重視されることが多いようである（第I、III、IV、VI群）。さらに第VI群は統合性次元とも関連しており、また、第III、第V群などでは、柔軟性次元のような感情的なレベルの次元も大いに影響しているように思われる。このように同グループのSub.たちが、例えば「健康」という尺度で作品をみるとき、どの次元の肯定的（あるいは否定的）な面をみているのかという点で、この4つの次元は興味ある示唆をなしているといえるであろう。

　以上、「健康」および「好悪」の2項目についての分析結果を中心に述べてきたが、人間のグルーピングであるため、特殊因子も多く、ここに示したものが絶対的なものであるとは言いがたい。それゆえ結果に関する解釈は一概にできぬが、どちらの尺度においても、作品の見かたに何らかの特色があること、また「好悪」スケールの方に、タイプ、性別など、Sub.側の要因が大きく影響していると思われることがわかった。

評定項目による考察
1）健康性
　この項目は「好悪」とともに評定の幅が非常に広いもののひとつであった。すなわち、「発展性」などは大部分の人が4以上に評定する作品が多いのに比べ、この項目では極端に病的な印象を与える作品を除いて、25名の評定が1から7までに分散されがちであった。また、他のどの項目よりも評定点が全体に低くなる傾向にあり、治療者たちが「この作品の健康度は？」と問われ

ると、どんな表現に対しても一応は問題を見出していこうとする姿勢を持っていることがわかった。

「健康」の定義は人さまざまであろう。したがって、各人がそれなりに持つ「健康」のイメージに照らして20個の作品をみたのがこの結果である。Thが自分なりにClやその表現に対して「健康」のイメージを持っているなら、それはその人の治療観や実際の治療にも大きい影響をおよぼすものになろう。

次に25名のSub.の「健康性」についての各作品に対する評定得点を、点数の高い順（健康だという判断の順）に並べたものが、表8-6である。

表8-6 「健康性」平均得点による作品順位

順位	スライド No.	N or Cl	A or C	平均点
1	P-16	N	A	5.08
2	13	N	C	5.00
3	11	N	C_D	4.80
4	18	N	C_D	4.64
5	17	N	C_S	4.36
6	1	N	C_D	4.16
7	2	Cl_{SC}	A	4.12
8	8	Cl	C_D	3.88
9	6	N	C_D	3.84
10	20	N	A_S	3.80
11	3	Cl_{MR}	C	3.60
12	14	N	C_S	3.28
13	4	N	A_S	3.20
14	9	Cl	A_S	2.72
15	7	N	A	2.56
16	12	Cl_{SC}	A_S	2.40
16	19	Cl	C	2.40
18	10	Cl	C_D	2.32
19	15	Cl_{SC}	A_D	1.84
20	5	Cl_{SC}	A_D	1.64

(N……正常群　　　A……成人
  Cl……クライエント群　C……子ども)

(SC……統合失調症　D……動的
  MR……知恵遅れ　　S……静的)

以下表8-12まで同様

これまでにも述べたようにこの健康性尺度は、どちらかといえば客観性を持った診断的なものに近いと思われるため、V群の一致度が高いと予想された。ところが実験の結果、この項目では経験年数による差はあまりみられなかった。

しかし、全員の評定結果をみると、健康というテーマで作品をみた場合、Sub.の判断はかなり実際と一致したものであることが表8-6よりわかる。すなわち、第1位から6位まではすべて正常群の作品であり、第14位以下にクライエント群の作品が集中している。したがって、この評価はある程度診断性のあるものであるといえる。

2) 発展の可能性

この尺度ではあらゆる作品に対して非常に肯定的な評定がなされた。すなわち、ほとんどの作品の平均得点が5以上であり、Sub.たちがどんな表現に対しても何らかの可能性をみていこうとしていることがわかる。「健康」とい

う尺度でみればどうしても病的な面が目につきやすい表現も、「どこかに可能性を求める」という態度でみると何らかの救いを見出せるのであろう。荒れた作品にもいくらかの希望を持ち、わずかな手がかりにも注目してそこを伸ばしていこうとする態度こそ、Thに望ましい。

表8-7 「発展性」平均得点による作品順位

順位	スライドNo.	N or Cl	A or C	平均点
1	P-1	N	C_D	5.96
2	8	Cl	C_D	5.76
3	18	N	C_D	5.72
4	11	N	C_D	5.60
5	3	Cl_{MR}	C	5.52
5	6	N	C_D	5.52
7	13	N	C	5.20
7	16	N	A	5.20
7	17	N	C_S	5.20
10	20	N	A_S	5.16
11	14	N	C_S	5.08
11	19	Cl	C	5.08
13	2	Cl_{SC}	A_S	5.04
14	4	N	A_S	5.00
15	7	N	A	4.76
16	12	Cl_{SC}	A_S	4.68
17	5	Cl_{SC}	A_D	4.64
18	10	Cl	C_D	4.52
19	9	Cl	A_S	4.24
20	15	Cl_{SC}	A_D	3.56

発展性尺度における各作品の得点と順位は表8-7のとおりである。

20個の中で特に発展の可能性が大であるとされるのは、P-1、8のような「戦い」がテーマの作品である。そしてまた上位7位までがすべて子ども(それも幼児が大部分である)の作品であることが注目される。子どもであるということはそれだけで成長の可能性を秘めた存在であるととらえられるのかもしれない[注18]。「健康」で第1位であったP-16がここでは7位になっているのも作者が成人であるからだろうか。しかし、子どもであるとはいえ、P-10のように混乱したものにはどのThも否定的にならざるをえないようである。

また、この項目においても第16位以下に問題群が集中している。中でも統合失調症者の不可解な荒れた作品に対して特に低めの評定がなされている。さらにきわめて静的なP-2、4、9が他の尺度における順位よりもかなり低く評価されている。したがって、この項目では評定の際に「ダイナミックさ」が非常に問題にされているといえそうである。

3）治療的接近の必要性

この項目も多くの作品に対して「必要あり」とする人が多数で得点は高くなりがちであった。

現実に特に問題を持たぬ人に対しても治療的に接していけば、より高い次元の自己実現へと導かれる。したがって、多くの作品に対して高い評定がな

されたことは、Thたちのそうした治療的態度の表れであろう。

表8-8 「治療的接近の必要性」平均得点による作品順位

順位	スライドNo.	N or Cl	A or C	平均点
1	P-16	N	A	3.60
2	13	N	C	3.88
3	11	N	C_D	4.16
3	17	N	C_S	4.16
5	2	Cl_{SC}	A_S	4.40
6	18	N	C_D	4.44
7	20	N	A_S	4.88
8	1	N	C_D	4.96
9	6	N	C_D	5.00
10	4	N	A_S	5.04
11	8	Cl	C_D	5.20
11	14	N	C_S	5.20
13	3	Cl_{MR}	C	5.28
14	9	Cl	A_S	5.40
15	7	N	A	5.52
16	12	Cl_{SC}	A_S	5.76
17	19	Cl	C	5.84
18	15	Cl_{SC}	A_D	5.92
19	10	Cl	C_D	6.04
20	5	Cl_{SC}	A_D	6.12

この項のみ、得点の低い順、「治療の必要のない」順位にしてある。

この項目に関しては得点の低い順（すなわち、治療の必要なしと思われる順）に並べてみると、表8-8のような順位になった。

治療の必要がないとされる作品はP-16、13、11、17、18などで、「健康」の順位に似ている。P-2の統合失調症者の作品が第5位に入っていることを除けば、第10位までがすべて正常群の作品であり、問題群の作品は「必要あり」の方へ集中している。最下位近くに統合失調症者の作品が多くみられ、これらにはほとんどのSub.が「治療の必要あり」としている。しかし、それでは自分がそのClを引き受けようと思うかどうか、という点になると、P-5、15などは「引き受けたくない」とする人が多い[注19]。そしてその理由はほとんどが「こういう表現にはついてゆけぬと思うから」というものであった。ところが同じように、治療の必要が大とされるP-10、19に対しては、「引き受けたい」とする人が多くなっている[注20]。成人の統合失調症者の作るような荒れた作品は、放っておけぬ病的なものとしてとらえても、自分がその人にかかわっていこうとする意欲を起こさせるにはあまりに不可解なものであるのだろう。

Clの言動がThの受けとめうる範囲からはるかに逸脱したものであったり、その表現にとうていついてゆけぬような場合に、あえてそのClを引き受け、治療を続けてゆくことは好ましい結果を生むことがない。そのためThは「自分のできうる範囲」を自覚する必要があるといわれる。その意味でこの結果は「セラピストが自分を知ること」と通じるといえよう。

4）好悪

　この尺度はSub.の主観を問うものとして、感じ方の尺度の終わりに置いたものであった。「健康」「発展」「治療」というような、Thとしての意識に訴えるような項目より、もっと各人の基本的な「好み」のレベルで作品を見ることによってThの個人差をとらえようとした。その結果、キャリア、性別、タイプなどの違いによって最も差が著しく出たのがこの尺度であった。

　Clの作品を客観的なレベルでは不健康であるとみても、その表現中に何か好感の持てる点を見出すなら、そのClに治療的な接近をしていこうとする動機づけになる。作品だけに限らず、治療の場面でThは相手から受ける自分自身の感じを大切にしなければならない。Clに対して好感を持てるか否かが治療関係の成立に大きく影響するといわれることもある。Clのどこかに「好きなところ」がなかったら治療を引き受けない方がよいといわれる場合さえあり、「これはすなわち、どこか発展していくべき可能性の存在を予感するということかもしれません」と河合は述べている。[63]「好み」が可能性につながるかどうかは一概にいえぬが、主成分分析の結果ではV群にその傾向が強いようであった。ベテランのThたちは「好み」という形でも可能性をとらえうるのであろうか。

　得点による各作品の順位は表8-9のとおりである。

　上位にはやはり正常群が多く、下位に問題群が集中している。やはりP-16が最も好まれる作品となっているが、問題群の中でも「発展性」のありそうなP-8、3が好ましいものとされ、かなり上位にあるのがこの尺度の特徴といえよう。

表8-9　「好悪」平均得点による作品順位

順位	スライドNo.	N or Cl	A or C	平均点
1	P-16	N	A	5.20
2	8	Cl	C_D	5.08
3	11	N	C_D	4.92
3	18	N	C_D	4.92
5	13	N	C	4.80
6	17	N	C_S	4.76
7	3	Cl_{MR}	C	4.72
8	1	N	C_D	4.60
9	20	N	A_S	4.48
10	2	Cl_{SC}	A_S	3.88
10	14	N	C_S	3.88
12	4	N	A_S	3.80
13	6	N	C_D	3.76
14	19	Cl	C	3.72
15	7	N	A	3.52
16	9	Cl	A_S	3.28
17	12	Cl_{SC}	A_S	3.08
18	10	Cl	C_D	2.68
19	15	Cl_{SC}	A_D	2.36
20	5	Cl_{SC}	A_D	2.20

5）了解尺度（感情、制作意図、問題の了解度）

　この3尺度は4段階評定で得点の幅が狭いため同点が多くなったが、感情、意図、問題における各作品の得点と順位は表8-10、11、12のようになった。いずれも「よくわかる」ものから順に並べてある。

表8-10　「感情の了解度」平均得点による作品順位

順位	スライドNo.	N or Cl	A or C	平均点
1	P-1	N	C_D	3.32
2	8	Cl	C_D	3.20
3	7	N	A	3.16
4	16	N	A	3.12
4	18	N	C_D	3.12
4	20	N	A_S	3.12
7	19	Cl	C	3.08
8	2	Cl_{SC}	A_S	2.96
8	5	Cl_{SC}	A_D	2.96
10	3	Cl_{MR}	C	2.92
10	10	Cl	C_D	2.92
10	11	N	C_D	2.92
13	4	N	A_S	2.88
13	6	N	C_D	2.88
15	9	Cl	A_S	2.84
16	13	N	C	2.80
17	12	Cl_{SC}	A_S	2.68
17	14	N	C_S	2.68
19	17	N	C_S	2.64
20	15	Cl_{SC}	A_D	2.52

　これらの3項目については感じ方の尺度にみられるような、作者が成人であるか子どもであるかによる傾向の違いはみられない。「感情」「意図」ともに「よくわかる」のは正常群の作品が多く、中でも戦い、つどい、あるいは領域の分割がみられるような、はっきりしたテーマのものが了解しやすいとされるようである。そして、「感情」においてはP-9、12、15のような病的なものが了解できぬとされるほか、P-13、14、17のように、感じ方の尺度ではかなり肯定的にみられた作品に「わかりにくい」とされるものがある。これらは特に「問題」の感じられぬ作品（表8-12）でもあり、あまり動きのない、まとまった表現にはSub.たちは「わからない」としがちになるようである。また、「問題」において「わからない」に正常群が集中しているのは、健康な人が遊びで作った箱庭表現がわかりにくいといわれていることと関連づけられるだろう。しかし、統合失調症の人の表現がよくわかるわけでもなく、それらの作品はちょうど中ほどに位置しており、正常群とは違った意味で了解しにくいとされていることがわかった。

評定用箱庭作品の考察

　今回使用した20個の箱庭作品の中から特徴的なものについて、各尺度における得点順位やSub.が記述した事柄をとりあげ作品の側からの検討を行う。

表8-11 「制作意図の了解度」平均得点による作品順位

順位	スライドNo.	N or Cl	A or C	平均点
1	P-8	Cl	C_D	3.32
2	1	N	C_D	3.28
3	11	N	C_D	3.20
4	7	N	A	3.16
4	16	N	A	3.16
4	18	N	C_D	3.16
7	13	N	C	3.08
7	19	Cl	C	3.08
7	20	N	A_S	3.08
10	4	N	C_D	3.04
11	2	Cl_{SC}	A_S	3.00
12	6	N	C_D	2.96
12	14	N	C_S	2.96
14	17	N	C_S	2.88
15	3	Cl_{MR}	C	2.80
15	10	Cl	C_D	2.80
17	9	Cl	A_S	2.76
18	12	Cl_{SC}	A_S	2.72
19	5	Cl_{SC}	A_D	2.68
20	15	Cl_{SC}	A_D	2.64

表8-12 「問題の了解度」平均得点による作品順位

順位	スライドNo.	N or Cl	A or C	平均点
1	P-7	N	A	3.08
2	19	Cl	C	3.04
3	4	N	A_S	2.96
3	10	Cl	C_D	2.96
5	1	N	C_D	2.92
5	5	Cl_{SC}	A_D	2.92
5	9	Cl	A_S	2.92
8	2	Cl_{SC}	A_S	2.84
8	8	Cl	C_D	2.84
8	18	N	C_D	2.84
11	12	Cl_{SC}	A_S	2.80
11	15	Cl_{SC}	A_D	2.80
11	20	N	A_S	2.80
14	3	Cl_{MR}	C	2.72
14	6	N	C_D	2.72
16	14	N	C_S	2.68
16	16	N	A	2.68
18	11	N	C_D	2.56
18	17	N	C_S	2.56
20	13	N	C	2.36

　20個の作品の7つの尺度における得点からみた順位は表8-13に示したとおりである。

　テーマが戦いであるP-1、8は「健康」においてはさほど上位ではない。しかし「発展性」では第1位、2位を占め、さらに了解尺度においても「感情」「意図」ともにきわめてわかりやすいものとされている。一般に攻撃性が出せるようになることは肯定的にとらえられることが多い。またカルフの理論によれば、戦いのテーマは「動・植物の段階」の次に、「集団への適応の段階」の前のものとして現れるとされている。その意味でも、可能性やわかりやすさという点において戦いのテーマがThたちに肯定的にとらえられているのであろう。

　P-2は病歴の長い統合失調症者の作品である。他の統合失調症者の作品（P-5、12、15）が感じ方のスケールにおいてきわめて低く評定されているのに対し、P-2はかなり肯定的にみられがちである。ことに「健康」においては正常群に次いで第7位、「治療の必要」では5番目に「必要ない」とされてい

表8-13 評定用作品と各尺度における順位

スライドNo.	年齢	性	主訴・診断	作品の特徴、テーマ etc.	*	健康	発展	治療	好感	感情	意図	問題
P-1	6	M	N幼児	怪獣の戦い	D	6	1	8	8	1	2	5
2	29	M	統合失調症	風景、領域の分割、同心	S	7	13	5	10	8	11	8
3	10	F	知恵遅れ	カエルの対面（？）		11	5	13	7	10	15	14
4	22	F	N大学生	城と円形の堀のある風景	S	13	14	10	12	13	10	3
5	32	F	統合失調症	へどのみがいる世界	D	20	17	20	20	8	19	5
6	4	M	N幼児	怪獣とウルトラマンの対決	D	9	5	9	13	13	12	14
7	22	M	N大学生	閉じこめられた怪獣、領域の分割		15	15	15	15	3	4	1
8	12	M	無気力	インディアンと白人の戦い	D	8	2	11	2	2	1	8
9	23	M	ヒステリー	円形の線路のある風景	S	14	19	14	16	15	17	5
10	8	M	自慰	動物の暴走と混乱	D	18	18	19	18	10	15	3
11	3	M	N幼児	工事、大きい玩具	D	3	4	4	3	10	3	18
12	26	F	統合失調症	怪獣（？）	S	16	16	16	17	17	18	11
13	11	M	高知能児	田舎の風景		2	7	2	5	16	7	20
14	10	M	N小学生	怪獣の対立	S	12	11	11	10	17	12	16
15	28	M	統合失調症	怪獣、恐竜の大混乱	D	19	20	8	19	20	20	11
16	22	F	N大学生	カエルの国		1	7	1	1	4	4	16
17	4	F	N幼児	風景（？）、層状に並んだ玩具	S	5	7	3	6	19	14	18
18	11	F	高知能児	公園	D	4	3	6	3	4	4	8
19	11	F	遺尿	外国と日本、領域の分割		16	11	17	14	7	4	2
20	21	M	N大学生	男女のいる情景	S	10	10	7	9	4	7	11

* 各作品について、動的（D）、静的（S）の作品、どちらでもない（M）の判断を10名の人（いずれもセラピスト）にさせ、8割以上の一致をみたものを、動的（D）、静的（S）の作品とし、ひとつの基準とした。
数字はその項目において20個中第何順位であったかを表す。
「治療」は必要なしとされる順位である。

る。領域が分割されているが大きな橋がかかっている点、また構成が整然としている点などから、全体の硬さを気にしながらもこの作品を肯定的にみる人が多いようである。特に「健康」においてEx群が、「好悪」においてはV群がポジティブであった。生き物がほとんどいない静けさ、硬さのためか「発展性」での順位は低いが、これを病的であるとみるかどうかが問題となろう。

　P-2とは対照的に、作者は正常な人であるのに感じ方尺度できわめて否定的にみられるものにP-7がある。川と柵による領域の分割がみられ、怪獣が閉じ込められて世界をつなぐものがなく、一般的な意味での問題作である。しかし左側に怪獣を見ている人がいること、危険なものの存在を認知しており、それを閉じ込めて安全をはかろうとしていることはむしろたいへん了解しやすい。この作者は正常な大学生であるが、この作品を作った時点において何らかの問題を持っており、それがこうした表現になったのかもしれない。P-2やP-7のような作品はこれ1つを見ただけで診断的なことを云々すると判断を誤る危険性があるものといえよう。しかし、了解尺度においてはP-7はP-1、8に次いできわめて「よくわかる」作品になっている。それに比べ、P-2はやや低い順位であり、特にB群ではこの表現に首をかしげる人も多い。ノーマルな人の表現はそれが特に問題をはらんだ時期に作られたものであったりすると、見る者に強く何かを訴えかけるものとなるのであろう。したがって作品自体がいかに問題の多いものであってもその表現が共感可能なものであれば、それは制作者の基本的な正常さを表しているといってよいだろう。逆にいかに美しく整った表現であっても、どこか了解しがたいものを感じさせる作品は作った人自体に病的なものがあると考えてよいのではないだろうか。

　P-3は発達遅滞児の作品である。カエルが1列になって対面しており、かわいらしい印象を受ける。そのため比較的好まれるが、了解尺度ではそのわりに「わかりにくい」とされている。知恵遅れの子どもの自我の弱さゆえにその表現は見る人に何かを訴えかける迫力に欠けるのであろうか。しかし中央にいる女の子に成長の可能性をみるベテランのThも多く、「発展性」ではかなり肯定的にみられている。

　P-4は「問題」のみよくわかるとされる作品であり、しかも圧倒的にV群に了解度の高いものであった。深い森に囲まれた城と右上にある村との対比

155

は「聖」と「俗」を象徴しているようにも思われ、宗教的なレベルの表現である。また、円形の堀に女性的なものを感じ、女性性が問題になっていると指摘する人も多い。しかしそれではこの人の現実はどうか、健康であるのか？

またThの側がこの表現を見て受ける感じはどうか、など感じ方尺度においては決定がさまざまであった。青年期の人の微妙な内的世界の表現は作品の写真からのみでとらえることは困難なようである。

P-5、9、12、15はいずれもP-2と同じ精神病院のケースである。これらはほとんどが統合失調症者のもので、すべての尺度においてきわめて否定的で了解も難しいものとなっている。P-5は使われている玩具がヘビばかりであるということで、ヘビ即発展の可能性とみる人もあって、「発展」の順位のみがやや高くなっている。またこの作品は提示の順序がきわめて静的なP-4の次になったこともあり、これを見たSub.がいきなり現れた多くのヘビに驚いて混乱することもあった。気味悪さに圧倒されてしまい他の作品に対するような冷静な判断を欠き、短時間に全部の項目に対して最も否定的な評定をしてしまったりする。これはロールシャッハ・テストにおけるカラー・ショックに似ている。実際の治療においては1人のClの表現を系列としてみていくことになるが、その時にTh側にこうした「ヘビ・ショック」的なものが起こる場合もありうるだろう。Clの突然の表現に対してThがどのように反応するかはその治療の重要なポイントとなろう。

また、非常な混乱状態のP-15、10に対してもSub.たちはきわめて低い評定をしている。これらのような一連の荒れた表現はClが無意識の中に埋没してしまい、自我が無意識内のエネルギーに圧倒されてコントロールの効かぬ状態にあるときになされる。Clのこうした表現に対してThは常にセンシティブでなければならない。Thも耐えられぬような混乱を表出させてしまうと後で収拾がつかなくなることもある。そのためClの表現がThの許容範囲を越えるようであれば作ることをやめさせなければならないといわれる(62)。その意味で統合失調症やボーダーラインの人には箱庭を用いぬ方がよい(注21)といわれる(61)。ここにあげた統合失調症者の作品もそうした問題をはらんだものといえよう。

P-11は感じ方尺度において非常にポジティブにとらえられている。このような年齢の低い子どもの遊び的な作品を箱庭療法としてのレベルでとらえら

れるか否かはわからぬが、Sub.たちは「工事中」という力強いテーマに好感を持ったようである。

　P-13は高IQ児の作品であるが、たいへん健康で問題もなく、治療の必要もないと見られ、かなり好感を持たれる作品である。しかし、年齢のわりにあまりに小さくまとまりすぎており、子どもらしさのない老人のような表現との感想を述べる人も多く[注22]、「発展性」ではやや低い順位になっている。中央の土地をとり囲む楕円形の川は不完全ではあるがマンダラを思わせ、左隅のカエルや木の上のサルはトリックスター的な存在[注23]にみえる。しかしこの作品に対して「感情」はわからないとする人が多い。戦いや領域の分割がテーマになった作品がいろいろな意味でわかりやすいとされるのに比べ、このような表現はP-4と並んでわかりにくいものとされるようである。

　P-16は最も「健康」で「好感」が持て、「治療の必要」も全くないとされる作品である。「発展性」のみ少し順位が低いのはすでに述べたように作者が成人であるためかもしれない。構成も優れた楽しげな「カエルの国の結婚式[注24]」には誰もが好感を持つようであった。ただ、作者が成人であることから、カエルが主人公になりすぎている点に未成熟さを感じる人（主成分分析　健康性第Ⅴ群）があるのが特徴である。

　P-17は感じ方尺度ではかなり肯定的にとらえられているのに比べ、了解尺度ではわかりにくいとされるのが目立つ作品である。植物、人間、家などが層状に並んでおり、視覚的にはカラフルで箱いっぱいが使われてにぎやかにみえる。このあたりが感じ方において肯定的にみられる理由であろう。しかしそれぞれの玩具はただ並んでいるだけで各々の間には何の関連もない。玩具が本来の意味を持って使われておらず、箱内のコンテントは豊かであるのに動きも意味もないところからは「感情」はなかなか伝わってこないようである。この作品が了解尺度（特に感情）で順位が低いことはその意味で興味深い。

　また、P-19のようにはっきりした領域の分割のある作品はP-7と並んで了解尺度（特に問題）できわめてよくわかるものとされる。この作品は「健康性」ではかなりネガティブにみられているが「引き受けたい」とする人が非常に多いものである。テーマがはっきりした作品はThの治療意欲を起こさせ

157

るのであろう。

　以上、評定に使用した作品について評定の結果からみた考察を述べてきた。各表現について解釈を行って考察すればまだまだとりあげることは多い。しかしそれは本章の目的からはずれていくことになるため、作品の検討はまた別の機会に行いたい。

作品への着目点

1つの作品には種々の可能性があり、Thはそのあらゆる面に対してセンシティブでなければならない。そして経験の豊かなThほど、また良いThほど、1つの表現から多くの可能性を見、それらに対して柔軟な態度で処していけるのであろう。

　しかしながら、どんなThにもClの表現を見る場合、その中に特に関心を寄せる点があり、それが人によって異なる場合も多いと思われる。回数を重ねればClの表現も濃縮されて、Thに強く訴えかけるような象徴性の高いものになっていく。しかし初回、あるいはそれに近い初期の作品ではThがまだClの表現を理解できぬことも多い。そんな時Thは自分の直観によってClの表現の中から何かを見ていこうとするだろう。その際Thは一体どんな点に主眼をおこうとするのだろうか。中には大部分のThがすべて同じ点に着目するような、はっきりしたテーマや問題があるものもあろう。しかし着目点が人によっていく通りにも分かれるものもあろう。またとりたてて根拠もなく、意味も明確でなくても「なにか非常に気になる」、あるいは「あれがとても印象的」というような点が理屈ぬきで存在することも多い。

　Thが何に最も注目するかは治療の過程に重大な影響を及ぼすことになろう。そしてそれが人によって異なれば、Thによる治療過程の相違が生じることになるだろう。今まで行ってきた数量的な考察から少し視点を変え、ここではこのような意味で、Thによる着目点の相違をとらえようとした。

　1つの作品の中にいく通りもの問題点がみられるものも多い。したがって着目点を1つだけにするのは何をとりあげるかの決定を迫られて、解答する側にとっては困難な課題であろうと予想された。しかしそれでも1つだけの着目点としたのは、Sub.にいくつかの点の中で最も自分に訴えてくるものは

どれかを意識的に決定してもらうためである。そうすることで実験的なレベルでのその人の傾向を把握しようと考えた。

Sub.たちが20個の作品について解答用紙に記入した着目点を整理すると表8-14のようになる。

各作品に対する着目点は作品の性質によってきわめて多様であり、全体として1人のThに一定の見かたがあるか否かはとらえがたい。したがってSub.を分類することはできないが、「着目のしかた」に関してある程度の傾向はあるように思われた。すなわち、着目点を問われた場合、解答の型として大別すると次の3つがみられた。

1）戦い、領域の分割など、全体としてのテーマをとりあげる。（テーマ型）
2）寂しい感じ、まとまりのなさなど、全体から受けた印象を述べる。（印象型）
3）特定の玩具や部分をとりあげて述べる。（部分型）

例えばP-1では「戦い」というはっきりしたテーマが最も多くのSub.の注目するところである。そしてその次には「乱雑なこと」など全体の感じをとりあげる人が数名あって、残りはロケット、キリンなど、個々の玩具が指摘されている。この作品のようにすぐにわかるテーマがあるものは、テーマ、印象、個々の玩具の順に着目する人が多いが、その指摘のされ方は作品によってさまざまである。

また、Sub.1人1人からみても、ある程度テーマ型の人、印象型の人、部分型の人があるように思われる。そしてタイプにおいて直観スコアの高い人が印象型に、感覚スコアの著しい人は個々の玩具に注目することが多いようであった。テーマ型は、はっきりしたテーマの作品において多くが一致するため、特にタイプ特徴はみられなかった。

またB群はテーマの明確な作品では非常に多数がそのテーマで一致をみる。それに対してV群ではテーマ以外の玩具やこまかい点に注目して意味を見出していこうとする人も多く、着目点は多様になる傾向にあった。

同じ着目点を多くの人が指摘している作品もあり、25名のSub.たちの指摘はおおまかにみればかなりの一致をみているともいえる。作品についての自由口述において、1つの作品へのコメントの中でその着目点にあげられたほ

表8-14 着目点 (No.1) （数字は人数）

作品	着目点	V群	B群
P-1	戦い ｛互角の戦い / ウルトラマンがやられている｝	9	8
	乱雑なこと	2	1
	キリン	2	1
	ロケット	1	0
	ゆりいす	0	1
P-2	2つの世界の分割・統合	5	7
	人がいないこと	1	0
	静けさ、さびしいこと	2	1
	硬いこと、動きのないこと	1	2
	川	1	0
	線路	1	0
	鹿	2	0
	橋	1	1
P-3	対立・対面	6	4
	並べ方・羅列	0	3
	馬車に乗った女の子	5	2
	果物	1	0
	色彩・明るさ	1	1
	その他	1	1
P-4	円（中心、堀の形、マンダラetc.）	3	6
	城（子宮の中の城etc.）	4	4
	incubation	1	0
	自分に閉じこもっていること	1	1
	領域の発展	1	0
	森	1	0
	橋と道、2つの道	1	0
	生き物がいないこと	1	0
	玩具が時代ものであること	1	0
P-5	蛇、ハ虫類ばかりであること	3	6
	白ヘビ	3	3
	白ヘビと黒ヘビの対比	4	0
	ヘビの動き（中央へ集まっている）	2	2
	無意識に埋没していること	1	0
	わからない	1	0
P-6	対立、闘争	3	5
	2のテーマ、2領域	4	0
	ひかり号	5	2
	橋	1	2
	エネルギー	1	0
	さびしい雰囲気	0	1
	残された砂地	0	1

表8-14 続き (No.2)　　　　　　　　　　　　　　　　　（数字は人数）

作　品	着目点	V 群	B 群
P-7	怪　　獣	4	4
	領域の分割（左右の違い etc.）	6	2
	〃　　（橋のないこと）	2	1
	柵、川	2	3
	眺めている人	0	1
P-8	戦　　い	4	1
	〃　（インディアンが囲まれている）	2	0
	〃　（インディアンのテント）	3	3
	逃げていく動物群	2	5
	戦いのエネルギー	2	0
	白い馬のインディアン	1	0
	象の上のトラ	0	2
P-9	人がいないこと	6	3
	円形の線路、マンダラ	4	2
	空　　地	1	1
	自閉傾向、さびしい感じ	1	1
	安定感、世界の広がり	1	1
	汽　　車	0	1
	橋	0	1
	左の若木	1	0
	わからない	0	1
P-10	動　物（多すぎること）	2	3
	（左向きの傾向）	4	0
	無秩序さ、整理	2	2
	情緒の不安定さ	1	0
	パンダ	3	4
	象	1	0
	なし、わからない	1	2
P-11	工事、開拓のテーマ	7	6
	ダイナミックさ、エネルギー	3	0
	オートバイに乗った人	3	1
	シャベルカー、ダンプカー	1	2
	飛行機	0	1
	な　　し	0	1
P-12	マリア像	7	7
	マリア像が守られていること	2	2
	健康な動きがないこと	1	0
	タコの怪獣	3	1
	ワ　ニ	1	0
	いつ現実的になるか	0	1

表8-14 続き (No.3) （数字は人数）

作品	着目点	V 群	B 群
P-13	人間と自然の営み、マンダラ	1	1
	風景、円形の島	1	1
	小さくまとまっている、丹念さ	2	1
	若さを感じない、さびしさ	2	0
	内的エネルギー	1	0
	石の上のカエル	3	1
	畑	1	2
	橋と川	0	1
	サルのいる木	1	0
	舟をこぐ人	1	0
	小さい玩具	0	1
	川の外になにもないこと		1
	なし、わからぬ	1	2
P-14	戦い、対立	2	4
	動きのなさ、全体の印象	4	1
	怪　獣	0	2
	城	6	2
	五重の塔	2	0
	戦　車	0	1
	杉の木	0	1
P-15	対立、2つの世界	3	0
	怪獣の闘争	1	3
	囲い、まわりの木	2	5
	配置、全体の印象	3	0
	混乱した世界	1	2
	無意識に埋没している	1	0
	怪獣のタマゴらしいもの	2	0
	川	0	1
	手がかりがない	1	0
P-16	女の子	5	3
	山頂のカエル	1	3
	女性のカエル	1	0
	カエルが多くいること	1	1
	動物表現の域を出ぬこと	1	1
	全体の変化	1	0
	川、地形	1	1
	森	0	1
	象の上の象、豚	1	0
	テント	1	0
	結婚のテーマ	1	0
	なし	0	1

表8-14 続き（No.4） （数字は人数）

作品	着目点	V群	B群
P-17	層化した並べ方	4	3
	幾何学性、規則性	4	0
	明るさ、かわいらしさ	0	2
	テーマ、秩序がない	1	1
	全体の感じ	1	0
	年のわりに力がある	1	0
	人と家が離れすぎている	1	0
	玩具の本来的な使い方を期待	1	0
	働く人	1	0
	女の子、中央の人	0	2
	なし、わからない	0	3
P-18	船の上の赤ちゃん	11	6
	赤ちゃんを見守るカエル	0	2
	船		1
	右の働く人	1	0
	柵	0	1
	左上の動き、動き	2	0
	まとまりのないこと	0	1
P-19	2つの世界の分裂と統合	8	4
	柵	3	4
	テントへ入るヘビ	2	2
	カブト虫	1	0
	あり地ごく	0	1
P-20	背中あわせの男女	7	7
	赤い色（小鳥、服、花、屋根）	4	0
	2分された配置	0	1
	外界と内界の不統一	1	0
	さびしい感じ	0	1
	白馬	0	1
	船、馬、貝	0	1
	広い砂地、左の広い領域	2	0

とんどすべての点に言及したベテランのThもあった。実際の場面においてThはClのさまざまな表現にセンシティブであって、それぞれのケースに応じて柔軟性のある見かたをしているのであろう。

しかしながら、着目点が大きく分かれた作品も多い。Thが注目する点が異なればその反応や対処のしかたも変わってくるであろう。その状態はケースによってさまざまであるが、着目点が大きく分かれるものにP-6、8、10、14などがあった。

P-6において対立をみる人と、ひかり号に着目する人とでは感じ方がどう違うのか？　特にV群はほとんどがこの2点のうちのいずれかに注目している。P-8では中央の戦いと、逃げていく動物群とのどちらを主として見るのか？　P-10では動物の混乱そのものをとらえる人と、隅の方にいる1頭のパンダに救いを見る人とではClに対してどのような反応の違いを示すのであろうか？　P-14でも怪獣の戦いに注目するのと、中央の城に注意を向ける場合の2通りがある。これらに関してその意味をとらえるためにはSub.からのさらに詳しいコメントが必要であるためここでは考察しない。しかし、同じ作品を見ても着目する点が人によってはっきり異なるものがあることがわかった。

　また、同じような玩具が置かれている中で、ある人はなぜキリンに、あるいは果物に、また特定の建物に着目するのであろうか。これらはやはりその人特有の感じ方によってとらえられたものであろうと思われる。

　着目点がそのThにとってどのような意味を持っているのかを追求するなら、Thとしてのその人の感受性をとらえていけるであろう。そして、このようにして得た実験的なレベルでの着目点の相違が、それぞれのThの治療の実際とどう関連するのかは、今後さらに検討を重ねたい。

第4節　要約

　本研究は治療の実際にきわめて重大な影響を及ぼすと考えられるセラピストの感受性をとらえ、治療の過程におけるセラピスト側の要因を把握するための基礎的な資料を得ようとしたものである。

　そのために25名のセラピストに対し、20個の箱庭作品について、「健康度」「発展性」「治療の必要性」「好悪の程度」および「感情」「意図」「問題」の了解度についての評定を依頼した。

　その結果、得られた資料を次の方法によって考察した。

A）被験者（セラピスト群）のキャリア、性別、タイプ特徴が評定傾向といかに結びつくかを考察する。

B）「健康性」「好悪」に関して被験者間の相関より主成分分析を行って、被

験者のグルーピングを試み、その結果よりセラピストたちの評定傾向をとらえる。
C）評定の分布状況や、各項目における作品の得点順位などから、特徴的な作品が被験者たちによっていかにとらえられているかを考察する。
D）作品を見る際の着目点についても考察する。
結果は次のとおりである。
A）経験者群は多くの作品に対して肯定的で了解度も高い。それに比し、初心者群は比較的否定的であり、初心者はそれなりに自らの許容量を守っているようであった。特に「好悪」尺度においてこの傾向が著しく、ノーマルな人の作品が経験者群に好まれた。

　性差では、男性セラピストが比較的女性的なものや、かわいらしい作品を肯定的にとらえ、女性セラピストは戦いのテーマなど、アグレッシブなものをよしとする傾向があった。また女性は荒れた作品に対する許容量が男性に比べて大きいようであった。

　タイプ特徴では、非合理群が合理群よりも作品を肯定的にとらえ、許容量も大きく、動的な表現をより好ましいとした。また、外向型の人は攻撃的な表現に好感は持ちながらもこれを問題視し、その統合に期待をかけるが、内向型の人は戦いのテーマなどにはきわめて肯定的であった。

B）主成分分析を行った結果、「健康」で6個、「好悪」で7個の主成分を得て被験者がグルーピングされた。各成分を説明する特徴として次のような点があげられる。
- 「動」（あるいは「静」）肯定型およびその逆の型があること。
- 全体として作品をポジティブにみがちな楽観型（許容量大の型）、ネガティブにとらえがちな懐疑型があること。
- 標準偏差が大で好き嫌い（あるいは健康度の判断）の差が著しい群とそうでない群があること。

　また、タイプとの関連においては、2尺度とも、感覚スコアの正負が影響しているようであった。さらに主観的な尺度の「好悪」において、タイプや性差などセラピストの主な要素がグルーピングに関連深いようであった。

C）7項目のうち、「好悪」と「健康度」は評定の幅が広く、信頼性も高いものであった。また、「発展性」「治療の必要性」では、高めの評定がなされることが多く、セラピストたちの治療的な態度がうかがわれた。

　作品の得点順位からみると、戦いのテーマや子どもの作品が肯定的にとらえられ、領域の分割のあるものやアグレッシブな表現は非常に「よくわかる」とされた。また、全体としてノーマルな人の作品は肯定的に、統合失調症の人の作品などは否定的で不可解なものとしてみられ、箱庭作品のある程度の診断性が把握された。

D）作品に対する着目点では、テーマ型、印象型、部分型などのパターンがみられたが、概してセラピストたちはそれぞれの表現に応じた柔軟な見かたをしているようであった。

以上、セラピストの感受性を実験的に把握しようとした本章の研究は、被験者の数も少なくまだ十分なものではない。しかしながら、セラピストのものの見かたにおける種々の傾向についてある程度の問題を提起しえたと考える。

　セラピストが自らの傾向や癖、可能性などを知ることは治療の実際場面に臨む際に役立つ1つの武器となろう。

注1）セラピスト……Th　クライエント……Clと略
注2）第III部第9章
注3）初心者のキャリアを3年以内としたのは、箱庭の作品を見る場合、ある程度の理論や実際を知っている必要があり、全く未経験な人では評定が難しいと思われたからである。
注4）何らかの問題を持っており、治療に来談している人。
注5）ベテランのTh男女各1名、初心者1名、および筆者の4名。
注6）各作品につき、動的（D）、静的（S）、どちらでもない（M）の判断を10人のセラピストにしてもらい、8割以上判断に一致をみた作品をD、Sの作品とし、作品をみる際のひとつの基準とした。
注7）この作品のみ例外として、Sub.に作品のテーマを情報として与えた。
注8）偶数段階にしたのは、「了解」において、「どちらともいえぬ」とした場合、「わからぬ」との区別がつかず、そういうレベルが存在すること自体疑問であるからである。
注9）参考とするため、P-2、7、8、11、13の5個について、V群のSub.に口述

注10) 第Ⅱ部第7章のものと同じである。
注11) 男性……M群、女性……F群とする。
注12) 項目間の関連をさせなかったのは、7つの項目がいわゆる「対形容詞」でない、特殊なものであったため、関連させることにあまり意味がないと思われたからである。
注13) 信頼性をみるため、V群、B群より各1名のSub.に4～5か月後に同じ評定を依頼した。その結果、V群のSub.においてはどの項目にも分散に差はなく、B群のSub.においては「発展性」尺度においてのみ有意差が生じた。また、1回目と2回目の相関については、両Sub.とも「健康」「治療の必要性」「好悪」の3項目においてきわめて高く、これらについては信頼性が大きいと思われた。
注14) 雑然とした―まとまった、不安定な―安定した、不調和な―調和したetc. まとまり、安定を表す。
注15) 寂しい―にぎやかな、貧弱な―豊かな、空虚な―充実したetc. 豊かさ、量、動き、充実性を表す。
注16) 女性的―男性的、浅い―深い、小さい―大きいetc. 大きさ、強さを表す。
注17) 開放的―閉鎖的、かたい―柔らかい、こせこせした―のびのびした、緊張した―くつろいだ、不愉快な―愉快なetc. 感情、緊張、態度などを表す。
注18) 発展性だけに限らず、子どもの作品はどの尺度においても肯定的にみられがちであった。しかし、単に子どもであるということで、ケースを安易なものとしてとらえてしまう危険性もあると思われる。この点について、文献107に、プレイセラピストに対する考察として述べられている。
注19) P-5を引き受けたくないとした人　11名（44%）
　　　P-15を引き受けたくないとした人　17名（68%）
注20) P-10を引き受けたいとした人　14名（56%）
　　　P-19を引き受けたいとした人　19名（76%）
注21) 統合失調症者に対する箱庭療法のケースは文献62、70、137などにみられる。統合失調症寛解期のものが多い。
注22) 主成分分析子ども型の人たち
注23) Trickster……一種の悪者、いたずら者といえるものである。統合性や安定性を崩す役割を持ちながら、次いで高次の統合性へと促すもととなりうる。（文献62）
注24) ただし、この作品のみ、例外としてテーマを情報に与えているため、その影響も見逃せぬと思われる。

第III部
事例編

第Ⅰ部、第Ⅱ部においては箱庭療法の位置づけや理論、および研究的試みについて種々のデータから考察してきた。
　第Ⅲ部では、筆者自身の実際の治療事例をとりあげ、治療の中での箱庭表現の展開と、セラピスト―クライエントのかかわりの実際について述べる。
　はじめにも述べたように、筆者は心理治療者としてスタートし、その立場で箱庭研究を進めてきた。研究のための資料集めやその整理には、労多くして、個々の表現に深くかかわれぬむなしさを感じることもある。お互いに唯一無二の存在となるまでに関係の確立したクライエントが、深い意味を秘めた表現を見せてくれ、それを感じとれた時の感動はなにものにもかえがたい。その意味でも、筆者がこれまでに体験した中で印象深い事例をとりあげたい。これらの事例を持ちながらであってこそ、第Ⅱ部で述べたような研究的試みが筆者の中で生命を持ってきたのであると言える。
　ここではまず、出会いから治療の終結までをたどった3つの事例をとりあげる。
　箱庭療法といっても、箱庭作りのみが行われるのではなく、遊戯治療やカウンセリングのプロセスの中で、表現意欲に応じて折にふれて作られていく箱庭に注目していくものであることはすでに述べた。そうした意味で、治療過程の中で箱庭表現がどのようになされ、考えられていくのかの例にもなるよう、3つの事例はそれぞれ特徴的なものを選んだ。
　1つには、毎回同じパターンの箱庭を作り続けた自閉傾向児（第9章）、また治療過程の中で折に触れてたいへん適確な絵や箱庭の表現を見せてくれた遺尿症児（第10章）、さらに、長い遊戯治療の終わりに、たった1つの、最初で最後の箱庭を作った多動児（第11章）である。クライエントの箱庭の用い方という点でも、また心理治療としても、これらの事例はそれぞれ特徴的であり、興味深い展開がみられたものである。
　さらに最後には自己理解のための箱庭制作の実例をとりあげる。クライエントという立場にならなくても、自由で適切な自己表現は十分に治療的であり、その人の成長の助けとなる。第12章では20歳の若い女子学生たちの箱庭制作を通して得た自らへの気づきについて考察する。

第9章
自閉傾向児の箱庭表現
―その固執傾向の意味―

はじめに

　本事例の主人公Y少年は、筆者が臨床をはじめて最初に出会ったクライエントである。一種独特の雰囲気と固執傾向と対人障害を持ったYを初心者のセラピストである筆者は正直のところ奇異にも感じ、その不可解さに頭をかかえこんでしまうことも多かった。Yの気持ちに少しでも近づこうとし、働きかけようと思い、応答してみるが、どうしても彼を感じることができぬもどかしさは、それが全くはじめての事例であっただけに、さまざまなことを筆者に考えさせることになった。第Ⅱ部第8章で述べたセラピストの感受性の問題も、このケースの体験が動機づけになったものである。Yは毎回同じパターンの箱庭を作り続けた。直接コミュニケートできぬセラピストはこの箱庭表現にかかわるしかなかった。

　本ケースはYの、70数回にのぼる箱庭作りの記録である。自閉傾向児の著しい固執傾向が箱庭表現の中にストレートにみられた事例としても特徴的であり、箱庭作り自体が、反応の少ないクライエントとの、非言語的な対話になり、クライエントの状態をおしはかるのに役立った事例である。

第1節　事例の概要

クライエントについて

　Y児、初回来談当時小学校1年生。両親と3歳年下の妹との4人家族である。出生時には異常なく、身体的にも問題なく丈夫に育ち、体格も良い子どもで

ある。母親によれば、Yは小さい時から同じ道を通ることに固執したり、眠る前にいつも同じ順序で玩具を並べたりする習慣があった。集団生活に入ってから他の子どもとの違いが目立ちはじめ、社会性がなく、友だちと遊べないうえ、人と手をつなぐことも極端に嫌うなど、変わった行動が目立ってきた。幼稚園の先生に、こんな変わった子どもははじめてだと言われ、母親は非常にショックを受けた。小学校入学後も同様で、情緒的な反応、言語に乏しく、学業成績も悪い。考え方、感じ方が紋切り型で固く柔軟性がない。例えば、国語の時間に、教科書に出てくる主人公が、どんなふうに勇敢だったかとか、えらかったかと問われても全く答えられず、「えらいと書いてあるところがない」とくり返すばかりであったといったエピソードがある。したがって国語は、漢字の書き取り以外は全くできない。その半面、地図、鉄道、時刻表、カレンダーには強い興味を持ち、それらに関する関心と知識はきわめて豊富である。なにも見ずに大まかな日本地図をすらすらと書き、1度行った土地までの駅名は決して忘れず、過去および未来の2〜3年にわたる日付、曜日には不可解なほど通じている。心身ともに健康で社交性に富む妹の成長を見るにつけ、両親の心配は大きくなった。そして、いろいろと調べた結果、Yが自閉症児にちがいないと確信して相談室に来談するに至ったのである。

家族について

　父親は会社員。おとなしい性格で人づきあいが苦手である。能力的には高く、会社ではコンピューター関係の仕事をしており、そうした性格や興味の持ち方などではYに似ている。父親自身、Yは自分の小さい頃に似ていると言っている。しかし無関心、冷淡な父親ではなく、Yのためにいろいろ心を砕いている。人づきあいは不得手ではあるが、少しでもYを外に出そうとカブスカウトに入団させ、日曜日には自らも父親グループに参加して活動をするという一面もある。

　母親は、知的で、キビキビした行動力のある人。多弁でいつもにこやかな笑顔であるが、その表情はぴんと張りつめたような固さを感じさせる。結婚前、教員をしており、Yを出産した時、はじめてのわが子を理想的な息子に育てようと思ったとのことである。そんな母親にとって、幼稚園の先生から

「こんな変わった子ははじめて」と言われた時のショックは大きかった。子どもへの接し方は優等生といった感じの母親であり、主婦としても手ぬきはせず、なんでも手作りで、かつ合理的な生活をすることをモットーとしているエネルギッシュな女性である。妹はごく普通の女の子として育っている。おしゃまで利発な少女で、活発で友達も多く、リーダー格である。Yに対しては、その地図やカレンダーに対する博識ぶりに敬意を払っており、兄として尊敬している様子である。

　Yの一家は、父親の転勤でしばしば転居してきた。Yは東京で生まれ、これまで2度の転居があった。ただでさえ他児に親しめないYは、こうした生活環境の変化の中で一層孤立する子どもとなっていったようである。

治療状況
〈期間〉
- 小学校1年生11月より2年生4月まで13回、Tセラピスト[注1]によるプレイセラピィ。

以後、筆者が引き継ぐことになった。
- 小学校2年生4月より、5年生3月まで4年間76回、筆者が本児を担当して遊戯治療を行ううち、前半の2年間は母親にも別のカウンセラー[注2]がついて併行して面接が行われた。
- 前半は原則として週1回約50分。後半は終結に向けて月2回ほどのペースで行っている。

〈場所〉
　大阪市立大学　プレイルーム

第2節　治療過程

　筆者が本児を担当するまでに前セラピストが行ったプレイは13回である。Yはその第3回目より箱庭を作りはじめている。Th[注3]の個人的理由（出産）のため、筆者がバトンタッチしてから後の4年間、76回の遊戯治療でもYは毎回必ず箱庭を作った。その著しく固定したパターンが本ケースの特徴となって

いる。4年間という治療期間は非常に長く、毎回の記録を述べるわけにはいかぬため、その経過を5期に分け、各期ごとに要約しつつ述べていきたい。

第1期（小学校1年生10月～2年生4月までの13回）

　筆者がThになるまでのTセラピスト担当の期間を便宜上第1期とした。自閉的な子どもは最初に体験したパターンに固執し、柔軟な行動変化がみられないと言われる。Yの場合も、この最初の時にできた行動パターンが、以後数年続くことになる。この時期の様子はTセラピストの記録より要約した。
〈セラピスト交代までの13回〉
　はじめてプレイルームに入ったYは、入口近くにたたずみ、壁に向かって、あたかも前方に大和平野が広がっているかのように両手を動かし、指さしながら、その地形、鉄道などについて語った。事実にもとづく知的な話題がほとんどで、その範囲内ではThの問いに答える。しかし、聞き手を意識している話し方ではなく、Thの方を見ることもない。話しぶりは一本調子で淡々としており、会話ではなく、自分の頭の中で既知の事実を反すうしているといった感じである。箱庭を置きはじめてからは、制作にきわめて熱中したが、回を追うに従って、構図も、構成の仕方も、使用する玩具も、非常によく似たものとなってくる。自動車、交通標識、神社仏閣が毎回使われ、後方に2つの山、前方に2つの海がある。右側の海がいつも少しばかり広く、2つの海の間に横たわる土地を自動車の列がきちんと左側通行で走っていく（図9-1にみられるパターン）。また、プレイルームでの、箱庭制作の位置が初回から決まっており、砂箱や玩具が他の場所にあると、まずそれを直してからでないととりかからないYであった。

第2期（第1回～第14回）
〈第1回〉
　筆者担当の初回である。やむを得ぬ事情で治療を引き継ぐ場合、渡す側と受けとる側の気持ちは複雑である。本ケースの場合も筆者にとって全くはじめてのケースになるだけに不安も大きいものがあった。しかし、引き継ぎはごくあっさりと行われた。前Thが交代（無論あらかじめ予告はしてあった）を

第9章　自閉傾向児の箱庭表現

告げて筆者を紹介しても、Yは眉ひとつ動かさず、視線をそむけたまま全く表情を変えなかった。プレイルームで筆者と2人だけになっても、Yはずっと前からそうしていたかのように黙々と同じ位置で箱庭を作り、地理、鉄道、湖の水位などについて語り続けたのである。側にいるのが誰であっても、彼にはなんの影響もないように思われた。この回の箱庭は、Yのそれまでの作品と変わらない。Y字形に流れる車の列、動きを規制している道路標識、左隅には神社仏閣があり、左右に1人ずつ大きめの警官人形が少し唐突な感じで置かれている。以後、人物はずっと後までほとんど出てこない（第1回、図9-1）。初回のYの印象は次のようなものである。年齢のわりに身体は大きく大人びた感じである。自分の関心の範囲内であればThの問いに答えるが、その際も視線をあわせることがなく、彼の目はどこか遠くをみつめている。その目と動きのない表情から、筆者は"はにわ"を連想した。

図9-1

〈第2回～第7回〉

　第2回目、なにを思ったか、Yは作りかけの箱庭をこわし、この時1回きりではあるが、はじめて箱を縦に使った。そして第7回目までに、やはり同様の彼のパターンの中で、それまで毎回あった「2つの海」と「交通標識」がなくなり、置かれる玩具の数が減少して、作品はやや貧困になってくる。制作時間がきわめて短く、箱庭が最も貧困だった第5回、置かれたものは車の

175

列と神社仏閣のみであった。このとき、車の列から離れて、たった1台だけ他の方向へ向かうガソリン車があったことが印象的である（第5回、図9-2）。どこへ行くかはまだわからないが、今後の彼の進む世界を暗示しているのではないかと思われた。そして箱庭の制作時間が減少した結果、余った時間に彼は少しずつ、黒板に地図を書いたり、水遊びをしたり、床に水をまいて「お掃除」してくれたりするようになる。はじめは誘っても箱庭以外には手を出さなかった彼の行動範囲が、プレイルームの全域にわたるようになった。

図9-2

〈第8回〉

　Yにとって著しい変化がみられた。それまで不毛であった山に木が生えたことである（第8回、図9-3）。「山のふもとはみな田んぼ。山の上から川がたくさん流れてきて大きい川にそそいでいる」と言いながら、山から幾筋も指で線を引く。ふもとには村ができ、国道が山の上まで伸びていく。それから彼は急に立ち上がり、木を手にとって、「山に木が生えてきた。たくさん生えてきた」と言いながら熱心にそれを植えはじめたのである。ほとんど植物を使うことのなかったYが、この時は花壇まで置き、箱庭ははじめて緑のある色彩豊かなものになった。木が「生えてきた」と自ら表現するYに「成長のはじまり」が感じられた。この回より彼は再び箱庭のみに熱中するようになり、以後、木はしばしば使われるようになった。

第9章 自閉傾向児の箱庭表現

図9-3

〈第9回〜第12回〉

　木の生えた山、国道、村、神社仏閣というパターンが続く。第10回、第11回目に、「これ高圧線。さわったら死ぬ」と言い、タイルや割り箸を砂の上につき立てたのは、自分の変化に対するある種の危機感であろうか。しかし、その高圧線も第12回には「山の家に電気を運ぶ電信柱」に変わり、その回はじめてYは箱の左隅に、3頭の牛のいる牧場を小さく作った。そして夏休みを控えたある日、Yは突然Thの顔を横目でのぞきこみ、「お手紙出そうかな、名前なんていう？」と尋ねた。これは彼がはじめてTh個人に関心をもち、話しかけてくれた言葉であり、Thには非常な喜びであった。夏休み中、彼は郷里の北陸の町から絵葉書をくれた。

〈第13回〜第14回〉

　夏休みが終わって来談したYは日焼けして体も大きくなり、健康そうである。この2回は、50回におよぶ本ケースのうち、車の列のパターンが崩れた貴重な回である。夏休みに行った田舎の海辺の風景と、その近くの町（第14回、図9-4）がそれである。自動車のそれぞれに動きがあり、「列」ではなく、解放されて走っている感じがする。久しぶりに置かれたガソリンスタンドでも給油が行われ、まん中に流れる川には橋がかかって、左右の世界をつないでいる。彼にしては非常に珍しいこの2回の作品は、しかし他の回のものに

図9-4

比べ、構成がやや荒いように思われた。

第3期（第15回〜第27回）

　プレイルーム内での行動は固く、紋切り型で、意欲も低下する。しかし外界での行動に変化がみられた時期である。

〈第15回〜第20回〉

　この頃から後、かなりの期間、プレイ場面でのYはきわめて固く、箱庭も全く固定したパターンのものばかりを作り続けるようになる。作り終わるとすぐ帰ってしまい、制作時間も、プレイの時間そのものも短縮されていく。第16回、たまたま見つけた蛇を非常に恐がり、アフリカのどこかで大勢の人が爆弾でたくさんの蛇をやっつけたという話を変に力んでしたのが奇妙に印象に残った。

〈第21回〜第23回〉

　固定したパターンの中で、車の列はひどい交通マヒを起こしている。以後しばらく続くぎっしりの車の列は、強迫的な印象が強い。作品自体はカラフルできれいなできではあるが、きゅうくつでゆとりが感じられない。来談意欲も次第に薄れ、学校が忙しいからと休み、母親のみが来所されることもある。ところが、このようなプレイ場面での状態とは逆に、母親の報告によれ

ば実生活では著しい変化がみられたとのことである。学校生活への興味が出てきて、学芸会にもはじめて出演し、友達が誘いに来ると外へ遊びに行けるようになった。また集団生活になじませようとカブスカウトに入団させたところ、その活動も結構楽しむようになってきた。集団行動ができず、他児に声をかけられたり、誘われたりすると引っ込んで逃げまわっていたYとしては画期的な変化である。こうしたYの変化にともない、母親は面接場面で、Yのことを自閉症児だとは言わなくなってきた。

〈第24回〜第26回〉

回を追うに従って、Yはますます固く、むっつりとして機嫌も良くない。20分そこそこで箱庭を作ってしまい、急いで部屋をとび出していくYには、Thを全く寄せつけないものが感じられた。ほとんどものを言わぬか、口を開いても鉄道の話題ばかりで、箱庭も義務で作っているという感じさえする。そんな彼に、Thはプレイの一時中止を考えはじめた（第24回、図9-5）。

図9-5

〈第27回〉

この日なぜか泣きべそをかいてやってきたYに、「Y君、もうここへ来るの、飽きちゃった？」と尋ねると、「飽きちゃった」と答える。「そう、それじゃあ今月でおしまいにしたい？」「したい」「そうね、Y君が来るの面白くなかったらやめてもいいよ。今月中に考えようね」。このような会話を直接したこ

とは、Thにとって少々意外であった。しかしどういうわけか、この日Yは、終わり頃には久しぶりで機嫌が良くなり、時間もゆっくりと遊んで帰った。Yがべそをかいてきたのは、大学へ来る途中、おしっこをがまんしきれなくなって、とうとう少しおもらしをしてしまったからであったとのことがその日の母親の話からわかった。この回が何らかのかたちで転機になったようである。

第4期（第28回〜第48回）

外界での行動の広がりを続けながら、プレイルームの中でも新たな側面を開発していった時期。箱庭作りの中にThが干渉しても時には受け入れることができ、第2の箱庭の世界が作られるようになる。

〈第28回〜第33回〉

今月でやめようかと話し合った月の最後の回、セラピストはYに、「今月は今日でおしまいだけど、来月からはどうしよう？」と尋ねた。すると彼は意外にも、妙にもったいぶった様子で、「春休みまであと2〜3回は……」と答えたのである。新たな来談意欲を自ら表現したこの言葉は、非常に印象深いものであった。それからのYはたいへん機嫌が良く、Thに笑顔をみせて話すことも多い。制作の時間も再び長くなり、それまでは触れるのもいやがっていた怪獣を、そっと手にとったりすることもまれにはある。第33回目のある日、彼は以前Thの名前を尋ねたときと同じように、Thを横目でのぞきこんで、「あなた、どこから来ているの？」と問いかけてくれた。彼がプレイ場面でThに対して個人的な興味を向けた2度目の発言である。そして帰り際には、ドアのところに立って見送っているThをふり返り、ちょっと手を上げ、小さい声で「バイバイ」と言ってくれる。そんな彼には子どもらしいかわいらしさが感じられ、Thは非常に嬉しく思う。しかしこの間の箱庭はやはり固定したパターンのもので、車の列もかなりの交通マヒである。変わり目にみられる作品の変化といえば、それまでは右に置かれることが多かった神社仏閣が左へ移ったことがあげられる。一方母親面接では、それまではYの日常のことについてだけしか話されなかった理性的で防衛的な母親が、この頃からやっと少しくだけて、自分自身のことも話すようになる。結婚前は教員をして

いて、子どものことに関しては自信があった。それでこの子を理想的に育てようと思った、と話され、Yが変わった子だと気づいた頃のショックについても話題になった。このころ母親自身が忙しいことが多く、Yが1人で来所することも多くなる。母親の忙しさは事実であるが、担当のカウンセラーとしては、やっと母親本人のカウンセリングらしくなりつつある時に、当人が休みがちになったことを残念にも思い、またそれがこの防衛的な母親の難しさであると痛感した。Yが外でいろいろと頑張っている時でもあり、今無理をしてこの母親にアプローチすることはひかえる方針をたて、Y中心に治療を進めていくことにする。母親としては、Yがカブスカウトの活動にも適応し、調子がいいので、来談は特に必要ないと考えてもいる。しかし全く終わりにして関係を切ってしまうのは不安であるので、Y自身の判断にまかせたいとのことであった。学校やカブスカウトで友達ができたYは、自分の誕生日に、自ら招待状を出して10人ほどの子どもを家に呼び、パーティーをした。Yが他児を家に連れてくるのはこれがはじめてであり、母親はやや戸惑いながらもたいへん嬉しそうであった。

〈第34回〜第39回〉

このときより新しく用意した汽車、電車の玩具が気に入った様子である。いつものパターンを作った後、それを持ってうろうろしはじめたYをみて、Thはなんとなく、「Y君、それ、こっちにも置けるよ」と、もう1つの砂箱を指

図9-6

さした。すると彼は意外なことに、しかも、嬉しそうに、「やってみようかな？」とつぶやいて、第2の箱庭を置きはじめたのである（第34回、図9-6）。彼は第2の世界ではほとんど砂に触れず、汽車、電車、飛行機をポンポンと置き、「操作場」と「飛行場」だという。第1の世界の巧みな構成に比べ、彼にしては無雑作で、飛行機などはまるで墜落しているようにみえる。その後、箱庭を毎回2つ作ることはYの新しい「おきまり」になった。

　第37回、Y字型にぎっしりと車を並べて第1作目を作っているYに、「自動車、いっぱいできゅうくつそうね、もう少し違う道は走れないの？」と話しかけた。すると彼は「そうだね」と答えて、素直に車を少し移動させ、「ここは車がよくすいている」と言う。彼の作るパターンにはっきりと干渉したのはこれが最初であったが、そのタイミングは自然で、Thに対して気持ちを開いてくれているYが感じられた。この回、車の流れはそのために3筋になり、間隔もゆったりしたものができあがった。39回のころ、郷里の祖父が亡くなり、Yの一家は葬儀に帰省する。その後しばらく「死」に関する話が多くなり、いろいろな事故や事件のことがしばしば話題となった。

〈第40回～第42回〉

　Yの第2の世界が少しずつ開拓されはじめる。第40回には数回続いた第2の世界にはじめて家が置かれた。続く41回には第2の世界の汽車と電車が半円形に置かれて円の中心に小さい山が2つ作られた。Yははじめ、その山にトンネルを作って新幹線を通らせようと努力する。山の裾野にあたるところにひかり号を突きさして、トンネルから出てくる感じにしてみたりするが、イメージどおりにいかないらしくトンネルはあきらめてしまう。この数回Yの来談意欲が再び減少しつつある。新しい世界を徐々に開拓していきつつあるが、それはまだまだ困難であり、Yは第2の世界を前にして、あらためて不安を感じているかもしれないとThは思う。この頃、母親はYのことを自閉症児であるという見方をすっかり捨ててしまったようである。Yに関して、言葉や行動での感情表現に乏しく、性格的にも固くて変わり者だとは思うが、「うちの子はまだ幸せ」だと言う。「自閉症の子を持つ親御さんは……」という話し方をし、自らを"自閉症児の親"とは距離のある存在にしているとのカウンセラーの印象である。母親自身の問題はなかなか深まらぬが、Yに対

する見方がごく自然に変わったこと自体、この母親にとっては、かなりの変化であるといえる。

〈第43回～第48回〉

このころ来談意欲がまた高まり、箱庭作りも意欲的になる。第43回、第1の世界では、珍しく神社仏閣が右側の木に囲まれた山の中の奥深い感じの位置に作られ、さらに第2の世界では、ひかり号が箱の枠をはみ出し、外へとび出そうとしている感じになる（第43回、図9-7）。第2の世界が動き出したようである。その後、第44回には、第2の世界に飛行場ができ、それが次の回には、第1の世界の隅に入り込んでくる。その間しばらく第1の世界から樹木が姿を消し、

図9-7

第47回になるとそれまで第2に置かれていたひかり号が第1の世界の車の列とともに置かれた。このころ、Yは箱庭作りを終えると、ボーリングやパチンコのゲームに興味を示すようになる。Thを相手に競いあうというふうではなく、一方的に自分がプレイするのであるが、きわめて熱心に、「やった！○○点」と大声をあげる。1年生のころまで、Yはゲームをしてもその勝ち負けがわからず（というよりも、勝つということがどういうことかわからない。勝つ→うれしい、負ける→残念、が理解できなかったらしい）、興味を示さなかった。今、少々異様なほどゲームに熱中するYは、どこかで発達がせきとめられていた子どもが、遅ればせに急にゲームに関心を持ち、幼児が熱中するような単純さで興じているようにみえた。

また話題は、これまでの地理や時刻表などのみでなく、人間の登場する世間でおきたさまざまな事件にも及んでくる。それに関連して人の死というこ

とにも強い関心を示す。しばらく前、グアム島でみつかった横井庄一さんのことに非常に関心がある。

Cl 「日本は戦争に負けたから狭くなった。勝ってたらもっと広くなっていたかなあー」

Th 「でも勝ってたら、今でも軍隊が残っていて、兵隊さんが頑張ってるかもしれないよ」

Cl 「いやーだねえ。兵隊さん、なんであんなのになるんだろう。横井さんは28年間兵隊さんで、日本へ帰ってきた。骨になって帰ってきた人もある」

Cl 「おじいちゃんは90歳まで生きた。去年死んで火葬場で焼いてしまった。だからこの前は年賀状、出せんかった。どうして人が死ぬと年賀状、出さんの？」

Th 「家族が死ぬと悲しいでしょう。お正月はおめでたくて、年賀状はそのあいさつでしょう。だから、悲しいのにおめでとうって言うのはおかしいから」

Cl 「子どもも、赤ちゃんも死ぬことあるんかな？　赤ちゃんが死んでも焼くのかな？」

　かつてのYにしては珍しい、こうした話題が増えてくる。

〈家庭訪問〉

　Yが4年生になる春休み（プレイ46回と47回の間）、Thは招待されて、はじめてYの家を訪問した。この日はYの10歳の誕生日でもあった。平日であり、母親とYの妹のJ子が筆者を迎えてくれた。社宅の団地で、部屋の中はゴミひとつなく、明るくたいへんさっぱりしている。Yはその日の朝から、先生が来るからと一生懸命掃除をしたとのこと。母親の手作りのショートケーキにろうそくをたてて4人でパーティーである。トランプをしたり、Yが作った来年のカレンダーをみせてくれたりする。家庭でのYをみるのははじめてであったが、むしろプレイルーム内でのYよりも奇妙な固さが印象に残った。訪問したセラピストへの照れのためであるかどうかはわからないが、母親の言葉に対しても、「はい、はい」とか、「そうですね」とか応答しているYはやはり妙な感じがして、行動面で発展はみられたものの、根本的な性格面の固さを気にしている母親の心配がよくわかる気がした。

第48回目、前回ひかり号が第1の世界に入ってから、また箱庭は1つである。この日は久しぶりで交通標識が置かれたが、それは1つを残して箱の枠外に並べられた。できあがった表現自体は簡単なものであるが、Yの態度はかなりノーマルな印象で、やりとりはスムーズである。この日のカルテにThは、「Yの問題は、もう必ずしもプレイルーム内でやらねばならないものではなくなったのかもしれない」との記録を残している。

第5期（第49回～第76回）

少し遠く離れた所に転居し、学校も遅くなって来所の時刻が遅くなることがあって、この期間は月2回ほどのペースで来所している。この時期は箱庭作りは同じように続けながら、プレイルーム内での動きがThとのコミュニケーションにポイントをおくものになってきたときである。父親の転勤で一家が東京に移住するために終結になるまで、プレイセラピィの最終段階である。

第49回から52回まで、しばらく作られる箱庭は1つで、構成はあまり巧みではない。砂をよく使い、砂を運ぶトロッコが現れたりして、"開拓"がテーマのようである。箱庭作りとは別に、宇宙へ行くロケットの話に興味を持って、その発射のまねをしてみたりする。また、ピストルの玩具を手に持って、二丁拳銃のスタイルを作ったりもする。以前のYは攻撃的な玩具はさわるのもいやがったのであったが。

第53回から、また2つ目の世界も作りはじめ、2つ目の箱の、さらにその外の畳の上に飛行場を作ったりもする（第57回、図9-8）。また以前うまくでき

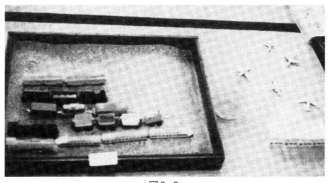

図9-8

なかったトンネル作りを再びはじめて、ついに第55回目には、第1の世界の右側の山の裾野にボール紙で作った円筒をさしこんで、その中を小さい列車が通れるようなトンネルを完成した。

　第57回からは、久しぶりで山にたくさん木が植えられ、さらに「ブタをここへ置こう。村でブタを飼っていることにしよう」と、右側の山のふもとの村へブタと牛をたくさん置く。このころ、ルバング島でも生き残っている日本人がいることがわかって、小野田さんへの関心も強い。

Cl 「横井さんは帰ってきてから〇〇病院へ3か月くらい入院した。小野田さんもみつかって帰ってくると入院するんかな？」
Th 「横井さんはこんどお嫁さんもらうね」
Cl 「小野田さんもみつかって帰ってきたら、結婚する。そして新婚旅行にルバング島へ行くよ」
Th 「いや、ルバングへは行かないと思うね。でも小野田さんみつかるかしら？」
Cl 「みつかるよ。きっと」
Th 「でも、かくれてて自分から出てこないとわからんかもしれん」
Cl 「そんなことない。きっとみつかるよ」

　死んで骨になることへの関心も高いが、生き残ること、見つかって人間の世界に戻ってくることへの関心が高いことがThには嬉しかった。

　第61回には、山の中腹に小さいスキーヤーが1人置かれた。人物は初回におまわりさんを2人置いたのみであったが、今回の人は、スキーで自由に滑り、楽しんでいる人であることが興味深い。クリスマスの近いこの日、Clはクリスマスカードを「プレゼント」と言ってThにくれた。ボーリング、バスケットボールなどのゲームもしばしばThを相手にする。このころになると、Thと交互にプレイをして点数をつけ、勝ち負けを競えるようになった。

　箱庭の方は67回目に、2つめの箱に大きなショベルカー（ミニカーではないもの）を1台ドンと置いただけで、あと最後まで1つのみが続く。パターンはほぼ同じで、安定したものである。後方に緑の木が生えた2つの山、車と汽車の列の両側には村が開けている。村の部分がだんだんと近代的になってゆき、時折温泉地が作られたりもする。外界での生活も安定して特に著しい問

題もなくなってからかなり経った。また、家が遠くなり、来所時刻が遅くなって、暗くなるのを気にするため、来所意欲を直接確かめてみる。

Th 「Y君はどう？　遅くなるのは心配だし、ここまでくるのたいへんでしょう？　あなたはこれからもずっと来たいと思う？」

Cl 「来たいと思う」。Yはそうポソッと言った。

　5年生の夏休みが終わり、9月10日の第74回、夏に帰省した郷里のことを話しながら、Yはやはり熱心に箱庭を作った（第74回、図9-9、口絵参照）。右の山のふもとあたりは、もとが山でそれが切り開かれて田んぼになった。その田んぼもだんだん開けて家が建ち、村になっている。もっと手前は近代的な建て売り住宅ができて新しい人が住みはじめている。村の近くには観光客のためにホテルもできた。列車の駅もあって町は栄えている。——という箱庭の印象は明るく、開けていく世界を感じさせ、Thには終結時の表現のように思われ、次の第75回とともに、このあたりが実質的には最後になった。その後、日が早く暮れる冬の間は休みにしようとYと話し合い、翌年3月に最終回となった。Yとしては月1回くらい続けて来たい意向であったが、父親が4月より東京転勤となり、来所は不可能になったためである。最後の第76回、Yはそれが最後であるということにはなにも触れず、淡々といつものとおりに箱庭を作った。そしてその次に、床の上にプラレールをつないで、列車の走る楕円形の軌道を2つ作った。信号があり、陸橋があり、駅もある。軌道には新幹線と他の列車が走っている。なにか世界がより外に開かれたような印象をThは持った。終わってYは、いつもと同じように帰っていったのである。

フォローアップ——Y児のその後——

　Yは6年生になる4月より、東京近郊の学校に転校した。Yにとっては4度目の転居であり、せっかくの友達ができたのに、また転校して孤立するのではないかと両親は心配した。しかし、彼の成長の時期と呼応したのであろうか、今回の転校は結果的には成功であった。両親とも関西の人ではなく、Y自身も幼児期を関東で過ごしたため、Yの言葉は関西弁ではなかった。関西においてはそれが一層他児との間に違和感を生じさせていたようであった。東

京の小学校でYは友達づきあいもスムーズにできるようになり、小学校最後の年はよい思い出の残る年になったようである。

　以後Yは中学2年生までを東京で過ごした。Yが中学2年生の夏休み、家族で関西に来られた折、久しぶりでYは父親とともに大学を訪れた。2年ぶりに会うYは、非常に背が伸び、肩幅も広く、堂々たる体格の少年になっており、Thは見上げねばならぬほどであった。しかし、部屋に入ってくるなり、持参した地図を机の上に広げて、自分の住居の位置とそこへ行く交通機関の説明をはじめたYに、Thは一瞬戸惑い、なんともいえぬ気持ちになった。尋ねたことにはそのつどちゃんと答え、笑顔もみせる。言ったことには従える。だが、やはり昔ながらのある独特のものが少しも変わらずにあるのである。実生活では特に問題なく、集団からはみだすこともなく、勉強もまずまずとのことであったが――。

　Yとはそれ以降会っていない。毎年Y自身から年賀状が届き、時折母親からも近況報告の便りがある。それによると、一家はYが中学3年になる時に、郷里に帰ることになった。家を建てても再三転勤させられる会社勤めに父親が見切りをつけ、研究職が得られたのをきっかけに、郷里の町の郊外に腰をすえることになったのである。一家にとっておそらくは最後のこの転居は、家族全員が望むところであり、これでやっとYの一家は安住の地を得たようであった。Yは土地の公立高校にすすみ、のんびりした土地がらの中で、まじめに勉強して、成績もクラスで5番以内に入るほどになる。さらに高校2年生の2学期には、周囲にそそのかされ（？）て、生徒会長に立候補し、そのまじめさが受けてか、当選してしまうという事件まで起きた。親は度肝を抜かれて任期が終わるまでハラハラしどおしであったらしい。それでもYはその後も大過なく高校生活を終え、近くの工業大学に進学して現在工学部の4回生である。

第3節　考察

　Yのケースは、プレイセラピィとしての治療期間が5年間、最初からの治療回数が約90回ときわめて長いものである。

しかも現在に至るまでに十数年の時を経てきている。担当当初筆者は全くの新米セラピストであり、このケースの展開をさほど特別なものとは思わなかった。ただ一生懸命Ｙの表現をみつめ、ともに味わおうとしていた。しかし十数年を経て、その後他の多くのケースを経験してきた現在、Ｙの事例が、一般のセラピィの中でもきわめて特異なものであるということがわかってきた。本ケースのプロセスを要約するのは難しい。治療経過でごく簡単に述べてきたもので、全体の流れやイメージが伝わるかどうか疑問である。そして過程の考察も非常に困難であるが、ここにいくつかの点からの考察を試みたい。

クライエントに関する診断的側面

治療をはじめる際、そのクライエントが診断的にどのようなカテゴリーに属するかをある程度把握しておくことが、専門家としてのセラピストには必要である。しかしＹのケースの場合、そうした診断的見解は、セラピィの方向づけや展開にほとんど役に立たぬように思われる。その診断的見解については、初回来所当時、母親と本児に面接した山松[134]は、アスペルガー型自閉症児であろうとの見方をした。現在、自閉症に〜タイプという分類概念はあまり使われず、自閉症の病因論もさまざまであり、また症児の状態そのものも変化してきている。しかし本児の場合、筆者もまたアスペルガー[8]（Asperger, H.）の言う自閉的精神病質の概念でまとめられる症候群がその病態をとらえるのに最も適当であると考えている。カナー[50][51]（Kanner, L.）の命名による早期幼児自閉症に対し、アスペルガーは、自らの言う自閉的精神病質の概念を説明する際に両者を比較して次のように述べている。「類似点——外界との関係ならびに自分自身に対する関係の障害、活動性の障害、常同性への栓塞、伝達の手段としての言語の欠如または制限。相違点——早期の幼児自閉症は全体ならびに部分的な障害が重く、社会適応の見込みが薄い者が多い。それに対して自閉的精神病質は性格の偏倚であり、かつ平均を越えた知的能力を持っている者が多く、したがって社会適応が可能となる例が多い[33]」。Ｙの場合、来所当初の時点においては、類似点にあげられる傾向が強くみられ、それらのいくつかを残しながら、彼なりの社会適応をなしとげて現在に至っている

といえる。

　初対面のYの印象は「はにわ」の目であった。そしてその印象は残念ながら現在まで変わらない。中学2年生の夏休みに再会した時のYもやはり"はにわ"の少年であった。彼の独特な一本調子の語り口、奇妙にていねいな言葉使い、固執癖等々……彼の状態は性格神経症(注4)と言うのが適当であると考える。筆者にとってはじめてのClのYである。現在まで十数年のつきあいであるが、いつまでもフィーリングにおいて彼と同じ世界を体験していると感じられない。他の多くのClと接してきた今、それがよけいに痛感される。

変化の過程

　YのセラピィはそのThから数えると90回に及ぶ長期にわたるものである。だが実生活の面での変化にもかかわらず、毎回の箱庭作品にみられる固定したパターンはほとんど変わらない。ゆえに経過を述べるにあたっては少しでも変化のあった回をとりあげ、その相違に注目してきた。そのためにYの同パターン固執の印象が薄れがちになるが、Yの場合ほど、よく似た箱庭が終始展開された例はごくまれである。毎回の作品の傾向と主な使用玩具について表9-1にまとめてみた。

　さらにセラピィの全過程を次の5つの段階に分けて追ってみたい。
- 第1期　インテーク後、セラピスト交代までの10回
- 第2期（第1回〜第14回）　プレイルームでのYが変化してきたとき
- 第3期（第15回〜第27回）　プレイルームで固定した状態ではあるが現実の生活場面では著しく変化したとき
- 第4期（第28回〜第48回）外界での行動の広がりを続けながらプレイルーム内でも新たな側面を開発していったとき
- 第5期（第49回〜第76回）箱庭作りは同じように続けながらプレイルーム内での動きがThとのコミュニケーションにポイントをおくようになってきたとき

〈第1期〉

　聞き手を意識しているとは思えない話し方、乏しい表情のYであった。その彼がはじめて箱庭という素材を得て、熱心に取り組みはじめ、徐々に彼特

有のパターンを固めていったときである。そしてそれは、その後の彼が進むべき方向を定めた時期でもあった。

〈第2期〉

Thが筆者に交代して後、プレイルームでのYがかなりの変化をみせた時期である。セラピストを自分と共通の世界に入れてくれるまでには至らないが、回を追うに従って、Thの存在が彼の頭の中にはあるという感じが強くなってくる。これは何らかの意味でThの交代がきっかけになり、彼が第1段階を踏まえて変化の第1歩を踏み出したためであろう。第5回目に車の列から1台だけ離れていくガソリン車がそれを示しているといえる。エネルギーを積んだ車の行方にThは期待をかけた。そしてそうした自分自身の変化に対する戸惑いとある種の不安が、箱庭作りに熱中することを少しの間ストップさせたのではないかと思われる。そして第8回「山に木が生えてきた」という彼の表現とともに制作意欲が再び盛りあがって、作品は次第に充実したものになっていく。木の出現と同時にYが新たにゆっくりと腰をすえて箱庭に取り組みだしたのである。しかしまたそんな変化もYにとって危うい感じもあるのか危険な高圧線も同時に現れる。そしてこの時期の終わりの2回、車の列が崩れ、それを境にしてYは次の固定期に入っていく。車の列がなくなるということは彼にとって異常事態であり、その変化はまだ早すぎたこと、また彼の変化に対するThの期待が過剰であったことなどが原因かもしれない。しかしながら、高圧線は危険なものから、生活に必要な電気を運ぶ電柱に変わり、Yがその世界をより安定したものにしていこうとする動きも感じとれた。

〈第3期〉

構成は巧みになっていくが、車の列はひどい交通マヒが続き、プレイ場面でのYは憂うつそうで、態度、箱庭ともに固定した状態が続く。しかし外界での生活には著しい改善がみられたときである。プレイルームでの活動は一時休憩し、外界との調節をとることに努めていたようにも考えられる。

〈第4期〉

この時期は、プレイルームでも態度がほぐれ、毎回の機嫌もよく、実生活、プレイ場面ともに好ましい状態になりつつあるときである。再び来談意欲が高まり、Thとの会話も不自然ではなくなって、少年らしいかわいらしさが感

表9-1　毎回の作品の傾向

段階	回	年月日	車の列	神社・仏閣	位置	植物	動物	交通標識	海・川・湖	箱庭の数	備考
第一期	1	1969.11.28	+	+	R	−	−	+	−	1	
	2	12.5	+	+	複	+	−	+	+	1	木……大木が1本
	3	.27	+	+	複	+	−	+	+	1	木……枯木が1本
	4	1970.1.9	+	+	C	−	−	+	+	1	
	5	.16	+	+	L	+	−	+	+	1	木……枯木が1本
	6	.30	+	+	L	−	−	+	+	1	
	7	2.6	+	+	C	−	−	+	+	1	
	8	.13	+	+	C	−	−	+	+	1	
	9	.20	+	+	C	−	+	+	+	1	動物……魚
	10	4.17	+	+	L	−	−	+	+	1	
第二期	1	4.24	+	+	L	−	−	+	+	1	Thの交代
	2	.30	+	+	R	−	−	+	+	1	箱をタテに使う
	3	5.7	+	+	L	−	−	+	−	1	海がなくなり、制作時間が減る
	4	.14	+	+	R	−	−	−	−	1	制作後、水あそび
	5	.21	+	+	L	−	−	+	−	1	1台だけ他方へ行くガソリン車制作後
	6	.28	+	+	L	−	−	+	−	1	の行動範囲が広がる
	7	6.4	+	−	−	−	−	−	−	1	
	8	.18	+	+	複	+	−	+	−	1	「木が生えてくる」再び制作に熱中する
	9	.25	+	−	−	+	−	−	−	1	ようになる
	10	7.2	+	+	R	−	−	−	−	1	「高圧線」の出現
	11	.9	+	+	L	+	−	+	−	1	Thに名前をたずねる
	12	.16	+	+	L	+	+	+	−	1	高圧線は電信柱に。牛の出現
	13	9.10	−	−	−	−	+	−	+	1	
	14	.17	−	−	−	−	−	−	+	1	田舎の町。車は自由に走る
第三期	15	9.24	+	+	R	+	−	+	−	1	構成が逆もどり
	16	10.1	+	+	L	+	−	+	−	1	早く帰りたがるようになる
	17	.8	+	+	L	+	−	+	−	1	
	18	.22	+	+	L	+	−	−	−	1	
	19	.29	+	+	R	+	−	+	−	1	
	20	11.5	+	+	R	+	−	−	−	1	
	21	.12									Cl休み、母親と妹が来所
	22	.19	+	+	R	−	−	−	+	1	母、妹と3人で来所
	23	12.3	+	+	L	+	−	+	−	1	学校では良くなっている
	24	.10	+	+	R	+	−	−	−	1	来談意欲減少
	25	1971.1.21	+	+	R	+	−	−	−	1	
	26	.28	+	+	R	+	−	−	−	1	「もうおしまいにしようか」との会話を
	27	2.4	+	+	R	+	−	−	−	1	Clと持つ
第四期	28	2.18	+	+	L	+	−	+	−	1	機嫌よく、楽しそうなCl
	29	.25	+	+	L	+	−	+	−	1	来所を続けるとの意志表示をClがする
	30	3.11	+	+	L	+	−	+	−	1	
	31	.18	+	+	L	+	−	+	−	1	会話がスムーズになってくる
	32	5.13	+	+	L	+	−	+	−	1	今回より1人で来る
	33	.20	+	+	L	+	−	+	−	1	箱庭を2つ作りはじめる
	34	6.17	+	+	L	+	−	−	−	2	
	35	.24	+	+	R	−	−	−	−	2	

表9-1 続き

段階	回	年・月・日	車の列	神社・仏閣	位置	植物	動物	交通標識	海・川・湖	箱庭の数	備考
第四期（続き）	36	7. 1	+	+	R	+	−	−	+	2	
	37	.15	+	+	R	+	−	+	+	2	
	38	9. 9	+	+	L	+	−	−	+	2	祖父の死、来談意欲が再び低下する
	39	.23	+	+	C	−	−	−	−	2	
	40	.30	+	+	複	+	−	−	+	2	第2の世界に変化が起こりはじめる
	41	10. 8	+	+	複	−	−	−	+	2	
	42	12.10	+	+	R	+	−	+	+	2	人が死ぬ話
	43	.24	+	+	R	+	−	−	+	2	枠を出る「ひかり」来談意欲高まり、制作に熱中しだす
	44	1972. 1.14	+	+	R	−	−	−	−	2	
	45	2.25	+	+	R	−	−	−	−	2	横井さんの話、飛行機がNo.1へ
	46	3.24	+	+	R	−	−	−	+	2	死の話、戦争の話
	47	4.12	+	+	R	+	−	−	+	1	No.2がNo.1に入ってくる
	48	.26	+	−	−	−	−	+	+	1	箱外に標識、なにか山をこえた
第五期	49	5.10	+	+	R	−	−	−	+	1	
	50	.24	+	−	−	−	−	−	+	1	火事や事故の話、開拓の感じ
	51	6. 7	+	+	R	−	−	−	+	1	ロケットの発車をまねる
	52	7.27	+	+	R	+	−	−	+	1	ピストルにさわる、ゲーム
	53	9. 7	+	+	R	+	−	−	−	2	トンネル、ゲーム
	54	.20	+	+	R	−	−	−	+	2	タタミの上に飛行場ができる
	55	10. 4	+	−	−	−	−	−	+	2	No.1にトンネル、ボクシング
	56	.18	+	−	−	−	−	−	−	1	No.2をタタミの上に作る
	57	11. 1	+	+	R	+	+	−	−	2	小野田さんの話、よく話す
	58	.15	+	+	R	+	+	−	−	1	Thが車の列に手を出す
	59	.28	+	+	R	+	−	−	−	1	
	60	12.12	+	+	R	−	−	−	−	2	全国に新幹線が走る話
	61	.22	+	−	−	+	+	−	+	1	アポロの話、月の話、プレゼントをくれる
	62	1973. 1. 9	+	+	R	−	−	−	−	1	
	63	.23	+	−	−	−	−	−	−	1	
	64	2. 6	+	+	R	−	−	−	−	1	
	65	3.14	+	+	C	+	−	−	−	1	点数をつけてゲームをする
	66	4.16	+	−	−	−	−	−	−	1	
	67	5. 7	+	+	L	+	−	−	−	2	No.2は大型玩具
	68	.24	+	+	L	−	−	−	−	1	
	69	6.14	+	+	L	−	−	−	−	1	
	70	.28	+	+	複	−	−	−	−	1	「来たい？」「来たいと思う…」
	71	7. 9	+	+	R	+	−	−	−	1	
	72	.24	+	+	L	−	−	−	−	1	
	73	9. 3	+	+	R	−	−	−	−	1	
	74	.10	+	+	複	+	−	+	−	1	ホテル、住宅が建つ、明るい
	75	10.22	+	+	複	+	−	−	−	1	
	76	1973. 3.28	+	+	複	−	−	−	−	1	プラレール

｛ +……その玩具、あるいはパターンがみられたこと
　 −……みられなかったことを示す

｛ R……右、　L……左、
　 C……中央、複……複数

じられる。そしてこの時期の途中から、彼が2つ目の箱庭を作りはじめたことはなによりも注目に値する。第28回に固定期を脱したときから、箱庭を2つ置くようになるまでの数回の作品は、それまでとほとんど変わらない。しかし変化の過程を考察する際に、筆者があえて段階を変えたのは、その間のYの態度の変化がそれほど著しいものであったからである。それまでのThとYのつながりは、毎回、彼の作る箱庭の作品だけであったといっても過言ではない。それがこの時期に入ると、彼と会話をもっていることが楽しくて、彼が同じパターンのものを作っていても、Thにはさほど気にならなくなった。Yも同様の気分であるように見受けられ、その好ましい関係のもとで彼はThの誘いを受け入れ、第2の世界を作りはじめるようになったものであろう。またこの時期ごろより、母親がやっと少しずつ自分自身の気持ちを話されるようになり、さらにYのことを自閉症児であると言わなくなったことも注目される。母親のYに対する見方が変わったことをYがどう感じとったのかはわからぬが、母子ともにこれまでにない変化が展開されてきた。Yが自宅に友達をつれてくるというような画期的な出来事も起こる。この時期の終わり、ThはYのケースはプレイルーム内に閉じこもっている段階は終わったのではないかという気持ちになっている。

〈第5期〉

少し遠くへ転居したこともあって、来所の回数も減らし、実質的には終結に向けての準備ともいえる期間である。箱庭の中で注目されることは、砂を掘りおこしてトロッコに積むような"開拓"を思わせる表現や、トンネル作りなどが箱内で行われたことである。整然と作られた、作品として美しい絵のような世界ではなく、なにか開けていこうとする感じが伝わってくる。第67回に第2の箱に1台だけ置かれた大型ショベルカーもこの流れに属するものであろう。終わりに近くなると、同じパターンの中ではあるが、世界が少しずつ近代的な印象を与えるものになっていく。

この時期、箱庭作りをベースにして、Yは直接Thとコミュニケートすることにも関心を示し、Thを相手に本当にゲームもするし、よく話しかけ、適確に答えてくれる。プレゼントをくれたりもする。第1期には車の列を規制するようにぎっしりと並んだ道路標識が、この時期には出てこない。最後に近

い第74回、Thには終結の作品かのように思われた、ホテルのある開けゆく町が作られたときのみ、少数の標識が置かれているのも意味深い。またロケットの発射を演じてみたり（第51回、61回）、箱外に飛行場を作ったり（第54、57回）、全国に新幹線が自由に走る夢を描いてみたり（第60回）する中に"出発"のテーマが感じられ、セラピィとしてはやはり最終段階であると考えられた。南の島から現代の日本に帰ってきた2人の日本兵、横井さんと小野田さんにYは異様なほどの関心を示し、そのことをしばしば話題にする。なにがYをそれほど引きつけたのだろうか。2人は海を越え、時代を超えて現代に戻り、そして社会に適応し、結婚もした。Yもまた、自分だけの別世界から少しずつ今の人間社会に戻ってきつつあると言えはしないだろうか。そうした自分と、2人の日本兵とがどこかで重なり合い、それが強い関心となって現れたと思うのは考えすぎであろうか。最終回、箱庭の枠外に走るプラレールの列車に、Yのイメージがより現実に近づいたことが感じとれた。父親の東京転勤が直接の終結理由であるが、Thとしてはプレイの終了がこうした現実的な出来事によって実現したことを、この場合はよかったと考えている。

Yの事例における箱庭の意味

　これまでに述べたように、4年間のセラピィが続く中で、Yは現実の生活面でも彼なりの変化をみせ、Thとの関係もある程度の展開をみせた。しかしYが箱庭を作りはじめてから後、90回のセラピィで彼が箱庭を作らぬ時は1度もなく、しかもずらりと並ぶ車の列や、ほとんど毎回置かれる神社仏閣という固定したパターンは、いっこうに姿を変えない。

　問題を持たぬ人は箱庭の制作にあまり関心を向けないことが多い。また問題が解決されてきたクライエントは、回を追うに従って表現意欲が減少してくるとも言われる。また何度も作れるなら、いろいろと違ったものを作ってみたくなるのが一般的な傾向であろうと思われる。ある時、実験的に3歳から7歳の正常児約30名に箱庭を継続して作らせたところ、2回目ごろまではほとんどの子どもが作ることに非常な興味を示した。しかし、それ以降になると彼らは箱庭そのものには続けてさほど強い制作意欲をみせず、立ち会いの検査者との関係に興味を持ち、いろいろと働きかけてかかわることに行動

の主点をおくようになっていった。彼らのうちで同じパターンや同じテーマをくり返す者は、何らかの意味での問題児であることが親の報告からわかった例が多い。こうした例からみても、本ケースの場合、90回におよぶ同パターンの表現はYの内にあって恐らくは動かし得ぬなにかきわめて大きなもの（問題と呼んでよいかどうかわからぬが）を表しているのではないかと思われる。Yの箱庭の表現にカルフの言うような、マンダラや象徴性の高いものを見出すことはむずかしい。見方によっては単なる強迫的な行動の表れと言うこともできるかもしれない。強迫的に固執する対象が箱庭であったのだともとれる。しかしまた逆に箱庭という固執する対象があってこそ、4年間、90回にわたってThとつながっていけたのだと言える。自閉的な子どもの固執行動を病的な、好ましくないものとしてのみとらえ、それをとり除くことに治療の目標をおくのでなく、それもひとつの生き方なのだと認めてその中で症児の健康な部分にかかわっていくことが望ましい、と山松は述べている[134]。Yの場合も毎回の箱庭作品に、分析心理学の概念で解釈できる部分は少なくとも、その表現そのものにThは彼の人格の根本にあるなにかを感じとっていたと思う。

　セラピストが初心で、しかも箱庭表現に強い関心を寄せていたことも、治療関係の継続と展開に大きな要素となったと考える。筆者はYの箱庭表現を単なる意味のない強迫的な固執傾向の結果であるとは思わない。Yは同じパターンのものを作り続けることで安全に少しずつ自己を開拓していったのだと考えている。そのパターンを作ること、そして作るのを見守られていることに支えられながら、用心深く自らを変えていったのだと思う。毎回作られる箱庭の構成は回を重ねるに従って巧みになり、豊かなものになっていく。しかし、そのパターンが崩れた第13回、14回の構成および2つ目の箱での構成は、彼のものとしてはやや荒っぽく、あるいは貧困で粗雑なものにみえる。おきまりのパターンが崩れるとき構成力が弱まることも、Yにとってそのパターンが重要な意味を持っていることを示しているように思われる。この事例のような箱庭療法はたいへん珍しい。しかし、約90個の箱庭世界は明らかにYのある特別な内面を示しており、Thはそれを見守り続けることができた。Yの箱庭表現の意味は、そこにあると考えている。

Yの箱庭にみられるいくつかのシンボルについて

　車の列：Yの箱庭の世界において、わずか2回ばかり（第13、14回）を除いて、すべての表現に出てくる車の列の意味するところは正直なところわからない。しかしThは毎回の彼の世界の全体の感じをとらえるとともに、いつもその日の車の列の状態に注目してきた。それは多くがぎっしりと並んで左側通行を守りつつ、後方の山あいへと続いていた。その流れは時によってはゆとりがみられたり、少し秩序が乱れたりする。筆者の主観であるがこの車の列こそ、Yのパーソナリティーの固さのシンボルであり、同時に彼の内にあるエネルギーの流れを表すものでもあると考える。この車の列があってYは自分を保つことができる。そこには彼独自のエネルギーがあって、その流れは折々の車の置かれ方によって把握できるのであろう。また、車の列と同時に、しばしば交通を規制する道路標識が使われる。5つの期間のそれぞれにおいて、標識がどの程度使われたかは表9-2のとおりである。

表9-2　道路標識の使用頻度

段　階 （全回数）	第1期 （10回）	第2期 （14回）	第3期 （12回）	第4期 （21回）	第5期 （28回）
使われた回数	10回	9回	3回	9回	1回
％	100%	64%	25%	43%	4%

　道路標識は第1期には全回使われたが、以降置かれることが少なくなり、第4期で少し多くなるが、最終段階の第5期ではわずかに1回置かれただけである。さらにその置かれ方も、初期には数多くぎっしりと並べられたものが、後には少数が間を大きくあけて、たまに置かれるといった感じに変わってきている。

　道路標識には2つの意味が考えられる。1つは規制することであり、もう1つは秩序を与え危険がないように整理することである。初期、Yの内的なエネルギーの流れは、自らの動きをきゅうくつに厳しく規制していた。それがセラピィが進む中で少しずつ自由に流れることができてくるにつれてさほど規制しなくてもよくなり、自らだけで流れることができるようになったといえる。初期のYには自らを固く秩序づけることがぜひ必要であり、それが次第に自由な形へと展開していったと考えられる。第3期から第4期の前半にかけ、外界でYが著しく変化してきた頃に、標識は増加している。自らの変化に対して動揺しがちな内面をしっかりと支えようとするかのようである。そ

して第4期の最終にあたる第48回目、箱庭の箱の外に、そのへりに沿ってズラリと標識を並べている。これまで固い意味で車の流れを規制していたものが、一たん外に出されたといえる。それ以後第5期にはほとんど出現せず、Thが最終作品のような印象を受けた第74回にのみ6個ほど置かれている。車の列がそれなりの自律性をもって流れはじめ、規制していたものを一度世界から外に出してから、Yは内外ともに、より行動範囲を広げていったといえる。

神社仏閣および城：箱庭表現の中で、神社仏閣あるいは教会といった「聖域」はその人の心の内面の深い中心的なものを表す大切なものであるとされている。そうした聖域は箱庭の世界の、左側の領域に奥深い神秘的な感じで作られることが多い。Yの場合、表9-1でもみるように、箱庭の中に神社仏閣がたいへん多い頻度で作られている。そしてその領域はいつもかなり広く、しかも平地のよく見える位置にどっかりと作られていることが多い。しかも回によって右にあったり左に移ったりしてその位置をしばしば変えることが特徴的である。すなわち彼の聖域は、内面の"中心"としての場所をまだ獲得しておらず、中心としてのまとまりを示していないと言える。左右の位置を考察してみると、前半の第3期くらいまでについては聖域が左に作られる時のYは比較的安定しており、右または複数に分かれて作られる時は何らかの変化がみられた時であるように思われた。すなわち、車の列のパターンが崩れた時、さらに木が生えてくる直前の回などは、右側に置かれている。しかし後半の第5期になると、そのほとんどが右側に置かれて、それなりに場所を獲得しているようになる。大胆にいうなら、本来心の世界の左側にあるとされている聖域が右側にその位置を定めたとすると、Yの表現しようとしている世界は、聖域があるよりもさらに左の世界、すなわち左側とつながる右側の世界をすべてカットしてしまった、より内閉的な深い世界のみを表現していると考えられる。箱庭表現においてYはそこまで行きついたと言えるのではないだろうか。また第5期になると神社仏閣が右にあるが、それとは別に、城が左側の領域に作られるというパターンがしばしばみられるようになる。以前は城も、神社や鳥居、五重塔といったものと同じ場所に置かれていたのが、城のみ分離されることが起こってきている。Yの世界の中での中心が混沌とした宗教的な領域からぬけ出して、より明確な1つの形をとって、

城という姿で置かれるようになったといえるのであろうか。

　生き物：Yは箱庭の世界の中にあまり生き物を使わない。筆者がセラピストになった最初の回、大きめのおまわりさん人形が2つ置かれている。この2人のおまわりさんの使われ方はいかにも唐突であり、Yの箱庭の世界にそぐわない。交通を規制する多数の標識と似た意味での機能を持った存在であったのかもしれない。それ以後第12回目に、左後方の隅に数頭の乳牛が出現した。プレイルーム内でYが変化をみせはじめた時期に現れはじめたこの乳牛は、彼を一生懸命見守っているセラピストのイメージなのかもしれない。それからはずっと後になってから、第5期の第57、58回には牛と豚が、今回は手前の右寄りにあって人里近い位置に置かれている。このときYは、「豚や牛を飼っていることにしよう。ボク、豚も牛も大好き！」と言いながら置いていった。さらに、第61回には、村里の山に近い部分に1人だけではあるが、ごく小さい人物（スキーヤー）が置かれる。最初のおまわりさんの唐突な置かれ方とは違って、自然に、箱庭内の風景にとけこんでいる感じがする。しかしまだYの世界は、常に人間や動物が自由にあちこちに出現するものではなさそうである。有機的なもの、生命を持ったものが周囲とのバランスをとりながら、ごくわずかずつ現れてきつつあるようである。

第2の世界への発展について

　第34回以後、「もうひとつの世界」を毎回作るようになったことは、Yにとっては大きな変化であった。そのきっかけをつくったのはThの方であったが、2つ目を作らないかと誘いかけたこと、Yの作る箱庭にThが介入したことはこの場合は適切であったと思われる。それまでは砂箱が2つあってもYは知らぬ顔をしていたし、彼に対する働きかけも、時を得たものでない場合は全く無視されてしまうのが常であった。Yが変わりはじめた第2段階では、Th側の期待がやや過剰で、彼にいろいろなことを問いかけたり、違ったことをするように誘ったりしたことがあった。しかしほとんどの場合、それは受けつけられず、この段階での彼の変化は、彼ひとりで遂げてきたものであって、Thとは直接につながったものではなかったといえる。しかも固定期に入ると、Thはプレイルームでのyの固さに、そんな誘いかけを口に出すことすらでき

なくなってしまう。このようなことから、特にこういうタイプの子どもに対して、治療者が誘いかけができるようになるということ自体、意味が大きく、その誘いかけの時期をうまくとらえることが治療者の感受性に要求されるのだと強く感じる。クライエントが誘いかけに自然に応じてくれたとき、彼がThに心を開いてくれていることを実感する。Thの誘いかけに対して「やってみようかな」と答えたYは、なにか嬉しそうで、その誘いを待っていたようにさえ感じられた。強迫的なパターンに固執し続けるクライエントの場合、セラピストが特に敏感に相手をとらえて、転期を迎えるきっかけをつかませてやることが必要である。

　こうして作られるようになった第2の世界は、しかしまだ未開拓で、統合されたものであるとはいえない。数十回にわたって作り続けてきた第1の世界は非常にまとまったもので、1度だけの作品としてみればどの回をとりあげてもかなり巧みな表現である。ところが、それに比べて第2の世界は、ほとんどが乗り物のみで、しかも砂の上に無雑作に並べただけの構成である。第1の世界にみられる構成力がここではほとんどみられない。2つの世界が同じ巧みさで置けないところに第2作目の意味があるのかもしれない。すなわち、第1の世界がだんだんとできあがってきて、はじめてYは少し次元の違う第2の世界に踏みこむことができたのである。しかし、その世界を充実させていくのはまだこれから先の仕事であり、ひとまずは乗り物をポンポンと置くだけにとどめて、手を出しかけたこの世界に関してはややとまどっている状態ではないだろうか。引き続いて、第2の世界にまず家が入り（第40回）、ひかり号がその枠をとび出そうとしたり（第43回）、飛行場ができたりする（第44回）。そしてその飛行場や汽車が、ついには時折第1の世界に入ってきたりもするようになる。新しい世界の要素を、Yは少しずつ最初の世界に入れていくつもりのようである。2作目を作りはじめてから、Yは2つの箱を同じ高さに並べ、しかもすき間のないように置くことを要求する。第一の世界を彼の内界とするならば、第2の世界は何らかのかたちでそれにつながったものであり、彼が今後進んでいくべき世界を表しているのではないだろうか。第1の世界で固執される「車の列」は第2の世界にはみられない。しかし彼は依然として第1の世界も作り続ける。はじめの世界にこのパターンを残しな

がら、彼は徐々に次の世界で自己の可能性を伸ばしていくのであろう。第1の世界があってこそ、彼は第2の箱庭を開拓していけるのかもしれない。

　さらに第56回になると、Ｙは第2の世界の中に置いていた列車類や飛行機を、今度は箱庭内ではなくプレイルームの畳の上に置いてみたりもする（第54、56、57回）。第1の世界→第2の箱庭→第3のさらに広い世界、という展開であろうか。第1の世界にその人格の本質的な固さを持ち続けながら、それなりに、次の新たな世界へと動いていくＹであるといえよう。これはＹの実生活での変化のイメージと一致すると筆者には感じられる。Ｙが作り続けた第1の世界のパターンの根本的な意味はつかめない。作ることになにか非常な意味があるから作り続けるのであろうが、その意味はＹ自身にもわからないのだろうと思う。だから彼はそれに固執しなければならないのであろう。それが完全にわかった時、彼はもうそれを作らなくてもよくなり、また新たな段階に踏み出すことになるのかもしれない。

おわりに

　本ケースにおいては、普通の治療関係の中にみられるような、感情転移の現象や、劇的な展開などはほとんど起こらない。Ｙは黙々と箱庭を作り続け、セラピストである筆者はその中に起こる少しの変化に注目し、彼を見守ることに力を注いできたと言える。Ｙとのコミュニケーションは4年間にそれなりに展開はした。初期、視線のあわぬＹが一瞬間だけ横目でセラピストを見て、「どこから来ている？」と尋ねてくれたことに感激し、彼との話題が、スムーズに展開するようになってきた第5期に至るまでには相当の変化をみたと言ってもよい。しかしながら、毎回毎回のセラピィ場面での変化は微々たるものであった。

　Ｙのように、同じパターンに固執し続けるクライエントの場合、セラピストが決してあせらぬこと、そのペースの中で相手を受け入れ、理解していくことが望ましい。そして単に時の流れにまかせて見守るのでなく、両者の関係の中で何らかの転機を捜していくことが大切である。それはある意味では教育的配慮である。自閉的な子どもの場合、こうしたセラピスト側の興味と

エネルギーの持続および感受性が要求される。

　小学校2年生の時に登校拒否に陥り、筆者のもとで3か月ほどのプレイセラピィを経て登校を再開した女児があった。10年後高校を卒業して就職が決まった時、彼女はぜひもう1度先生に会いたいと筆者をたずねてくれた。「あの時のことは覚えているけど、なんだか自分でもよくわからなかった。ただむしょうに外がいやになって、特に学校が恐かった。で、先生の所へ来て遊んでて、特になんでもなかったけれど、そうしているとなんとなく、ああ、大丈夫なんだなと思うようになって、それでなんとなく学校へ行けるようになったの」。流行のスタイルをして、しかしまだなにか子どもっぽさを残した彼女は、そう言って照れ笑いをした。彼女のような場合、10年たってもセラピィの意味がはっきりと言語化されたわけではないが、彼女が表現したような「場」をThが提供したこと、その中でなにかが起こったことに大きな治療的意味があったのだと確信できる。

　Yのケースの場合、セラピィはYにとってなんだったのか？　セラピィの場をYはどのように感じていたのか？　この少女のように、10年前をふり返ってYが語ることはないように筆者には思われる。彼とのコミュニケーションは徐々に活発になっていったが、前述したように感情のレベルではどうしても彼と同じ平面上にいる自分を感じることができぬ筆者である。Yからは毎年きちんと年賀状がくる。一応近況を知らせてはいるが、その文章は10年前と少しも変わらぬ金釘流、紋切り型で、生き生きとしたものが感じられない。しかし「はにわ」の目を持った少年はその内にある独特の固さを守りながら、彼なりの社会適応をとげてきた。現在大学生のYは、近い将来社会人になるであろう。彼の得意な能力を生かした職を得て、力を発揮していくことは十分期待できる。ただ筆者は思う。彼の「目」はなにを見ていたのか、そしてこれからもなにを見ていくのであろうか。さらにYはその職場でどのように、社会人としての対人関係を持ち、1人の男性としてどのように家庭を作っていくのであろうかと。筆者にとっての最初のケースであるYの事例は細く長く、今もなお続いているといえるのかもしれない。Yの今後をさらに遠くから見守っている現在である。

注1）注2）いずれも女性、筆者の先輩にあたるセラピストである。
注3）Th……セラピスト　Cl……クライエントと略。
注4）思春期以降もさして他の病的な症状（幻覚など）がみられなかったことからも、本来の彼の性格的な問題であるといえると考えている。
注5）プレイルームの片隅に2畳のタタミ部分がある。箱庭の枠内の世界がひとつの守られた空間であるが、さらにその枠をもうひとまわり広げた世界がこのタタミの上に展開されることが他のケースでもみられることがある。

第10章
絵画と箱庭による遺尿症児K子の遊戯治療過程
——傷ついた自己像の回復——

はじめに

　本事例は、筆者が心理治療者としてスタートした比較的初期の頃に出会った1少女との記録である。

　言語表現が十分でなく、その日常生活からは問題の発生源や内面を見出すことが困難な子どもであっても、その子の1枚の絵、あるいはひとつの箱庭表現がきわめて雄弁にその内面を語り、治療者に訴えかけてくることがある。第9章のYの場合は箱庭表現そのものはガンとして動かず、治療者が一生懸命それに語りかけ、それを通してYとかかわろうとしていた。本事例のK子の作る箱庭や絵は、逆にそのつどきわめて雄弁に治療者に語りかけ、働きかけてくれたのである。

　子どもの非言語的な表現がこれほど見る者の心を動かし、訴えかけてくるものであるということを筆者はこの事例で体験し、それ以降の治療者としての姿勢にひとつの確信を持つことができた。そういった意味で、筆者にとって忘れがたい、そして終結してから相当の年月が経っても、思い返すたびに新鮮な感動がよみがえってくる事例である。

第1節　事例の概要

クライエントについて
　K子。小学校5年生女児
〈主訴および来談の契機〉

幼稚園入園以来続く遺尿、学業不振、友達になじめない等の主訴。担任から「知的障害の子のかくような変な絵をかく。知能テストを受けてくるように」と言われて来談した。黒、灰色などの色を使い、手が異様に大きい人物をかくとのことである。

〈生育歴〉

出生時に異常はなかったが、生後2か月頃より体重が増えず夜泣きがひどくなる。病院巡り1か月の結果、母乳不足の栄養失調と診断され、人工栄養に切りかえる。生後3か月の頃、父方祖父が入院して母親が忙しくなったため、K子は母方祖母に預けられることになった。ところが祖母がK子を溺愛するあまり手離したがらず、そのまま3年が過ぎ、幼稚園入園を口実にやっと親もとに帰る。しかし3年保育の幼稚園では全く何もできず、ただ座っているだけで毎日おもらしをするようになる。小児喘息もこの頃から始まり、身体の弱い、暗い子どもになっていった。そのため2か月ほどで退園。家でも無口で親にもあまりなつかず黙ってツメをかんでいることが多い。生活習慣が全くできておらず、母親はあせって厳しくしつけようとするが、祖母が頻繁にやってきて連れ帰り、集中的に猫可愛がりするため、すぐに逆戻りしてしまうということのくり返しであった。小学校入学後も状態は変わらず、おもらしは続き、夜尿もある。友達もできない。度々の遺尿でK子の座っている椅子の塗料がはげ落ちるほどであったという。さらに、登校時や授業中に嘔吐することもあり、喘息のために欠席しがちで成績もふるわない。教室では全く発言せず、低能児扱いされ、おもらしと嘔吐のために他児から嫌われ、孤独な学校生活を送ってきたようである。いくつかの病院で精密検査を受けるが、身体的に異常はなく、神経性のものと診断されている。

祖母の甘やかしは相変わらずで、祖母宅に行くと、帰ってきたときには赤ちゃん言葉になっているほどであった。

K子をめぐる人びと[注1]

現在の家族は両親と、2歳年上の兄の4人家族。父親はやや内気で酒も飲まず、家族旅行が趣味のまじめな会社員。K子には気を遣って、叱ることもない。母親は勝気でしっかり者。K子が自分の思いどおりのテンポで動かぬ

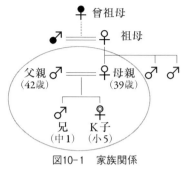

図10-1 家族関係

ことを歯がゆく思っている。中学1年生の兄は、母の言葉によれば「申し分のない子ども」。成績は抜群で、父親と2人で政治経済などの高度な話題で会話するのが好きなミニ紳士である。

一方、祖母にもK子を溺愛してやまぬそれなりの理由があった。K子の曾祖母にあたる人には実子がなく、養子養女を迎えて家を継いだ。養女に来た祖母はK子の母親を産んだが、子どもを持ったことがない曾祖母はこの孫を溺愛し、産みの母親である祖母に手を出させなかった。祖母は自分の子でありながら娘を自由にできず、勉強やしつけを口実に娘と接するのみであった。K子の母も自分が極端なおばあちゃん子であったことを自覚しており、女学校の頃、曾祖母が亡くなった時には一緒に死にたいと思ったほどだったらしい。こうして、子育てに対する根強い欲求不満を持った祖母は、生後3か月のK子を得て、初めて自分の意のままになる子どもを持ったことになる。それが極端な甘やかしになった。すなわち、一世代前に起こっていたのと同じことが、今祖母と母との間にK子をはさんでくり返されていたのである。

治療状況
〈期間〉
- 小学校5年生4月より6年生5月まで17回。本児の遊戯治療を筆者が、母親面接をN相談員（女性ケースワーカー）が担当。
- 面接間隔は、本児の通学の事情で月1〜2回となっている。

〈場所〉
　大阪市A区役所家庭児童相談室の面接室（第6回まで）
　大阪市立大学プレイルームおよび面接室（第7回以降）

第2節　治療過程

遊戯治療開始まで（第1回、第2回）

　初回の来談はK子が5年生になる年の春休みである。母親は知恵遅れを心配し、学校の勧めもあって、知能テストの対象として本児に会うことになった。表情がはっきりせず陰気な感じの子どもであるが、1対1でていねいに話しかけると意志表示もでき、特に病的な異常さは感じられない。WISC知能検査の結果、言語性IQ112、動作性IQ106、全検査IQ111であった。

　第2回目は前回の結果を聞きに再度来所したのだが、このとき本児が何気なく筆者の前でかいた絵が、彼女の治療を始める決定的な動機づけを作ったのである。

　口数の少ないK子に「絵でもかく？」と誘うとすぐに同意して、絵の具を使ってかき始めた（図10-2）。中央に1人の少女が立っている。少女のてのひらは異常に大きく、それに比し、胴体は輪郭が白であるためにほとんど見えない。白地に水玉模様のブラウスを着、紫色のスカート姿。左には冷蔵庫、右側には電話があって、少女は大きな手を受話器にのばしている。さらに、ひざのあたりに赤色をベタベタとぬりつけるので「どうして？」と問うと、K子は「この子、足をケガして血が出てるの」と答えた。絵そのものは5年生

図10-2

の子どものものとしては稚拙である。しかし、これを見、彼女の説明を聞いて、筆者は胸をつかれる思いがした。両足をケガして「もう歩けない」少女が、手をいっぱいに広げて助けを求めている姿がストレートにとび込んできた感じだった。電話という、まだ間接的なコミュニケーションを介してではあるが、今この子にかかわり、こちらからも手をさしのべたい、という気持ちを起こさせるのに十分な表現であった。

　母親の方からも、前述したような本児の生育史が語られ、本児の遊戯治療と母親の面接を継続して行うことになった。本児を筆者が、母親の方は、母親とほぼ同年輩の女性の相談員が担当することになった。なお、K子は自宅から遠い私立小学校に通っており、時間的な制約もあって、治療の間隔は月1～2回となった。

箱庭導入まで（第3回～第6回）

　遊戯治療として会うようになった最初の時、K子は机の上に柵を並べて囲いを作り、ミニチュア動物のありったけをその中に入れることに熱中した。そして、回を重ねる度に、治療者（以下Thと略）に対する彼女の態度が変わってくる。母親と一緒にいる時は、おとなしく、やや暗い感じのK子であるが、母親と離れてThと2人きりになると、がらりと変わってひどく横柄でわがままなK子になる。男の子のように乱暴な口をきき、あれこれと命令し、わざとものを投げ、散らかすのである。外界での彼女の悲しみを思い、危険のない限りすべてを許容してつきあっているThに、「ほんまに何をしてもかまへんのやなあ、先生はアホとちがうか？」とK子は半信半疑の表情である。遊びそのものは、ブロック、積木、着せかえ人形など、あまり発展はなく幼稚な感じである。Thとしては、とにかく本児との信頼関係を確立することが第一だと考えて見守っていた感じである。

　母親の報告によれば、このころすでにK子は毎日でも来たいほど来談を楽しみにしており、治療開始後、遺尿は止まっているとのことであった。

　本児の自己表現の可能性の幅を広げるために、次回より箱庭用具のあるプレイルームに来所できるよう手続きをとった。

展開、発展、変化の時期（第7回〜第14回）

第7回：新たなプレイルームにThと2人きりになって初めての回、K子は時間いっぱい漫画を読んで過ごした。Thも隣に座って一緒に読む。これまでのように周囲のザワつきがなく、何もしなかったが落ち着いた気分で過ごせた。帰り際にK子は母親のいる面接室の黒板に漫画風の女の子を落書きした。「まあ、お手々が小さくなった」という言葉がごく自然に母親の口から出たのが良い感じであった。この頃も遺尿はなく、夏休み前の2泊3日の林間学校の折にも失敗せず、自信がついて明るくなってきたとのこと。

第8回：「今日はあれを作ろう」と箱庭にとりかかる（図10-3）。「まず2つに分けないと……」と言い、指で中央に線を引く。それだけでは足りず、その上に柵を置いて世界を左と右の2つに分けてしまう。「左は日本風、右は西洋風……」と言って、左側の日本庭園風の世界から作っていく。コイや水鳥のいる池があり、人もいて、比較的落ち着いた世界。ただ、不似合な感じのゴム製のクワガタ虫やクモがいることが気にかかる。一方、右側はがらりと変わって、インディアンや動物のいる西洋の世界である。インディアンのテントに大蛇が首をつっ込んで襲っているし、右隅はアリ地獄で、ヒョウが落ちて死にかけているところだと言う。柵の中にいる象やキリンは一応安全なようだが、足もとが深く砂に埋もれている。

左右の世界の著しい分離にK子のアンビバレントな内面がうかがわれたが、

図10-3

左側が思ったより豊かで落ち着いた世界であることに安心する。しかし同時に右側はいかにも危険で、しかも西洋という、距離の遠い世界であることから、外界が彼女にとっていかになじみ薄く、かつ危険なものとして感じられているかが推測された。この表現から左右の世界の統合は容易ではなく、相当な展開が起きねばならないとの予想を持った。だが、一見落ち着いた左の世界にも、アンバランスなクワガタ虫やクモがいることから、K子の内界はやはりこのままではおさまらず、その中からうごめき始める不気味なもの、あるいはそれが1つの可能性となるかもしれぬものが認められる、と考えて今後の展開を待とうと思った。

第9回：約40分をかけて箱庭作りに専念する（図10-4）。前回が複雑な内面をもろに出した表現であったのに対し、今回は一見ごく表面的な、女の子特有の公園風の世界である。この公園は静まりかえって動きがなく、生き物不在で、家、遊具などがみな下方3分の1ほどを砂に埋めこまれている。表面に近い心の層の硬さであろうか。見ていてなにか悲しい思いであった。ただ、興味深いことに、この動かぬ世界の中にひとつだけ、生き生きと自由に動きまわるものがあった。それは1個のピンポン玉で、K子はそれを外から投げ入れたり、公園の中をころがしたりして活躍させるのである。最後にそれは中央のトンネルの右に置かれた。K子からの説明はなかったが、このピンポン玉の動きがこの回にThが注目した唯一の可能性であった。作り終えて、あ

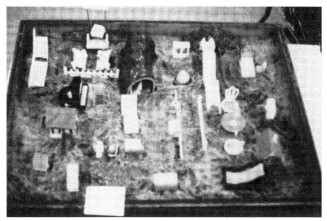

図10-4

としばらくThを相手にバレーボールに興じてタイムアップ。

第10回：バレーボール、風船つきなど、2人でボールをやりとりする遊びに熱中する。直接的なコミュニケーションを求めていることの表れであろうとThは感じている。このころK子はもっと遊んでいたいとタイムアップをひどくしぶることが常であった。

第11回：「私の宝物を先生にあげる」と、シール、ビーズなどをThにプレゼントしてくれる。遊びはバレーボール。その後、K子にせがまれるまま、画用紙にサインペンでお花畑と、その周囲を飛ぶトンボの絵をかいてやる。すると、「今度は私がかく。先生、目をつむってて」と用紙を裏返して彼女がかく（図10-5）。できあがったのはブランコに乗る女の子。手は小さく、5年生の女の子らしい漫画風の絵である。「ふーん、ブランコに乗ってるのね」「うん、この子、手離したら落ちるの」。よく見ると、少女の小さい手はすでにブラン

図10-5

コの鎖から離れてしまっている。Thは心配になるが、ブランコの下はきれいな花がいっぱい咲く花壇なのだと言う。少女のまわりにはThのかいたのを真似てトンボが飛びかっている。Thの絵を一部とり込んで、落ちても一応は大丈夫な受け皿ができているのであろうか。

このころ、外界での本児の著しい変化が報告されていた。食欲が増し大きくなったこと、学校ではまだおとなしいが、その他の場ではひどく積極的になり、周囲が戸惑うほどになったこと。そしてあまりのことに行儀が悪いと父親に叱られても、平気で口答えをする、といった言動がみられるようになった。遺尿はずっとなかったが、このころテストの前夜に1回夜尿、そして運動会の練習中に1度だけおもらしがあった。しかし、その時は気にせずに、

隣の子に耳打ちして、自分で処理したとのことであった。アクティング・アウトに伴う、やや不安定なK子なのであろう。

　第12回：長いゴムひもを持参して、この日はゴムとび遊びである。一方を柱につなぎ、他方をThに持たせて、少しずつ高くしていく。高さはThの胸になり頭になり、とうとう手のばしになる。するとK子は踏み台を使ってゴムに飛びつき、押さえて乗り越えるのである。さらに、Thも踏み台の上に立たせて手のばしをさせる。そうなるとK子にはもうどうしても届かない。ところが彼女は今度はThの体にしがみつき、木登りのようにThの体をよじ登ってゴムに届こうとする。ひどく無理をして背のびしているのではないかという心配と同時に、Thの体そのものをも自分の成長のための踏み台として使い、きわめてストレートに正面からぶつかってくる感じのK子に感動を覚えた。

　第13回：入室するとすぐに砂箱に向かい、砂を円形にもりあげる。「パイを作ろう。オッパイ作ろう。でも……オッパイはむずかしいから食べるパイにしよう」と言いつつ、大きいリング状の山を作る。山の中心には乾いた砂をパラパラとふりかけ、お砂糖だと言う。パイを囲むように、小さいコップで型にぬいた「プリン」をいくつも並べる（図10-6）。その後も砂をこねて「おすし」を作ってThに食べさせたり、幼児のように泥んこ遊びを続けた。

　終わり近く、円筒形のプラスチック容器に砂をつめ水で湿して、その上に1個のピンポン玉をそっと置き、周りを大切に葉で囲んだもの（図10-7）を作って、「これ、大事なタマゴ」と言う。退行の著しい回であった。

　第14回：まず三輪車に乗って部屋を走り廻る。次に画用紙を半分に切って一方をThに渡し、「2人でパンダの絵をかこう。先生は女のパンダちゃん、私は男のパンダくんをかくの」と言う。彼女の指示に従って、2匹のパンダができあがる。するとK子はまず自分のパンダくんに11歳という年齢をつけ、「先生は今何歳？」と尋ねる。しかし、Thの実際の年齢ではつりあわないからとパンダちゃんは10歳に決める。それが終わると彼女は2枚の紙を並べ、あわせると1つのハートになるように、そのつなぎ目に赤いハート模様をかき入れる（図10-8）。2匹のパンダをとりもつ愛のハートであるらしく、「仲良しマークや」とK子はニコニコしている。ただ、K子のかいたパンダくんの腹

第10章　絵画と箱庭による遺尿症児K子の遊戯治療過程

図10-6

図10-7

図10-8

部には大きい×印があって、これはケガをしたあとなのだと説明したことが心に残った。彼女はできあがった2枚の絵をThに託し、「これ、セロテープでつなごう。大事に持っといてね」と言って時間となった。この日、タイム

アップを初めて素直に守ったことも印象深い。

この時までに、K子は外界でもさらに変化していた。派手な行動はややおさまり、落ち着いてきた。祖母との関係も変化した。祖母の方は相変わらずK子を甘やかそうとするが、K子はあっさりしたもので、適当に甘え、もらうものだけもらって帰ってきて、祖母宅に行くことにあまり執着しなくなったらしい。K子にとって祖母は母親的なものから、祖母本来の存在となったようである。

適応期（第15回〜第17回）

6年生になり、勉強が忙しくなって、本人も意欲的に頑張り始めたため、一学期間に3回の来談であり、それをもって終結とした。この3回は、これまでのK子の印象ががらりと変わり、年齢相応の女の子らしい態度で、タイムアップも守れるようになっている。

第15回：落ち着いた平和な感じの動物園を作る（図10-9）。左後方のアーチが入口で、番人がいる。飼育係もあちこちにおり、右手前ではパンダがシーソー遊びをしている。トンネルの頂上には1頭のゴリラがいて周囲を見渡しており、最後に色づいたかえでの葉をあちこちに散らせてできあがる。作り終えると、もうひとつの砂箱の中に動物を集めて遊び始める。象、ライオン、キリンなどが会議をしているが、ケンカになったり、蛇が襲ってきたりするというストーリーである。終了時には、「雪だ雪だ、雪でみんな埋まってしま

図10-9

第10章　絵画と箱庭による遺尿症児K子の遊戯治療過程

う」と言いながら、乾いた砂をふりかける。窓のカーテンを「はい、おしまい……」と引いてまわって退室した。

　第16回：まず箱庭に道路を作る（図10-10）。ガレージ、ガソリンスタンドが並び、交通標識に守られた道路を車が行き交っている。道路は十字架の4分の1の形に見え、直角に曲がっていて、その間には曲がった細い道もある。乗用車はなく、ガソリン車、トラック、ミキサー車など、働く車が主である。車が十分にエネルギーを得、自由に走りまわっている感じで、生き生きした社会への関心と適応が感じられた。

図10-10

　しかし、もうひとつ、K子は妙なものを作った。2つのプラスチック容器に砂をつめ、その上を果物やおはじきなどでデコレーションして、ケーキを作り、砂箱の中に置いたのである。ところが、その2つのケーキはいずれも「蛇入りのケーキ」なのである。デコレーションの中に、丸く円状にした蛇をのせ、「これ、自分で自分のシッポをかんでるんよ」と、ニヤッとするのである（図10-11）。

　社会への生き生きした関心がうかがわれる「町」に比し、この「蛇入りケーキ」は一体何なのかとThは考えこんでしまった。

　外界では至極順調で、学校でも明るく活発になり、友達もできたらしい。遺尿もその後はなく、主訴はすべて解消したということで、次回が最終回となる。

215

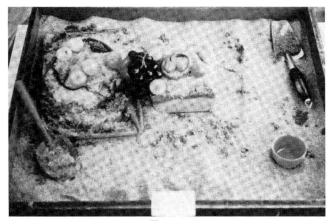

図10-11

　第17回：特にすることがみつからない様子でうろうろするが、「バレーボール！」とほとんど時間いっぱいボールのやりとりをして過ごす。汗をかきながら2人で数をかぞえ、合計して500を数えるまで続けた。タイムアップで退室する際、ドア近くにあった玩具の電話をふと手にとり、受話器を耳にして、「電話、モシモシ……」とつぶやいて退室した。

　その後、K子は勉強に頑張り、成績も徐々に伸びて、当初は無理だと言われていた付属の中等部にも合格し、問題のない中学生になっていったとのことである。

第3節　考察

　成長の過程において、ふとした間違いから人格形成の道筋のどこかに歪みが起こり、健康な成長のエネルギーの流れがせきとめられてしまうことがある。K子の場合も、乳幼児期の養育の行き違いから、以後10年間、みじめな落ちこぼれ少女として生きなければならなかった。

　とりたてて周囲に悪意のある人はなく、みなそれぞれのやり方でK子を愛し、気遣ってはいた。母としての体験に飢えていた祖母がK子を赤ん坊として溺愛したこともうなずけるし、母親が対照的に厳しくしつけようとしたことも、もっともではある。しいて言うなら、この母親の場合、長男を育てた

経験がありながら、本児が母乳不足の栄養失調であったことに気づかなかったこと、また、K子を3年間も「つい」預けたままにしてしまったこと、などから、母子の相性の悪さ、どこかにかみあわぬ側面があったといえるかもしれない。

ともあれ、K子は3歳になって両親のもとに帰るが、その時には両親と「申し分ない子ども」である兄との家族がすでにできあがっており、そこにK子の入り込む余地はなく、いつまでたってもお客さん的存在であったと思われる。自分のペースで厳しくしつけ、教育しようとする母親と、全く赤ん坊扱いして甘やかす祖母との間をK子はゆれ動き、いわば相反する役割を自分に課す2人の母親を持つことを余儀なくされたといえる。その葛藤の中で、遺尿、喘息といった身体症状が起こってきたのであろう。

治療過程を4つに区切って述べたが、この4期はそれぞれ、起、承、転、結の意味を持っていると思われる。

治療開始までの2回は、この事例の「起」の部分であり、「訴えかけ」の時であると思う。1枚の絵はThに多くのことを語りかけた。両足をケガして歩けない少女は、その時までの悲しい人生を歩んできて、やっと助けを求め始めた本児自身である。救いを求める大きな手と電話によってThは本児の状態を解したのである。さらに解釈すると、紫色のスカート、足から流れる液体は遺尿を連想させる。またK子の描く人物の大きい手は、単に愛情欲求の表れのみでなく、K子の中にある育たない赤ん坊の手であったかもしれない。赤ん坊にとって最も身近で、最初の玩具であり、興味の対象であるのが自分の手であるといわれる。そういう意味で、赤ん坊のまま5年生になったK子の見ているものは、まだ自分の「手」の世界であって、少女の身体はまだほとんど形の見えぬ白い輪郭にすぎない状態であったのではないだろうか。

治療が始まり、箱庭導入までの4回は「承」と呼べる時期であり、K子のThに対する「確かめ、試し」がくり返されることになった。ほとんど何をしても許容するThの態度に、K子は戸惑いながらも、これでもか、これでもか、と半ばいやがらせのような行動をくり返す。このときのK子の命令、甘えなどの態度は、当時までのK子の、祖母に対するものに似ている。こうした確かめを十分にした後、Thへの信頼が生まれたらしく、態度は友好的なものに

なり、多彩な自己表現をして大きく成長していく「転」の時期を迎えることになったと思われる。

　K子の最初の箱庭は複雑な彼女の内面を雄弁に語っている。当時感じた解釈はすでに述べたのでくり返さぬが、世界の相当な分裂がみられ、統合の困難さが感じられる。しかし、何よりも、こうした表現をし得たこと、そして見る者に訴えかけてくる迫力に富む箱庭であることが彼女の力を感じさせた。

　続く2作目の箱庭は前回とうって変わって、生き物不在の静かなものである。世界はひとつになってはいるが、統合された表現にするなら、このようなものにしかならないのであろうか。女の子に特徴的な公園ではあるが、ベンチやすべり台など戸外の遊具と、ベッド、ピアノなどの屋内にあるはずの家具類が同じ平面に置かれていること、また、玩具の下部が埋め込まれていることなどは、発達遅滞の子どもや幼児に特徴的な表現である。この箱庭は、彼女の表面的な世界、意識に近い部分を見せてくれたのかもしれないと思う。しかし、どこからやってきたのかわからぬが、この世界の中を縦横無尽にころげまわるピンポン玉の登場はなんといってもうれしいことであった。

　このころからK子は、バレーボール、風船つきなど、ボールをやりとりする遊びに熱中し始める。初期の、電話を介しての間接的なコミュニケーションから、直接にThとつながる形での関係に移行したのであろう。

　第11回に描かれたブランコの少女は、アクティング・アウト気味であった当時のK子の感じをよく表している。少女の手は小さく、すでに赤ん坊の世界から脱しているようである。しかし、成長はしたがその「手」はまだ自分の体をしっかりと支えるためにブランコの鎖をつかめない。この時のK子はまさに手離しで高いブランコに乗っている感じだったのであろう。けれども、下にはThからとり込んだ花壇があり、生命の危険は去ったようではある。

　第12回のゴムとび遊びは、頑張ろうとする彼女の意欲の表れであると同時に、Thの体を登り、それを通じてボディを自分のものにするための確かめではなかっただろうか。最初の絵に描かれた、手だけで身体のできていない少女が、ボディをつかむためにThの体を踏み台にしたのであろう。

　続く回にK子は徹底的に退行してオッパイを作る。お菓子のパイにすりかえながら、中心部にお砂糖としてふりかけた白い乾いた砂は、生まれて間も

ない頃、母乳を十分に摂取できなかった赤ん坊と、母親の乾いた乳房を連想させる。この時、十分に泥んこ遊びをした末、例のピンポン玉を「大切なタマゴ」として置いたことも興味深い。K子の退行はついにタマゴのレベルにまで達し、そこから新たに誕生していくのであろうと思われた。

　続く第14回、K子は自分の描いたパンダに自分の年齢を与え、Thのパンダは1つ年下に決める。自らの成長のための素材であり、媒体であったThと、自分との新たな結合によって、彼女の内面にひとつの統合が生まれたようである。この回を境にして、K子がタイムアップをきちんと守れ、年齢相応の印象の少女になったこともその裏付けと言えよう。ただ、K子のパンダの腹部に残る傷あとは、やはり消えることがないようである。

　適応期は、フォローアップの意味も含め、「結」と呼びたい時期である。

　第15回の動物園は年齢相応の表現であり、安定した感じの世界である。トンネルの上の1頭のゴリラは、全体を見渡すトリックスター的な存在であろうか。また、仕上げに散らされたかえでの葉は赤ん坊のてのひらに似ている。色を変えて落ちていくもみじの中に、赤ちゃんの手の世界からの離脱を感じるのは考えすぎであろうか。

　第16回の、車の行きかう町は、もっとはっきりした社会への適応がイメージされる。玩具の数は多くないが、女の子特有の表現を越え、男性的なエネルギーも感じられる、生命力あふれる作品である。

　しかし、この2回とも、K子にはもうひとつの表現があった。第2の砂箱の中でのこの表現をどう考えればよいのだろうか。

　第15回には動物たちのケンカがくりひろげられ、象や馬などのおとなしい動物は、ライオン、蛇などにやられてしまうのである。最初の2つの世界が分離し、右側の世界が第2の箱へ移されたようでもある。

　第16回の「蛇入りケーキ」はさらにショッキングである。きれいでおいしそうなものの中に潜む気味悪く恐ろしいもの——これは一体何を意味するのだろうか。ひとつには、来たるべき思春期に向けての、わけのわからぬ不安、動揺が、こういう表現になったのではないかと考える。考えてみれば、少女の思春期とは、美しく甘ったるい外観の中に、気味悪い蛇も隠している、危険いっぱいの世界であるといえるかもしれない。その蛇が自らの尾をかんで

いると、本人によって説明されたことも示唆的である。
　また、一段階の成長を終えた後、過去の自らが密着していた世界の一端が、この時目に見える形で示されたとも考えられる。甘いケーキは子どもをひきつけ、喜ばせる。しかし、その中には恐ろしい蛇がいて、それを食べる子どもをダメにする。K子は蛇入りのケーキを食べさせられて育ってきたのかもしれなかった。ヘンゼルとグレーテル(10)(26)(67)がお菓子の家に誘われて魔女の餌食にされそうになったように、蛇入りケーキは、祖母の度を越した甘やかしの象徴とも言える。第13回の乾いたお乳とも関連して、K子は子どもが健康に育つ食べ物に恵まれなかったといえる。さかのぼって考えると、最初の絵に描かれた冷蔵庫の中にも、こういった種類の食べ物がいっぱいつまっていたのかもしれない——と考えるのはどうであろうか。
　こうした表現を残して、最終回にはただひたすらバレーボールに熱中する。さしあたって表現するものがなくなった、という印象であった。別れ際に、何気なく手にとった電話は、最初の絵の中にあったものを思い起こさせ、感慨深い幕切れである。
　こうしてK子は、赤ん坊の世界をぬけ出し、年齢相応の心と体を獲得していったと考えられる。

おわりに

　本事例の主なテーマは、「分裂と統合」「コミュニケーションの拡大」「身体像の確かめと回復」など、K子の発達過程の再演と再出発であったのではないだろうか。そうした成長のプロセスを、K子はきわめて印象的に箱庭や絵に表現してみせてくれた。Thの方は特別にこれといった気の利いた応答や働きかけをしたとは言えない。ただ、その時その時の彼女の表現に感動したり、心配したりしながら見守っていた、という感じの事例である。そうした意味で、子どもの持っている成長への動きとエネルギーを余すところなく見せてくれ、クライエントの成長を常に信じて待つという、Thとしての姿勢と確信を筆者に与えてくれた事例である。
　そうした意味もこめて、今は成人し若い女性になっているであろうK子さ

んに、これからの幸せを願って謝意を表したい。

（「箱庭療法研究1」1982　誠信書房　収録）

———————
注1）以下、呼称はすべてK子からみた関係である。

第11章
多動児の遊戯治療
―― MBDを疑われた少女のたった1つの箱庭 ――

はじめに

　箱庭はそれを作ることのみで治療が展開していくこともまれにはある。しかし、そのほとんどがプレイセラピィやカウンセリングの流れの中でセラピストとクライエントの関係を基盤として折にふれて作られるものである。本章のクライエントであるP子は、2年間のプレイセラピィの終結のころ、初めての、そしてそれが最後の箱庭を1つだけ作った。その表現の中には治療のプロセスの中でのクライエントとしての1つの終結がみられ、それはまた少女自身のマンダラでもあった。箱庭制作はその1回きりではあるが、本ケースは少女P子が自己の成長をめざして精一杯の頑張りをみせた戦いの記録である。

第1節　事例の概要

クライエントについて
　P子。小学校3年生女児。
　動作がぎこちなく情緒がきわめて不安定で、授業中の勝手な行動が目立つ。急に大声をあげて興奮したり、他児をたたいたりして、担任からは"奇妙な変わった子"と言われている。集団行動ができにくく、友達もない。
　家族は両親と本児の3人。P子は1人っ子である。父親は一流大学出身で自由業。人づきあいが下手で気むずかしく、酒乱気味で、どこへ行くのかわからぬが、頻繁に家をあけたりもする。

母親は大柄で華やかな感じの人。いつもきれいに髪をゆいあげ、念入りにお化粧してこられる。結婚した当初から失敗したと思ったが、すでにＰ子を身ごもっており、離婚を断念し、気むずかしい夫に仕えてきた。筆者の印象では、気丈夫で、やや男性的な、大ざっぱなところのある人のように思われた。

筆者が担当するまで

　Ｐ子は出生時逆子で成長は遅れがち。3歳の頃、突然ひきつけたことが2回ある。初めての集団生活には適応できず、幼稚園は1度退園する。小学校1年の2学期に治療機関に来談。以後筆者が担当するまでに約1年半。2名の治療者（いずれも女性）がプレイを行っている。

　初回来談当時、知能は1年程度の遅れ。脳波には目立った異常はみられなかった。[注1]

　前治療者によれば、Ｐ子の状態は次のごとくであった。「情緒的なものの統合に乏しく、コントロールできぬエネルギーの爆発がみられる。未熟で自我の弱さが目立ち、遊びにも発展性がなく、"野球"という固定したパターンのものになっていく。治療者に対してはたいへんなれなれしいが、わがままで支配的であり、治療者が自分の思うようにすばやく動かぬと大声で叱りつけ、バットでたたく……」。こうしたプレイは女性の治療者にとって、体力的にも相当疲れるものであったようである。

　前治療者の転勤や退職によって、筆者が3人目の治療者となったが、担当者の交代にあたっての抵抗や動揺はみられず、自分が続けて来られることの方を喜ぶＰ子であった。

治療状況

〈期間〉
- 小学校1年生2学期より2年生3学期末まで週1回。本児のプレイセラピィと母親面接。プレイセラピィは2名の女性セラピストが引き継いで担当した。
- 小学校3年生4月より4年生末まで、55回。筆者が担当してプレイセラピ

ィ。母親面接は全期間を通してIカウンセラー（男性）が担当した。
〈場所〉
Kカウンセリングセンタープレイルームおよび面接室

第2節　治療過程

第1回：姿の見えぬうちからカン高い声が聞こえる。「コンニチワ！　新シイセンセーハ！？」。治療者（以下Th）が紹介されると、直立不動の姿勢から体をペコンと2つ折りにして挨拶する。棒切れが途中から折れたような感じである。それがすむと先に立ってプレイルームへ駆け込み、「ヤキュー！　野球ショー！」と、バットを構える。「ボールはどれを使うの？　どんなにするの？　先生はPちゃんと今日が初めてなんだから教えてくれないと……」。Thはこれから2人の関係を作っていくのだということをはっきりさせようと、クライエント（以下Cl）の目を見て言う。するとClは少し静かになり、ボールを選び、やり方を教えてくれる。その時、もう1度Thに名前を尋ね、口の中で繰り返して覚えようとする。P子の"野球"はThがボールを投げ、それを彼女がバットで打つだけのものである。1年余り続けてきただけあって、わりに上手に打つ。Thに命令したり叩いたりはしない。時間終了まで続けた。
▶Clに初めて会う時、Thはよけいな先入観をもつべきではないが、ともすれば、インテークの記録などから、なんらかのイメージを自分の中に作ってしまいがちである。P子の場合も、Thの側に"相手をするのが疲れる子"という先入観があった。しかしP子の印象は予想外に良く、Thはうれしく思った。エネルギーにまかせて一本調子にキンキンと叫び、動きまわるプレイである。妙に体に力が入り、肩を張った感じで動きがぎこちない。Thに対しては、ばかに礼儀正しいかと思えばひどくなれなれしい。前のThとの区別がついているのかすらも疑わしく思うほどである。すらりと背が高く、愛くるしい顔立ちの少女なのに、いつも目がカッと見開いて、ピンと張りつめたような表情をしている。どこか調子の狂ったカン高い声でしゃべり続ける彼女の言葉は、文字にすれば片仮名にしかなりえない、と思う。この子の情緒面にゆとりができ、彼女との間にフィーリングのこも

った会話がもてるようになること——を目標にしたいと考えた。

　第2回：今回の野球は自分でボールを壁に当て、はね返ってくるのを打つという自主的なもの。Thにも同様にするよう要求し、2人で並んで壁に向かってボールを打つ。「センセー、ドコカラキタン？」とThへの関心を少し示す。終了時、部屋にある玩具をもって帰りたい、と少しタイムアップをしぶる。

▶今回は直接のボールのやりとりでなく、Thとの間に少し距離をおいたようである。プレイルームの玩具をねだってみたりもして、新しいThを試しているClである。こうした反応はむしろ好ましいとThは感じている。

　第3回：サンドバッグをけり、「ドウ？　私、強イデショウ」と自慢する。今回の野球はノック。バットに当たると1点と決め、2人で競争する。しかし、Thが打っても認めてくれない。時折急に静かになってスッと近寄り、Thの体に触れ、「アノネー、センセー、聞イテクレル？」と甘えた声を出す。しかし、Thが聞く姿勢をとっても結局は具体的な中味は出てこない。

　第4回：「私ノ秘密、センセーニミセタゲル」と、カバンの中から本をとりだし、その解説を一定の台詞で何度も唱える。壊れたプレーヤーのように強迫的にくり返す。顔を真赤にして眉をひそめ、口をパクパクさせ、口のまわりにたまった泡をハンカチでごしごしふきながら。そして再三Thに抱きつく。大げさに両手を広げて走り寄り、とびついてくる。Thもそれに応え、体をかがめてClを抱きとめる。しかし、初めてP子を抱いた時、Thはそのあまりのぎこちなさに驚いてしまう。なにかおかしいのである。接触感に乏しいというのか、子どもを抱いている感じがしない。頑張って受けとめようとするのだが、P子をうまく抱きとめられなくてThは悲しい思いでいる。

▶P子は自分の秘密をThに示そうとする動きをみせる。しかしまだ本当のものを示せない。Cl自身にもそれがなにかはわからないのであろう。私はこの子を本当にしっかりと抱けるようになるだろうかと、Thは不安である。

　第5回：野球。すごい勢いで打ってくる。時折、急にかけ寄ってバットでThを軽く叩き、そのまま部屋の隅に走り去ったかと思うと立ち止まって向きを変え、バットを投げ出すと同時に両手を広げ、「ゴメンネー、センセー、タタイタリシテ！」と叫びながら走り寄ってとびつくClである。彼女の芝居じ

みたポーズと、下手な抱かれ方に、Thは複雑な気持ちになる。

　第6回：母子おそろいのきれいな生地の服を着て来るが、母親には派手すぎ、P子には地味すぎて両者ともあまり似合わず、チグハグな感じがする。今日はサッカー。ThがころがしたボールをClが力いっぱいけり返す。Thがそれを受けとめる、その繰り返し。「ドウ？　私強イデショウ？　コレヲ返シサッカート名ヅケルワ」とP子は得意そうである。

　第7回：サッカーとスカイピンポン。P子の勝手なルールでThは点がとれない。抗議してもゆずらず、「センセー、ダメネー！」を連発して上機嫌のClである。

　第8回：スカイピンポン。今回は「センセーニモ点トラシタゲル」と、何回かまともに投げてくれる。そして時折、オーバーな仕ぐさで抱きついてくる。終わり近く、急にお腹が痛いと、母親のいる面接室へ行く。この日はたまたまカウンセラーが留守で、母親は1人で待っていた。ところが行ってみると母親は気持ちよさそうに居眠りしていてP子に気づかない。入口で立ち止まってしまったP子を、Thが励ましてトイレに連れていく。出てきたP子は、「センセーアリガトウ、アリガトウ、気持チヨクナッタ。ウンコ、タクサンデタヨ、5ツモデタヨ」と何度も言う。

▶偶然のウンコ事件で、Thが母親の代理をしたことになった。それに対するClの反応はポジティブであり、ラポールがしっかりしたと思う。

　第9、10回：サッカー、スカイピンポン、野球。「センセー、ダメネー」と笑う。少し工夫して新しい遊びも考える。時折ベタッとくっついてくる。「センセー、キレイネー」（Thが華やかな色の服を着ている）とも言う。

▶ThもP子が結構かわいく思われ、会うのが楽しみになっている。しかし、相変わらずのキンキン声で、抱きしめてもピンとこない。

　第11回：野球とハシゴ（高さ1.2mくらい）からの飛び降り。「ドウ？　ウマイデショウ？」と自慢する。ふとしたはずみにThに向かって。「オ母サン！？」と呼びかけ、それに気づいて、「アレッ！　木村センセーヲオ母サント間違エタ。ドウシタノカナァー」と不思議そうな顔をする。「今、Pちゃんは先生のこと、お母さんみたいな気がしたのね」とThは答えるが、これ以後、Clはしばしばthを"オ母サン"と呼び間違えるようになる。

▶Thに対する母親イメージの、あまりにもストレートな投影に感激してしまった。

第12、13回：野球をするが、Clがやたらに近寄って打つためにうまくいかない。部屋にある補助輪つきの自転車にも乗ってみる。もともと三輪車にも乗れぬClであるから、ハンドルを握って同時に足を動かすことができない。しかしClは一生懸命練習する。Thは時折、彼女の手足に手をそえながら、「ほら！　Pちゃん頑張れ！　次はこの足ふんで！　手はしっかり握ってね！」と大声で励まし、見守っている。しばらくすると練習のかいあって、少しずつこげるようになる。するとClは苦労して卓球台のまわりを一周し、そのつど「センセー、デキタ？　デキタ？」とかけ寄ってくる。Thも力が入り、成果があがるのが本当にうれしく、「うん、できた。頑張ったね！」とそのたびに手を握りしめる。「オ母サン！（Thに向かって）コノ自転車、オ父サンニ言ッテ買ッテモラオウ」とClは大喜びしている。"オ母サン"とP子が呼ぶ時、彼女がそのことに気づいていなければ、Thは"はい"と答えている。

第14回：「コノクツガイカン。センセーノ、カシテ」と、Thのサンダルをはいて自転車の練習。Thが手をそえなくてもよく進むようになる。「センセー、センセーハ何歳？」と急にしつこく尋ねる。「いくつだと思う？」と問い返すと、先生は39歳だと思う、と答える。それに対し、Thはとっさのことでもあり、また、あまりにも実際の自分の年齢と違いすぎていたため、「ネー、何歳？」と問いつめるClに「少し違う。もうちょっと若い」と言葉をにごしてしまった。Clはなおも、「ジャア20歳？　21歳？　22歳？……」とくいさがる。「まあそのあたり」と答えると、P子は「フーン、オ母サンヨリ下ジャナイノ……」と考えこんだ。

▶39歳は当時の母親の年齢であった。年齢についてのThの応答は下手だったと思う。P子がThに陽性転移を起こしており、Thのサンダルをはいて同一視し、しかも"お母さん"と呼び間違えるほど、Thに母親のイメージを重ねているのであるから、プレイルームの中だけでも、Thは39歳になるべきであった。

第15〜19回：自転車の練習が主である。時折、Thと並んで腰をかけ、学校のことを話してくれる。第18回には「センセーニ見セタカッタ。ドウ？」と、

全部マルのついた漢字のテストをもって来る。見せてもらって先生もとてもうれしい、とほめる。自転車はかなり上達してくる。そして、これと同じ自転車がほしい、と何度も言う。結局、Clはプレイルームの自転車そのものがほしいようである。

▶自転車は、ThとClの初めての完成した共同作業である。だからClは、ここにある、この自転車がほしい、と言う。ねだるというのではなく、Thとの関係の中における、自転車への好ましい愛着の表現であるように思う。なお、この頃より、P子の話し方があまりカン高く感じられず、後になって気づいたのだが、記録の文字が部分的に片仮名でなくなっている。

第20回：Clが風邪で2週ぬける。やっと治った。しばらく来なかったから寂しかった、ここで遊びたかった、先生と会いたかった、と繰り返す。野球と、"剣道"と称するチャンバラ。「来週も来ルヨー、剣道するよー」

第21回：ハシゴの上に立って野球。「オ母サンノ秘密」と、家での母親の行動をそっと耳うちする。中味はやはり定かではないが。

第22回：冬休み明け。「長いことお休み。寂しかった。先生に会いたかった。今日は会えてうれしい」と言う。野球の後、Cl自身の発案、演出による"刀ごっこのお芝居"が始まる。P子は銭形平次。Thは悪いヤクザ"ゴンボウ組"の子分たちになる。まず、平次への"果たし状"をThに黒板に書かせ、それをThがClに向かって読むところから始まる。「先生！　先生のやさしい声はあかんの！　恐い声で、男の声で！」と注文がつく。平次は女房（この時、Clはその名前を自分の母親と同名にした）に「達者でなァ」と別れを告げて決闘場所の"夕日が原"へ出かける。「よく来たな平次、さぁ来い！」とThがこれを迎え討つ台詞を言い、チャンバラになる。Thが切りつけると、「平次はやられへんの！」と、急に甘えた声になる。第1の子分"三太郎"がやられると、「倒れて死んで！」と指図する。第2の子分の"七五郎"も、果たし状のシーンから始め、これも倒されてタイムアップ。「どう？　先生、私うまかった？　おもしろかった？」とP子は目を輝かせている。

▶P子の演技は真に迫っており、Thがあっけにとられるほどうまい。日常場面の会話よりも感情がこもっているのが印象深い。

第23回：前回の続きである。同文の果たし状から始め、今回は最後の子分

の"五郎"と平次との決闘となる。「最後の子分は強いんだ！ 簡単にはやられない！」とThは応戦する。しかし五郎はやられ、平次は家に帰って女房と無事を喜び合う。次はいよいよ親分だとThが思っていると、「ヤクザはいなくなって、町は平和になりました。終わり！ ゴンボウ組は3人しかおれへんかった！」としめくくってしまう。

第24〜25回：野球。1回受けとめると1点。Clはでたらめなボールを投げ、Thに点をとらせてくれない。「先生の弱点を捜そう！」と、全く受けられぬボールを投げてくる。投げる時のポーズもいろいろと考え、"魔球"を考案するのだと言う。クルクルまわりながら、床に倒れる瞬間に投げる"ダイビングボール"など、「すごいでしょう」と喜んでいる。

第26回：ハシゴから飛び降りながらボールを投げる野球。今回の新しい遊びは"宝捜し"。Clは"ゴンボウ1号"、Thは"2号"。2人でトランシーバーをもち、主にClが指示をして連絡をとりながら"盗まれたダイヤ"を捜す。Thは石やビーズ玉を見つけては「アッ、これかな？」とClに見せるが、Clはそのつど首を横にふり、結局終わりまでダイヤは見つからない。しかしP子は「ああ面白い。こんな面白い遊び、先生したことある？」と大喜びである。ThはそのP子の感激ぶりに感動する。「Pちゃんがこんなに楽しそうだもの。先生だって面白い」「そう！ P子はじめて！ とっても、とっても面白い！」

▶肝心のダイヤは見つからず、親分の登場しないチャンバラに似ている。しかし、ダイヤの隠されている周辺を、P子はこれまでの人生にないほどエネルギーを使い、感情をこめて探索する。ダイヤそのものの発見よりも、今はThとともに捜すことに意味があるのだと思う。

第27回：サンドバッグを叩いたりけったり。「どう？ 私強いでしょう？」と不自然なほど繰り返す。野球では「先生をやっつけろ！」と、メチャクチャなボールを投げるが、机の下にころげ込んだボールは自分で拾う。

▶強さを強調するClに対して、Thは「うん、Pちゃん強いね、強くなったね、もっと強くなりたいのね」と応答しているが、こういう時のClに、Thはなにか悲しい、うつろなものを感じて、あまり楽しい気持ちになれない。

第28、29回：ハシゴの上で野球。もうThを"お母さん"と呼び間違えるこ

とはない。

　第30回：長椅子に並んで座って話す。「ここ、来年は来ないの」といきなり言いだす。「ここは4年生まで。1年から来て、5年生になるからもうおしまい」。それはP子自身の考えなのかと問うと、「そう。悲しいけど。私、きのうで10歳になった」。あと、野球をして過ごす。

▶ Clの方からの突然の終結の予告にThは戸惑ってしまう。しかし、Clは固く決意した真剣な表情である。残りは10か月。この期間をいかに過ごすのかが重大な意味をもつことになるだろう。

　第31回：「暑くなってきた。夏休みに会えないね、寂しいね」。ハシゴの上で野球。そして、手を伸ばし、背伸びして天井に届こうとする。もう少しで届かない。「残念！　もうちょっと大きくなれば届くのに。5年生になったら……でも来年はもうここへ来ないし……」。10回だけ、と良いボールを投げてくれる。また、急に「足が痛い」と甘えた声を出し、くつ下を脱いではだしになる。Thがその足をさすっているうちにタイムアップ。くつ下をはかせて退室する。

▶ プレイの終結を懸命に自分に言いきかせているClである。背伸びをして、少しでも早く終結に向けて成長しようとするかのようである。

　第32回：暑い暑いと、服を脱ぎ、シャツとパンツになって、久しぶりに自転車。「いいなぁ、この自転車、ほしいなぁ……」と言う。

　第33回：暑い、とまた服を脱ぐ。6月中頃の涼しい日なのに。そのままソファに寝そべって歌を歌う。Thのひざを枕にして。2人で歌いながら時間いっぱいまで過ごす。

▶ 体を動かさぬプレイは初めてのことである。女の子らしさが感じられる。

　第34回：まず服を脱ぐ。今日はパンツも脱ぐと言うが、結局は脱がない。これから作曲、と画用紙に題名をいくつも書く。"涙の最後のおくりもの""悲しい手紙""さよならの夜""遠い所へ働きに""別れの歌"などが悲しい歌。各々に1つずつ、涙のしずく、ハートにバツ印、といった小さいカットをつける。一方、楽しい歌は"2人で行こうあの野原へ""Tシャツを着たあなた"の2曲。これには花とTシャツの絵が描かれる。来週は歌詞とメロディーをつけて歌おう、それをテープに吹き込んで2人で聞こうと、約束する。

▶ "別れ"と"裸になること"がテーマとして続く。Clの決意の固さが感じられる。

第35回：「どう、私強いでしょう？」と、サンドバッグ。「恥ずかしいけど……」と服を脱ぐ。「恥ずかしい。お母さんには内緒ね」とも言う。かなり上達した自転車に乗り、補助輪をはずしたいと言う。「来週はサーカスごっこ！」と決めてタイムアップ。

第36回：予告どおりのサーカスごっこ。ハシゴ、マット、ジャンプ台などを使い、飛び降りたり、飛び上がったりの大活躍。「どう？　これだったら私、世界のサーカスに出られるか？」。そう言うなり急に暗い表情になり「でも、世界のサーカスなんかへ入ったら、みんなと会えなくなる。ここで遊んでくれた木村先生に会えなくなる。そんなんいやや！……先生、木村先生、死ぬか？」Th「先生が死ぬような気がするの？」Cl「わかれへん。けど、死ぬか？」。あまりに不安そうなClの表情に、私はまだ大丈夫、Pちゃんと同じくらい元気だと言うと、先生は45歳くらいで死ぬと思う、と答える。そしてなおも「私より先に死ぬか？」とくい下がる。Th「そうかもしれない。でもそれならまだあと20年もある」。少しホッとした様子のClに「Pちゃんはどのくらい生きるの？」と問うと、「わかれへん。でも、長生きするんや、ずーっと！」。やっと元気になり、少し野球をしてタイムアップ。

第37回：サーカスごっこ。卓球台の上から床のマットへ飛び降り、距離をのばしていく。

第38回：夏休み明け。楽しかった夏休みの話をしてくれる。あとはハシゴ上での野球。

第39回：サーカスごっこ。卓球台の上に机をのせ、そこからジャンプ。次第に高くなる。今日は作曲、と画用紙に歌詞を書く。"美しい夏がきます"という題名の歌。"美しい夏がきます。いまにきっととても素敵な美しい夏がくるでしょう。きっととても楽しいことがいっぱいあるでしょう。私は信じています、この美しい夏をいつまでも……"こんな意味の歌を勝手なふしをつけて楽しそうに歌い、テープに吹き込んで一緒に聞く。P子はかなりの音痴であったが、Thには楽しく聞け、Clは歌詞を書いた紙を大切に持ち帰った。

第40〜42回：2人で歌ったり、テープを聞いたりして過ごすことが多い。女

の子らしいClである。

　第43回：「あのね、こないだの作曲の紙ね、お母さんが私に言わんと捨ててしまいはった」とヒソヒソ声で訴える。この日、全身をビクッとふるわせるチックが出ている。P子にチックの症状があることは以前に聞いてはいたが、Thは初めてである。「どう、先生、私こんなに元気よ、健康よ、すごいでしょう」と不自然なほど言う。そしてサーカスごっこ。高さがエスカレートして、卓球台の上にのせたハシゴからの飛び降りになる。体がギクシャクして、今にも足をひっかけて墜落しそうに見え、Thはハラハラする。あまり危なっかしいので、やめるように言うが、「イヤッ！　もっと飛ぶの！」と聞き入れない。Thも懸命に説得する。先生はPちゃんが好きだから、Pちゃんのしたいことをさせてあげたい。でもPちゃんにケガをしてほしくない。とても危なくて見ていられない、心配でたまらない、だからやめてほしい。やめなさい、とかなり強く言う。とうとう来週あと5回だけ飛ばせるという約束で、指切りしてやめる。

▶チック症状や危険な遊びなど、P子の中で彼女をかりたてるなにかが渦まいているようである。その動きがClを壊してしまいはしないかとThは不安である。

　第44回：サーカスごっこ。約束の5回を十分注意して飛ばせる。前回より少し落ち着いている。大好きな漫画の"ド根性ガエル"を買ってもらった、とてもうれしい、今まで生きていてよかった、とオーバーに言う。「さあ来い！いくぞ、P子のど根性！」とはりきっている。

　第45回：好きな漫画の話。漫画は大好きで、たくさんもっているが、もう来年は5年生だし、だれかにあげるか捨ててしまうかする、そして本をたくさん読もうと思う、と話す。「あのね、ないしょの話。I先生にもないしょ。私ね、空を飛びたいの」。大阪の空、京都の空、そして世界の空を飛びたいのだ、と言う。終わり近く、紙芝居の"ジャックと豆の木""マッチ売りの少女"をThに読ませる。

▶これまでのものを捨てるのは成長の準備であろうか。空を飛ぶ、天に昇るなど、背伸びと飛躍に通ずる興味あるテーマである。

　第46、47回：咳、腕ふりチックが目立つ。プレイルームに備えつけの漫画

を読み、じっとして過ごす。12月の寒い日なのに、上着を脱いだままである。Th「寒くない？　ストーブつけようか？」Cl「いいの。私は強いから」。Clに直接話しかけるのがためらわれ、並んで座って、同じ漫画を眺めて過ごす。

　第48回：卓球台の上に立って野球。さまざまな"魔球"を考案し、命名する。それをThが黒板に書きとめる。"ジャンプ・スピード・ダイビングボール"など。チックが2回。Cl「先生、私、死ぬか？」Th「死ぬような気がするの？なにか恐い感じなの？」。ThはP子の手を握り、いろいろと気持ちを推しはかって話しかけてみるが、Clは考えこんでしまっている。

　第49回：野球とバドミントン。チックは軽く2回（以後チックはなくなる）。Cl「先生、死ぬか？　私も死ぬか？」Th「2人のどちらかが死ぬように思うの？」Cl「……ううん、うそや！　死んだりしたらえらいことや！」。それからだんだん元気になり、先生大好き！　と久しぶりに抱きついてくる。初めよりはかなり接触感がある。"木村先生の歌"を作った、と歌ってくれる。"木村先生はとても素敵。お目々がキラキラ、太陽のよう……"

▶気をとりなおして、変化を受け入れていこうとする姿勢をみせるP子である。

　第50回：野球。時々"やさしいボール"を投げてくれる。「今日は楽しかった。先生、ありがとう、ありがとう」と帰っていく。なにかひとつ整理がついたような感じである。

　第51回：サーカスごっこ、野球、みんなする、と言って入室。いろいろした後、クマのぬいぐるみに名前をつける。「私、もうすぐ五年生になる。ここへ来られなくなる。寂しいな、先生も寂しいか？　家へ遊びに来てね」

　第52回：他のClが卓球をしているのを見て、私も、とラケットをもつ。もち方はお母さんに教えてもらって知っている、とわりに上手に打つ。「どう？私上手？」。これは感じの良い問いであった。本当にうまいのでほめてやる。そのうちに、卓球台の上に登ってやり始める。「おかしいよ」と注意するとすぐに降りる。しかし、次には片手をベタッと台の上についてプレイする。Th「手をつくのはルール違反よ。つかずに練習する方がいいよ」Cl「ダメ！　手をついた方がいいの！」。だが、急に真剣な顔になり、「どっちにするか考える。先生はむこう向いてて」と、しばらく考える。やがて、「決めた！　でも

先生には教えない！」と言って、プレイ再開。頑張って手をつかず、体のバランスをとっている。「どう？　わかった？」。得意そうにThを見る。Th「わかった！　ルールどおり頑張るのね。エライ！」。タイムアップを少ししぶる。Cl「もうすぐお別れ。悲しいな！　先生も悲しい？　時間って、どんどんたつのね」Th「お別れね。あとひと月、悲しいね。時間は待ってくれないね。Pちゃんは時間と一緒にどんどん大きくなっていく。それは先生にはとてもうれしいことなのよ」。先生大好き、ととびついてくるClである。

▶今回の卓球では、ClはThの助けを借りず、自己決定をしながら練習を積んでいく姿勢をみせる。別れを悲しむP子に、Thは2人が別れることはThにとっても寂しいが、同時にそれがClの成長であり、それはうれしいことだという気持ちをなんらかの形で伝えたいと思っている。

第53回：卓球。熱心に、技術の上達をはかり、力をみがくという感じのプレイである。

第54回：久しぶりの野球。"お別れ""寂しい"と言いながら。終わり近く、棚から怪獣カネゴンをとり出して砂箱の中央に寝かせ、ゆっくりと砂をかけて埋めてしまう。カネゴンの埋まった砂山が中央にそびえる箱庭ができる。Clはそれをカネゴンのお墓だと言う。Cl「カネゴンは悪いことや乱暴なことはしない。けれどお金を食べるから、やっぱりみんなを困らせる」。そのカネゴンのお墓。山頂に花を飾り、砂山の左右に指で"カネゴンのおはか""さようなら、カネゴン"と書く。

▶埋葬されたカネゴンは、これまでのP子自身であると思い、胸のつまる思いであった。

第55回：最終回。野球、卓球など、いろいろな遊びをサラッとする。「今日でお別れ」とくり返しながら。Cl「先生、さようなら。私、中学生になっても来てもいいか？　中学生になったらまた来てもいいか？」Th「中学生のPちゃん、どんなかな？　先生はいつでもPちゃんのこと待っている。また会えるかな？　それまで元気でね」。そんな会話を最後に、P子はわりに淡々とした表情で帰っていった。このころ、彼女がクラスでは以前ほどはみ出さなくなっていることが報告されていた。

第3節　考察

　プレイセラピィの場合、子ども自身の成長の力が大であるため、プレイそのものが果たしてどの程度はっきりした治療としての役割を果たしたのかを証明することはむずかしい。ことに、本事例のような主訴の場合には、なんとなく目立たなくなったという程度で、劇的な主訴の解消も起こらない。したがって、治療の意味を論ずるにあたっては、どうしてもそうしたあいまいさがつきまとうことは避けられない。しかし、そんな中にも、Thである筆者には2年間をP子とともに生きたという感じが強く残っている。彼女はThの胸を借り、Thは彼女に鍛えられたと思う。そして完璧にとはいえぬまでも、2人ともにある程度まで成長したと感じる。その過程について、考察を行いたい。

症状の意味
　どこか調子の狂ったキンキン声や落ち着きのなさ、コントロールのきかぬエネルギー、ぎこちない動き、協応動作のまずさなど、特異なP子の状態はなんらかの器質的な障害の存在を感じさせる。これらは微小脳機能障害（minimal brain dysfunction）症候群の子どもの示す特徴にあてはまるのではないかと筆者は考えている。
　心理的、環境的要因としては、両親の問題が彼女に安定できる子どもの世界を提供しえなかったことが考えられる。知的には高いが性格的に片寄ったところがある父親は、P子に父親としての好ましい力強さや暖かさを与えなかったであろうし、また、そんなむずかしい夫に仕える母親は、一見よくできた妻ではあるが、女性として幸せとはいえず、家庭内に夫婦の望ましい感情の交流があったとは思われない。母親の面接内容についてはここでは触れぬが、こうした安らぎと暖かさと、なまの感情表出に欠ける生育環境が、本児をして、やたらに言葉や行為はオーバーであるが、その中味となるフィーリングに欠けた、足の地に着かぬ調子外れの反応をエスカレートさせることになったのであろうと考えられる。また、プレイの過程にみる、驚くべき迫

真の演技や死への関心の中に、ThはP子の深い部分にある病的な世界をかいま見たように思うこともあった。しかし、本事例の場合、Thは器質的な障害や診断的側面にはあまり関心を向けていなかったように思う。初回に感じた「この子とフィーリングのこもった会話がもてるようになりたい」という気持ちに支えられて、毎回をただ一生懸命にP子の相手をし続けた治療であった。

遊びの展開──出会いから別れまで──

　2年というのはかなり長い期間である。しかもClの遊びはそのほとんどが"野球"であり、変化に乏しい。本稿では主としてClの新しい動きを拾って述べたために、彼女がいかに多く野球をしたかの感じが伝わりにくいかと思われるが、思えば気の遠くなるほどのボールのやりとりをしたものである。根気よくその相手をつとめるThの気持ちを支えたものは、1つには初対面の時のClの印象である。前もって抱いていたイメージがあまり好ましくないものであっただけに、この子を好きになれそうだと感じた時の喜びは大きく、長くかかっても頑張れそうだという勇気をもつことができた。もう1つには、いきなりオーバーな身ぶりで抱きついてきたClを初めて抱きとめた時の、驚くほどの接触感のなさである。同じ頃、同年齢の知恵遅れの女児のプレイをしていたが、その子どもは言語表現も動きも、はるかに単純であったにもかかわらず、甘えることは巧みであり、ハートが感じられた。その子が無言でThのそばに座り、ニヤッとして体をそっとすり寄せてくるだけで、Thにはなんともいえぬ、生身の人間の存在が感じられた。甘え方の巧みなその子のことを思うにつけ、これほどにオーバーな行為と言語表現をしなければならぬP子の悲しさを思い、私だけでもこの子をうまく抱きしめてやれるようにならねば、という気持ちも動機づけを高め、P子へのThの関心とエネルギーを持続させるのに役立ったといえる。こうしたThとの関係が支えになって、P子は"野球"を、いわば自分の遊びと成長のホームベースにしながら、少しずつ変化し、表現を展開していったようである。

　次に、治療の流れに従って本事例を概観してみたい。

　最初のころのP子は、Thが好感をもてたとはいえ、やはりゼンマイ仕掛けのロボットのようであった。キンキン声で叫び、動きまわりながら、彼女は

甘えと同時にThを支配しようとするアンビバレントな動きをみせ、Thを試したり確かめたりする。そうした中で、まずThにアピールしたのが例の"ぎこちない抱きつき"であった。うまく受けとめられぬThであったが、しっかり抱きしめたいという気持ちだけでも通じたのであろうか、Clはなにか自分の秘密を示そうとする動きをみせる（第4回）。続いて第8回、偶然にThが母親に代わって彼女を排便に連れていった頃から、Thに対する陽性転移と母親イメージの投影が表面化し、ClはしばしばThを"お母さん"と呼び間違えるようになる。この頃より彼女はThと2人の、プレイセラピィ独自の世界に入っていく。さらに続いては自転車への挑戦が行われ、Thの励ましでP子はなんとかペダルをこげるようになる。協応動作のまずさからくる問題の1つが、2人の初の共同作業によって解消されたのである。この時、P子は何度もThのサンダルをはきたがる。実際にはThのくつはまだP子には大きくて歩きにくいのであるが、彼女は"このくつならうまくこげる"と言う。これは1つの仕事に頑張るのにThの体の一部を借りてそこからエネルギーを得ようとするClの姿であり、Thへの同一視の表れでもあろう。その頃、Thの年齢をしつこく尋ねたことがあったが、これに対するThの応答はプロセスの中で述べたように不備であり、陽性転移→母親イメージの投影→Thへの同一視という流れがひと休みしてしまう。

しかし第21回には、"お母さんの秘密"をThに示す動きをみせ、それを境に第2の共同作業の"お芝居"に入っていく。第22、23回の"刀ごっこ"および第26回の"宝捜し"の2つのお芝居は実に印象的であり、Clの迫真の演技と感激ぶりをThは今も忘れることができない。Cl扮する銭形平次は、町の平和を乱す悪いヤクザの子分たちから挑戦され、1人ずつ倒していく。この際、平次の女房の名がClの母親と同名になることは非常に興味深い。解釈的になるが、ここに登場する銭形平次は、Clの心の奥深くにある父親的なもののイメージ化されたものではないかと思われる。現実の父親には求めても得られぬ、強く正しい父親像を自ら演ずることによって、父親的な強さに同一視しようとしたのであろう。Thに投影していた母親イメージから、Clのつきあう対象が父親的なものに変わっていったのかもしれない。もっとも、全期間を通してClが言う「どう？　私強いでしょう」という言葉や、野球とい

う遊びそのものも男性的なものであり、強い、父親的なものに対するP子の愛着が根強いことを感じさせる。

さて、この刀ごっこではThは複数の悪者になり、いわば暗い影の部分を演じることになる。ここでClはThに「先生のやさしい声ではなく、恐い声で! 男の声で!」と要求する。Thも頑張って演じるが、なかなか男にはなりきれない。このあたりは治療者としてのむずかしさを痛感した。さらに、宝捜しではCl自身もThとともに"ゴンボウ1号"になって"盗まれたダイヤ"を捜すことになる。誰が盗んだのかはClにもわからない。刀ごっこでは悪者だったヤクザの子分たちが、この宝ものを捜す役割をとっていることも興味深い。

ところで、刀ごっこに親分が登場せず、盗まれたダイヤも見つからずに終わる点がThにはたいそう気にかかることであった。最も根本的なものがまだ埋もれているのである。しかし、この共同作業におけるClの力の注ぎ方は全く感動的であり、十分に演じきったとも思う。結局は、この段階での彼女の表現力と問題の探求の能力の限界はここまでであり、さらに当時のThの力もそこまでであり、親分の登場とダイヤの発見はもう少し先の作業になるのではないかと思われる。このあたりでThのノートに記されたP子の発言がもう全部片仮名でなくなっているのに気づいたのであるが、共同の作業に没頭し、それを通してP子との間になにかそれまでにはなかった気持ちの通じあいが始まったのだといえよう。

次に、Clは突然に10か月後の終結を口にする。来談をやめるような外的な事情はなにもないにもかかわらず、P子の決意は固い。

子どもが自分から終結を宣言することはしばしばある。その場合、さまざまな原因が考えられる。まず第1に、主訴の改善もみられ、Thと遊ぶことよりも日常の場面で友人と過ごすことの方に興味が移ってきた場合。次に、無意識的にではあるが、Thとの間がどうもうまくいかず、もうやめたい、意味がないと感じての中断事例。第3に、治療は十分に展開してきたが、もっと続けると自分ではまだ受け入れがたい重大な変化が起こるかもしれぬと予感する場合。今はひとまずここまでにして、ひと休みしたいという気持ちが終結を宣言させるのである。

本事例は第3の場合の亜型のように思われる。P子は終結までに10か月の期間をもうけ、その間に今の自分にできうる限りの仕事をし尽くそうという決意を固めたかのようである。

一方、ThはClの宣言を聞いて、自分の側には終結の見通しがなかっただけに考えこんでしまう。そして、あと10か月間の彼女の動きをみて、納得がいくなら終わろうと思う。

それ以後の遊びのテーマは"別れ""成長""死"といったものが中心になっていく。先生と別れるのはつらい、悲しい、とくり返しながら、Clは懸命に頑張ろうと背伸び（第31回）をしたり、自転車の補助輪をはずしたく思ったり（第35回）する。さらに、梅雨時のうすら寒い日であるにもかかわらず、第32～35回には入室するとすぐに服を脱ぐようになる。母親が作って着せた、いわば現実の世界の衣装を脱ぎ捨て、Thの前で裸の自分になって、再出発しようという決意であろうか。この頃の遊びは、2人でともに歌を作り、歌う第3の共同作業とでもいえるものであり、初めての体を動かさぬ、女の子らしさのあるものである。その歌作りでも、テーマは別れであることが印象深い。

第36回、Thや自分の死を具体的に言語化して問いかけるClには、別れや変化に対する不安と恐れの表情がある。この会話での"死"は、子どもらしい現実の死への恐怖のみでなく、これまでの自分自身の死、プレイルームでの自分とThの象徴的な死であると考えられる。Clの真剣な問いに対し、Thはここでも要領の良い応答を返せない。本当は死なないが、成長するために、象徴的には死ぬのだという内容を、彼女にわかる形で伝えたかったのだが。

次に出てくるのは、Thをハラハラさせるサーカスごっこ、思いがけぬチック症状である。別れをひかえてのClのエスカレートした頑張りと、内的なエネルギーの高まりが、彼女をして、より高く高くとハシゴを登らせ、それが禁止されると空を飛びたいとイメージで語り、なお表現しきれぬところはチック症状として身体が肩代わりしたのであろうか。

第46～47回、Clは気分の高揚を押さえるためか、Thを少し遠ざけて読書をするが、再び死の話を確認し、Thを讃える歌を作ってくれる（第48、49回）。久しぶりで抱きついてくるClに、Thは当初ほどの違和感を感じない。Clと

の長いつきあいで、Th側の感受性が変わったのかもしれないが。
　それから後はチック症状もなくなり、プレイはまとめの儀式に入っていく。遊びは野球に戻り、さらりとひと通りをこなすことが多くなる。そして第52回には、たまたまやってみた卓球で、自己決定をしながら練習に頑張る自分をThにみせてくれる。もしも治療を続けるとすれば、今後はこの卓球という高度なホームベースが野球に代わって位置づくのではないかと思われた。お別れ、と時の流れを惜しむ会話も、少女らしく感傷的な中に、彼女の成長と決意を感じさせた。
　第54回のカネゴンの埋葬はまさに別れの儀式のフィナーレである。"悪いヤツではないが、やっぱりみんなを困らせる"カネゴンは、前述したように、明らかにこれまでのP子自身であろう。そのカネゴンの死と別れは、まさにP子の中にある restless child の死であったのではなかっただろうか。
　Thの中に最も強く残っているのは、最後の「中学生になったら、また来てもいいか？」というClの言葉である。確かに"親分"はまだどこかにおり、"盗まれたダイヤ"の発見という仕事が残っている。それは思春期に入ろうとする彼女の、これからの問題なのであろう。Thにもっと力があったら、それらはこの治療の引き続きとして取り組んでいけたかもしれない。しかし、筆者はP子の言うとおりひとまず終結にしようと思った。彼女にも、そして私にも、まだ次の段階に入っていくだけの用意がないと考えたからである。

たった1つの箱庭「カネゴンのお墓」
　P子の最初で最後の箱庭についてはその治療の流れを追っていけば、多くを語らずとも十分にその感じが伝わってくる。できあがった作品そのものは、中央に1つの砂山（その中にカネゴンが埋葬されている）、山の上を花が飾り、左右の砂地に「カネゴンのおはか」「さようならカネゴン」と指で書かれており、見た目には特に美しくはない。しかしそれはP子が長い治療の終わりに、自らのイメージであろうカネゴンをその中に組み込んだ、彼女自身のマンダラであると言ってよい。固くぎこちなく、キンキン声で、心と身体がバラバラであったP子が、初めて1つのまとまりをみせ、その中心的なものを表現したのである。P子の場合、治療の初回から、同じ箱庭がいつもプレイルーム

に存在していたにもかかわらず、彼女はこの時まで箱庭には見向きもしなかった。P子が自らの中に力を貯え、1つの区切りをつけて旅立とうとするとき、初めて箱庭に手を触れたのである。1つの中心ができ、それを表現して、それがまたこれからの成長の1つの出発の最初のステップになるのだと考えたい。そのマンダラは、「お墓」であり、葬られたカネゴンと、その上に咲く花は、死と再生のモチーフでもある。「象徴とは、それが生命を持ったものである限りは、それ以外の方法では、それよりもうまくあらわすことができないような事柄の表現であり、名状しがたいものを、このうえもなく見事に表現するものである」とユングは述べている。また、ホール(40)(Hall, C. S.)らは『ユング心理学入門』の中で、象徴について「結局、象徴とは精神の表現であり、人間性のすべての面の投影である。象徴は、民族的、個人的に獲得され、貯蔵された人類の知恵を表現しようとするだけでなく、個人の将来の状態をあらかじめ決定している発達の諸水準を表すこともできる……」と説明している。

　さらにユングは、ある表現が象徴になりうるか否かは、それを見る意識の根本的態度にもよる、と言う。P子のマンダラは、彼女自身の治療の過程のしめくくりと、自立しようとする意志を示す、そうした象徴と言ってよい。この表現に接してThはそれを実感することができたのであるから。

おわりに

　本事例をふり返ってみて、筆者の未熟さから、P子への応答や理解が不十分なため、スムーズに進まぬこともあったと反省させられる。P子はフィーリングには乏しいが、動きや言葉はきわめてオーバーであった。それに比し、筆者はむしろ逆であったように思われる。相手の感情をとらえたり、感覚的にものを見たりするのはできる方であるとは思うのだが、それを外界に言葉や行為でもって臨機応変に表現し返すことが苦手であると思う。もっとスピーディーな反応で相手を受けとめる治療者であったら、プロセスの展開もスッキリしたものになり、親分を捜すところまで進んだかもしれない。本事例はP子にとっては"情緒を作っていくプレイ"であり、治療者にとっては自

分自身の表現力の問題を考えさせられるものになったと思う。

　P子と別れてからすでに10年が過ぎた。その後は家族から年始の賀状が送られてくるが、特に問題を訴えてこられることはない。

（「臨床心理ケース研究3」1980　誠信書房　収録）

　注1）脳波所見は「正常とはいいがたいが投薬等を要するものではない」とのことであった。

第12章
自己理解としての箱庭
―― 2人の女子学生の箱庭世界 ――

はじめに

　さしあたっての問題を持たぬ人が作る箱庭はわかりにくく、見る者に訴えかけてくる迫力に乏しいと言われる。事実、日常生活に特に支障なく平和に過ごしている人が「面白そうだから」と作った箱庭は、美しく楽しい世界だなと思わせるだけで、セラピストとしての関心をそそられるものに乏しい。

　しかしながら、現実場面で不適応を感じているか否かはともかく、どんな人もその内的世界を持っている。そこには表面的に外にあらわれるもの以外の、その人の内にある可能性が秘められている。音楽、美術などの芸術分野に代表されるような、さまざまな自己表現活動を人がするのは、そうした自らの内にあるものを少しでも開発していくための動きであると筆者は考えている。そしてすべての人にとって、そうした活動は自らを癒し、成長させるためのエネルギーと手がかりになるといえる。

　箱庭制作もまた、その意味でどんな人にとっても自らの成長に役立つ貴重な自己表現活動になりうる。箱庭表現には、第2、第3章で述べたような特徴や効果がある。特に現実の問題を持たぬ人の場合、"自己表現の欲求の実現""美意識の満足による自己成長"といった視点が制作活動の中心になると筆者は考えている。

　本章にとりあげる箱庭作品の制作者は、いわゆるクライエントと呼ばれる立場の人ではなく、心理学の専門家でもない。ごく普通の日常生活を送っている女子学生である。彼女らが箱庭を作った背景は後に述べるが、2人は人間関係を体験的に学ぶことをねらいとする学習の場[注1]にいて、自分と他者、お

よびその関係のあり方に関心を持ち、自己理解、自己表現のために箱庭作りを試みたものである。さらに箱庭制作を媒体に、他者とのコミュニケーションを持つことも心がけたのである。

箱庭作品のことを中村は「現代人の心のディスプレイ」と表現した。自らの内にあって具体的にはつかみかねる心のイメージを具象化するのに、箱庭は最適の素材である。そして健康な人はそこから自己成長のためのヒントを数多く得ることができるのである。

本章はそうした自己理解のための箱庭作りに焦点をあてたものであり、ここにとりあげた2人の若い女性の箱庭は、彼女たちの素直な心のディスプレイであると言える。

第1節　概要

箱庭ルームの開設

本章に紹介する箱庭作品の制作者AとBは20歳の短大生である。筆者の勤務する短大では、さまざまな内容の合宿授業がしばしば行われる。入学直後のオリエンテーション期間に、生活をともに作り自然と親しむための、農村での自炊合宿、集中的なグループ体験を持つTグループ合宿、教員が各々特性を生かしてワークショップを開く合宿、そして2年生も終わりに近づいた頃、主として学生の企画で運営される卒業合宿。どの合宿も5泊6日、月曜日から土曜日までの1週間であり、学生は全員2年間の在学中にこの大きな4つの合宿を体験することになっている。

本章における箱庭作りはこうした1つの合宿授業の中で行われたものである。

昭和58年2月の卒業合宿は、学生が2年間のしめくくりとして、自分たちのやり残したこと、これだけは最後にやっておきたいことを全員で出しあい、グループを作って1週間活動をするというものになった。教員は学生の要請によって自分の関心のあるグループに自由に参加し、120余名の女子学生と10余人の教員の1週間にわたる合宿が伊豆の山あいの宿泊施設で行われた。

この合宿の中でAとBの発案は他のグループのものとはかなり変わったも

のであった。2人は卒業合宿において、同期生の友人たちを対象とした、自己表現とコミュニケーションの場としての箱庭ルームを開きたいと申し出た。自己表現の重要さについては学習の場で折に触れて体験することが多い彼女らの学生生活であった。そして最後の機会に集中的に表現活動に焦点をあて、同期のメンバーとの交流と同時に自らの気づきを得ようとした。その素材として日頃から関心を向けていた箱庭を選び、助言・協力者として筆者の参加を求めたのである。当初、2名のみではグループ活動としての意味がないということで、他のグループと合流するように話しあわせたが2人の動機づけが高く、筆者も参加するということで、合宿中の相談室的な場（A・Bには"相談"という意識は全くなかったが）としての「箱庭ルーム」の開設となった。

制作の状況

箱庭ルームは、宿泊施設の1部屋、10畳ほどの和室である。そこに砂箱と玩具を置き、希望者の予約をとって逐次制作を行った。

1人が制作するのをA、B2名が簡単にメモをとりながら見守り、できあがった時点で筆者も加わって作品について感想を述べあい、話しあいを持つという形で活動が進められた。話しあいの際には、制作者の表現しようとしたイメージや気持ちを大切にし、それについて十分に語ってもらいながら、自由に気楽な雰囲気で感想を述べあった。筆者以外は箱庭はもとより、心理学の知識において全くの専門外であるため、話しあいはいたずらに解釈的な興味に走ることなく、無理のない次元で進めるよう、特に筆者は心がけるようにした。

こうした合宿の活動の中でAとBは自らも箱庭作りを行った。他の参加者は人数や活動時間帯の関係でほとんどが1回限りの制作であったのに対し、AとBは1日おきに各自3回の制作をすることができた。次節ではA、B2名の箱庭制作に焦点をあてる。クライエントでなく、セラピストでもない人が継続して作った例として特徴的である。

制作者AとBについて

同期の学生数は120名。その中でAとBは比較的目立つ、個性的な学生であ

った。

　Aは活発で行動的、どんな場でも物おじせずはっきりと意志表示をし、リーダーシップを発揮することが多い学生である。一方、BはAほどには行動的ではないが、ユニークな感受性と雰囲気を持ち、マイペースで独自の世界を持っている学生であり、2人とも周囲の学生に対する影響力が大で、それゆえに時として平凡な女子学生の集団の枠から少々はみ出した存在にみえることもあった。Aは6人きょうだいの4番目。Bには弟が1人あり、いずれも両親健在の、問題のない家庭に育っている。なお、2人は比較的仲の良い、気のあった友人として日頃行動をともにすることが多かった。

フォローアップ

　合宿での箱庭作りの後、2人は無事卒業し、就職した。そして1年6か月後の夏のある日、A、Bと筆者は再会し、スライドにした彼女らの箱庭作品をあらためて見ながら、約2時間話しあいの時を持った。制作直後は十分に語られなかったその時の感じや気持ちがあらためて少し客観視されて言語化された。なお、その折筆者から依頼して、彼女らの箱庭制作の体験を簡単に記述したレポートを寄せてもらった。次節終わりに収録したものがそれである。

第2節　2人の女子学生の箱庭作り

Aのケース

　A-第1回（図12-1）：数本の木と教会、2軒の家を手にとって、砂をていねいにならしてから制作にとりかかる。右後方に教会、その前に並木道、左後方に2軒の家、その近くに指で砂をなぞって池を作る。池には水鳥がいて、水辺にはバケツを持った女性が立っている。赤い実の成った木を中央やや右寄りに植え、その木の下に赤い服の女の子が1人。まわりには猿もいる。右側には少年が2人でなにかを話している。手前左寄りに犬を追って走る男の子とそれを見ているおまわりさん、教会と実の成る木の間に馬に乗った人が2人。大きい家の前におばあさんが立ち、左後方の小さい家の横では男の人が畑を耕している。畑にはニンジンが1本ずつ植えられており、Aはこの畑を

ゆっくりとていねいに作った。制作時間は約20分であった。

図12-1

▶Aによるとこの作品のテーマは「のどかな村」。子どもたちがいて、おばあさんがいて、動物は家畜だけ。夫婦が畑仕事をしており、妻は水をくみに池に行っている。家の前のおばあさんは子どもたちを呼び、子どもたちは赤い実の成る木のまわりで遊んでいる。のどかで暖かい場所。平穏で波風の立たない世界。教会は町にはつきものだと思ったから置いた。砂はあまりさわりたくなかった。木の下に1人でいる女の子は誘ってもらわないと一緒に遊ばない。自分からは加わろうとしない。入りたいが入らない、一緒にとけこむのが苦手な子ども。左後方の畑のあたりが自分としては一番気に入っている、とのこと。

制作直後の話しあいで観察していたBと筆者がまず言ったことは「えっ、これがAさん？　意外だわ！」といった意味のことであった。現実の日常場面でのAは活発で人に迎合することを好まず、どちらかといえば男性的な、かなり目立つ存在であった。ところがAの第1回目の作品は、本人も言うようにきわめてのどかでかわいらしく、砂があまり起伏に富まないことも含めて、筆者の目から見れば、多くの若い女性が好んで作る典型パターンに属するものであった。われわれのこうした感想に対して、私の普段のイメージからして意外だと思うのは当然だと思う。でもほんとうはこうなのだ、これが私なのだとAは力説した。筆者が「木の下に1人でいる女の子が気になる」と言ったのに対し、「自分がいるとしたらあの女の子。1人でいて友達とは一緒で

はない。他の子はみんなで遊んでいるのに。でもそれが実に私らしい。私は多勢の人と一緒にいるのはめんどうだ。1人でいる方がよほど楽。特に仲が良い人とでなければいや。他者に自分がどう思われるのかがとても気になる。でもみんなにとけこみたい自分でもある」と言う。さらに、上の方から見ると、箱のまん中あたりにものがなく、中央がポッカリと空いて中心がない感じがすると筆者が伝えると、言われるまで気がつかなかったが、中心がありそうでない、という感じも私にはぴったりする。まだまとまりのない自分だ、との感想を述べた。

A-第2回（図12-2）：まず指で中央に道を描き、両側に木を植えて並木道にする。左後方に今度は底まで掘った池を作り、水鳥を泳がせ、その向こうに水で砂を湿らせた氷山を作ってペンギンの群れを置く。右後方は砂を小高く盛りあげて大木を植え、その木陰に2頭のトラがいる。中央右寄りには猿の群れ、シマウマ、キリン、黒カモシカ、ダチョウはみな2頭ずついる。左手前にシカ3頭。緑色の乗用車が並木道をこちらに向かってやって来るところで、その車のそばにごく小さな男女が立っている。箱の左端では男の子が走っている。制作時間は約40分である。

図12-2

▶左の方に弱くやさしい動物類を、右側に強い動物を置きたかった。しかし、右にいるトラは決して襲ってはこない。場所としてはサファリパーク。シカやシマウマなどのおとなしい動物が仲よく、暖かい雰囲気でいるその感じがいい。好きな所はペンギンがいるあたり。人はどうしても置きたかっ

第12章　自己理解としての箱庭

た。人がいて、トラもいるからといって危険は全くない。男の子は動物を追いかけて外へ出てきた。右上のトラのいる小高い所は、なにかどっかりした威厳のある場所。トラはここから下の世界全体を見下ろしている。この場所に多少の不安はあるが、気高い感じがする所。これから進もうとしている、あこがれに似た感じのある領域だと説明する。

全体にたいへん感じが良いとのBの感想に対し、第1回目のものよりも自由に表現でき、気に入った作品だと言う。Aとしては、前回中心部が空いていると言われたことが多少気になって、まん中に何か作らないといけないと思ったが、大きなものは置けなかった、と言う。Bの第1作目や他の友人の作るものを見て、自分も思い切って砂を使ってみた。掘り下げたり積みあげたりして、感じがよく出せた。全体として、あまりエネルギッシュではないが、落ち着いて、なごやかな印象を受ける世界だと3人で話しあった。

A-第3回（図12-3）：これまでに比べて比較的大きいものが置かれていく。左側は後方に病院、前方に学校。病院の後ろには救急車、前には看護婦さんが立っている。線路が左前隅から右後方にかけて敷かれ、左隅に汽車がある。この汽車は右方向へ向かって走っており、行く手に大きなガソリンショップがあって、乗用車が給油に立ち寄っている。途中、和風の神社とお墓があり、その手前に白ヘビがいる。中央手前のバスは踏み切りで汽車が通過するのを待っており、あちこちに大小さまざまな住宅がある。動物はあまりおらず、小さな人間が各所にいる町の風景である。

図12-3

▶少し田舎の、学校のある所。朝という感じで平和で明るい。病院の前でお母さんが子どもたちと遊んでおり、ここが一番気に入っている。「エネルギーが流れ始めて、方向性がはっきりしてきて、いける、という感じだね」というわれわれの感想に対して、今の自分の感じ。エネルギーをためこんでいるような気がする。就職も決まって、さあこれから、という気分があらわれたみたいだ、としめくくった。

Aの箱庭表現をめぐって

　Aの第1作が作られていく過程を傍らで見ていて、筆者はその意外な側面に触れて非常な驚きを覚えた。Bはすぐに「でもなるほどAらしい」と言った。しかし筆者は普段のAを額面どおり受けとっていた。前述したようにいわゆる平凡な女の子ではないAのイメージがあった。そんな彼女の作る世界はかなり個性的で一風変わったものに違いない——後になって思えばそんな先入観があったのかもしれない。家庭がある、子どもたちが遊んでいる、教会がある……この人にそんな面があったのかと思い、その驚きを率直に伝えた。するとAは、これが私なのです、と言った。日頃、しっかり者でマイペースで動くAは、教師にも誰にも構ってほしくない、というタイプの学生にみえた。しかし、のどかな村の風景を熱心に作るAを見て、この人の大切な一面を私はこれまで知らずにいたと感じ、彼女に対してなにかすまないような気がしたのを覚えている。良い意味で平凡で、女の子らしい夢やあこがれを持つ、あたりまえの若い女性がそこにいた。彼女は幸せな日々の営みを夢み、人びとの中で平和に日常生活の中に埋もれようとする自分を持っているのかもしれないと思った。そうした彼女を全く感じていなかったことがいささか悔まれた。同時に日常の表面に出た彼女がこんな世界を作ってくれたことがうれしくもあった。いかにも女性的な人が女性の典型作品を作った時には「もう少し冒険をしてみてほしい」と感じることがある。その意味で、Aの第1作は筆者にとって新鮮な驚きでもあった。

　制作直後本人にも伝えたように、この世界は平和で、のんびりして広くはあるが、なにか中心になるものが欠けるという印象が強い。実際に高い位置から見ると、箱の中央部がぽっかり空いている感じがする。中心的なものが

まだ自らの世界にできあがってきてはいないと言えるのかもしれない。これが実際の治療事例での初回の作品であるとするなら、のどかで暖かな内面を持っているが、さらにこれからの中心的なものの芽生え、自我の成長と外界への適応がテーマになるものであろう。この頃、Ａは就職が決まったばかりで、その喜びと同時に、目前に近づいた社会生活への希望と不安が同時にあり、自らのアイデンティティの獲得が課題であったといえる。そのような背景のもとでの"中央の空地"だったのだろう。

木の下の少女は、おかっぱ頭で真赤な服を着、年齢的にかなり小さい感じの子どもである。この女の子についてはＡ自身の表現がそのすべてを語っている。

次に筆者は右後方に最初に置かれた教会に注目した。若い女性は教会が好きで、よくこれを使う。しかし、その置かれる位置は経験的には左の後方が最も多い。神聖で神秘的なものとして、左の奥深い位置に樹木とともに置かれることが多いのである。「あなたにとって教会は、日常的な親しみ深いもの、生活の一部なの？」とＡに問うてみた。Ａがカトリックの家庭に育ってきたことを知っていたからである。「まあ、そう言えるでしょうね」とＡは答えた。1年半の後、このことについて彼女は「このあと、別の友達にこんな箱庭を作ったと話したところ、"それは教会の位置がおかしい。私だったら左の隅に置く。そんなところには置けない"と言われました。でも、私としては教会はここになきゃならないのです。私にとって教会とは親しみやすく、プラスのイメージのものです」と話した。クリスチャンの家庭で、教会と密接なかかわりを持って育つ人の、宗教に対する感じ方を残念ながら筆者は十分に知ることができない。そのような人にとって教会は、日常的で大きく、そして常に目の前に厳然と位置しているといえるのかもしれない。教会はこの右側の位置になくてはならない、というＡの説明は興味深いものであった。

第2回の作品は前回よりも広大な世界が表現された。後にＡは3作の中でこれが最も気に入った作品だと言っている。前回は人間の営みが主なテーマであったのに対し、2作目は動物のいる平和な世界である。中心になるものが人間と動物の違いはあれ、平和で静かで、危険がない場所に変わりはない。やはりそれが彼女なのだろう。動物のほとんどがペアでいることに、Ａは筆

者から言われてはじめて気づいたと言う。「そういえば1回目のも夫婦が一緒に働いていたっけ」とA。彼女の家庭はきょうだいが多く、大家族であるが、両親は子どもたちとの日常を過ごしながらも、夫婦2人の生活をたいへん大切にされていると聞く。そのような両親のあり方をAは好ましく思い、自分も結婚したら両親のような仲の良い夫婦になりたいと、常々話している。大人数の家庭生活のなかに埋没してしまうことなく、夫婦としての単位を尊重しておられるのは西洋的なありかたであると言えるかもしれない。そんな雰囲気の中で、一見強すぎるように見えるAのパーソナリティーが形成されてきたといえる。しかし箱庭全体の雰囲気はあくまで暖かで家庭的である。目立って中心となる大きなものを置かず、全体の暖かなムードにこだわったところが、Aの平凡で日本的な側面であり、あるいはそれが、彼女が自分でも言う、外見的な印象と内面の世界とのギャップと関連するものなのかもしれない。

　危険は全くない——とAは言う。しかし、右側には実際にトラが2頭いる。「そういえばサファリパークって、人は車から出てはいけないことになっているんだったね」と、話しあいの中で彼女は言っている。このサファリパークでは車から男女が出、左側で男の子が走っている。小高い丘の上のトラは全体を見下ろしている。この作品の中で最も気になる部分である。筆者にはこのトラが、やはりある種の危険をはらんだものに思える。おそらく他の動物や人間たちは、遠く高い所から自分たちのいる所を見下ろしているトラに気づいてはいない。このトラが活動を始めたら……と思う。のどかな世界は混乱するに違いない。しかしまた、このトラの存在は、平和でのどかなだけではない、彼女の可能性を暗示しているとも言える。右端の位置にこのトラがいることも示唆的である。平々凡々とした中になにかひと波乱あるようなきざしは、そこがこの人の大きな変化成長のきっかけとつながっていくのだと言えるかもしれない。ともあれ、トラのいる場所はAにとって、未知であり、威厳のある、大切な場所であるらしい。

　3作目は置かれるものが大きくなり、印象としては急に現実的なものに近づいた感じである。"社会に向かって開かれた世界"というのが筆者の第一印象であった。学校、病院、道路、ガソリンショップがそろっており、汽車が

この町をめぐっていく。箱庭の理論でいう、社会適応の段階の感じである。第1回目が人中心ののどかな村、第2回目は動物中心のサファリパーク、そして近代的な施設の整った町が最後である。1回目は平和ではあるがあまり動きがなく、制作者の基本的な側面を示している。2回目は砂を掘りおこし、少し冒険をしてみると、行く手に未知の、威厳のあるものが見えてくる。道を乗用車が走り、方向性と流れが少しずつ出てきている。そして3作目では、少々はっきりしすぎるほどに、線路上を汽車が右方向へ走り、活気とエネルギーの流れが感じられる。急に無理をしたかなという感じもするが、Aはこれがこの時現在の自分の気持ちだと述べている。Aはこの合宿直前に就職が決まった。彼女が言うように、さあ、これから！　というのにこの3作目はたいへんふさわしい。

　健康で、さし迫った問題のない人が続けて箱庭を作ると、治療事例の中で長期間をかけてみられるような展開が比較的短期間のうちに起こる場合がある。Aの箱庭もそれに近いと言ってよい。3つの箱庭はそれぞれの段階での彼女の自己表現であり、3作目はそれなりに流れの中で完結していると言える。3つの世界は表現としては違っているが、Aにとって共通したテーマもある。彼女にとって一番親しみ深く、好きな場所は常に左後方の領域（畑を耕す夫婦、ペンギンと池、病院付近）である。そしていつも右後方寄りには多少不安だが威厳があって神聖な場所（教会、トラのいる丘、神社・白ヘビ・お墓）がある。3作目の神社や白ヘビについてはAはなにも語らなかった。教会が日常的なイメージを持った宗教シンボルである現代っ子のAにとって、日本のこうした宗教的なものはまだ言語化できぬものなのであろうか。しかし最後の世界にこれが置かれたことは示唆的である。Aが今後の成長過程において、このようなものをとり入れて進んでいくことが期待される。

　Aに対して、もしこのあと続いて4作目を作るとしたらどうするかと尋ねたところ、考えた末、わからない、と答えた。同じものを作ってもつまらないし、今は考えられないと。そういった意味でも、これは1つの終結であるといえよう。

Bのケース

B-第1回（図12-4、口絵参照）：左後方に大木を植え、その下にゾウ、サイなどから置き始める。砂は十分に使い、掘り下げ、積みあげる。右手前が海で後方がやや高くなっている。まじめに、黙々と作っていく。左手前と後方の隅に1頭ずつの怪獣。右後方の柵の中には白い木とキリンと犬がおり、右端に橋、その隣にアザラシやワニがいる。中央後方に小さいキリンがおり、右寄りにヘリコプターが1機着陸している。海岸の一角は岩と貝で固められている。柵は最後に置いた。

▶あまり合理的な説明はない。テーマも特にない。使いたいものを次々に置いていくとこうなり、構成を特に考えたわけではない。しかし、いいかげんに作ったのではなく、それぞれのものはやはりこの場所になければならないのだ、とBは言う。自分として最も気になるのはキリン。これはたぶん親子。お母さんが柵の中にいるのに子キリンは外にいて、怪獣や戦争のある所とつながった危ない場所にいる。お母さんの所に行きたいが柵があって行けない。母キリンも外へ出ようとすると右端の橋しかなく、海に通じているし、アザラシやワニがいる。とにかくキリンたちは今は直接の攻撃の対象になっていないが、まわりからいろんな危険が迫っている。ヘリコプターはもしかして助けてくれるのかもしれないけれど、まだわからない、とのこと。

見ていたAが「私のと全く違う。面白いね、私はこういうのは作れといわれても作れない」と言う。筆者は正直なところ、この作品に対してすぐにはなにを言ってよいのか戸惑い、「Aさんのような典型的な女の子のパターンとはかなり違うね。怪獣を若い女性が使うのは珍しい。何とも言えないなあー」といった意味のことを言った覚えがある。

B自身、Aや他の友人が作る女の子らしいカラフルな作品をすでにいくつか見ており、自分がそういった印象のものを作れなかったということにショックを受けた様子であった。自分はこれしか作れない。使いたいものを置いていくとこうなったのです。そしてこの作品は今の自分の感じにぴったりなのです、と言う。

B-第2回（図12-5、口絵参照）：世界が2つに分かれている。右後方は砂を

かなり高く盛りあげ、その頂上に両手を広げた天使像、左右に五重塔と緑のカエルが置かれている。左側の広い領域には、天使と対角線上に向かいあう形で前回と同じ怪獣が立ち、その前にゴリラと猿が中央のキリンに向かって威嚇するような恰好をしている。左後方に白い木と大砲。右前方に向かって緑色の乗用車が走り去ろうとしている。中央は怪獣の方に向いて大きいキリン、天使の方に向いて小さいキリンがいる。ピノキオが大キリンの側に立って手をあげてキリンを紹介しているような様子である。

▶左側の怪獣のいる広い領域が現実の社会のイメージ。大きいキリンは現実の中に投げ出されている。なにかさらしものになっている感じである。孤立して、まわりは敵ばかり。車は助けてくれそうだったけれど、自分には関係ないと、この世界から去っていくところのようだ。天使のいる右側は高く神聖な場所。恐れを感じさせるような所。なにかという説明はできないけれどここはどうしても作らねばならなかった。小さいキリンはこうした神聖な場所に行きたい、登りたいけれども行けない、進めない現状である。ヒョウも、ワニも、大砲もみんなキリンをねらっている。このキリンは大小とも、どちらも私。第1回のよりももっと切迫した感じ。これは1回目を作って、今自分が表現せざるをえないものがわかってきたので、私の現在の感じをもっと出そうとして、わりに意図的に作ったといえる、とのBの説明であった。

B-第3回（図12-6、口絵参照）：大きく砂を手前にかき寄せて、箱の後方3分の2くらいを海にする。海と陸の境目は水で湿らせて波打ち際の感じを出す。海の右端奥に三重塔、左端奥にはキリンが1頭ぽつんといる。海岸には男女が海を眺めており、その前にペンギンと猿の集団がいる。いずれも海の沖あいを見ており、中の1頭が群れを代表するような形で海の方へ進み出ている。右手前は小高くなっており、隅には鳥居があり、そこから全体をのぞくような形で1羽のダチョウが立っている。その前に2本の木があって、木立に隠れる形でキリンと裸の女性がやはり海を見つめて立っている。全体として広く、非常に神秘的な感じがする風景である。

▶1回目を作って少し感じがわかり、2回目は自分の気持ちを出そうと、やや意識して特徴づけて作った。そしてそれ以上は極端にはできないので今

度は気分転換に自分の好きな場所を作ろうと思った。よくサーフィンに行く海の風景。はじめは友達と2人で海に来ているつもりで作り、男性と2人で海岸にいる女性が自分だという感じだった。けれども作っていくうちに物足りなくなって、次々と置いていくとこうなった。とにかく静かな所。私はというと、やはり右の方から海を見下ろしているキリンか裸の女性かのどちらかという感じがする。なぜここにダチョウがいるのかと言われてもわからない。でもこれはダチョウでなければならない。これは走らないダチョウ。海の中のキリンと三重塔も特に意味はない。これは作ってからあまりピンとこない感じだったけれど、私の現状がよく出ていると思った、とBの説明があった。

Bの箱庭表現をめぐって

　Bの第1回目を見ていて、Aに対するのとは違った意味で筆者もAも驚き、少々戸惑った。作品自体はよく構成されており、カラフルではないが見たところはきれいにまとまっている。しかし、B自身が言うように、なにかはっきりしない危険があちこちにころがっている感じである。制作直後にはBはあまり詳しい説明はしなかったように思う。1年半後に集まった時、彼女は当時の自分をふり返って多くを話してくれた。「あのキリンはたぶんあの時の私自身。こういう緊迫した感じがぴったりした。この時就職がまだ決まっておらず、友人関係でもゴタゴタがあって、いろんなことがさし迫って、どうしようもない気持ちだった。これ以上待てない、時間がない、具体的なあてもない。もう食われるばかり、という気持ちだった……」

　この作品に筆者はあまりコメントじみたことをしなかった。できなかったし、また、しない方がよいと漠然と感じていた。初回の作品はその人がその後とりくんでいかなければならない、いくつかの問題を含んでいるといわれる。Bの第1作目は、今目立った大きなテーマが全面的に出ているとはいえない。戦いも始まっているようにはみえない。しかし、いたる所でなにかが起こっていると言えそうである。怪獣、人間、動物などのさまざまなレベルでの問題が感じられる。Bの心の中の怪獣は今のところ左隅の柵の中にいて、一応安全なようである。しかし、彼女の自己像であるらしいキリンは中央で

立ち往生している。右側の母キリンのいる柵内は少しは安全なようだが、まだ逃げ道がわからない——この次に、この世界のどのあたりに焦点があたっていくのだろうか、ということに注目しつつ、Bの現状を見守るしかなかった。

　第2回目はもっと深い部分にある、Bの感じている世界が表現されたように感じた。筆者も、他の友人の作品について話しあう時には多弁なAも、この作品に対しては寡黙にならざるをえない感じになった。左下と右上方とに対峙している怪獣と天使は、Bの内面の衝動性と神秘的な宗教体験の象徴なのだろうか？　B自身は怪獣のいる方が現実だと言う。キリンは前回に引き続いてBの自己像としてはっきりと意味を持って出てきている。この時から明らかにキリンは2頭とも自分だと言う。大小のキリンは母子というよりも自らの2面性であるらしい。そのどちらもが安定した心地よい現状にはないようである。1頭は危機にさらされ、他方は登ることのできないものに向かおうとして立ち尽くしている。そのような現状なのだろう。「先生は私のにはあまりなにも言ってくれなかった」と後になってBは言った。この作品のような場合、いたずらに言語化しない方がよかったのだと筆者は思っている。怪獣、天使、キリン……いかにも意味ありげである。しかし、恣意的な解釈をここで加えていくのはたいへん危険だったのではないだろうか。そうしなくても、その時Bは自分の作ったものから、十分に多くのメッセージを感じとっているように見えた。あえてつけ加えるなら、この2回目の世界での乗用車が、少し異質な世界とつながっているように思われる。それは第1作目におけるヘリコプターに似ている。助けに来たのかどうかはわからぬが、これらはどこか他の世界から来て、そして帰っていこうとしている。ヘリコプターや乗用車が行こうとしている世界に、この現状からの飛躍の鍵があるのではないかと思うのは考えすぎであろうか。

　第3作目を見て、筆者はなにかしら非常に荘厳な感じにうたれたのを覚えている。ああ、目の前が開けたという印象であった。そしてわけもなく、この作品のテーマとして"祈り"という言葉が浮かびBに伝えた。海に向かっている男女、ペンギンと猿の集団、そして不思議な右隅の領域——Bの説明は感覚的なもので合理的なストーリーはない。「海の彼方からなにかがやって

くるのを待っているようだ」との筆者の感想に、Bは「別にそういうわけではない。ただ海を見ている」と言う。そして、「待っているというより、どちらかといえば"祈り"の方が近い気がする」とつけ加えた。第1、2作目で感じた、ヘリコプターや車が行く世界に通じる場所なのか、これがその世界なのかはわからない。しかし、キリンや怪獣のいた世界は隅に小さくなり、もっと広く、大きい自然が眼前に開けている場面は神秘的であると同時に、なにかが起こるという予感を思わせる。ちょうど、海が裂けてその彼方に道が開けるという、聖書の中の物語のような——。

　Bの作品を見て、Aは「どうして私とこんなに違うのだろう。Bのは神がかりだ」と冗談まじりに言う。実のところ、興味を持って始めた箱庭作りは、やり始めてみるとBにとっては思いがけず苦しい作業になったようであった。Aをはじめ、大多数の友人はカラフルでかわいらしいものを楽しんで作っている。しかし、自分はこういうものしか作れない。その思いはBを相当深刻にさせた。自分の感じを十分に表現した、という点では満足であったらしい。しかし、できあがった世界が生々しく目にとび込んでくる。リアルすぎて、見なければよかったと思う。「作らない方がよいこともあると、前に先生から聞いた話の意味がわかりました」と、後になってBは語ってくれた。「知らない人が見たら、これは病気の患者さんの作品だと思うかもしれませんね」ともBは言う。確かにそういうこともあるかもしれない。しかし、現実のBを知っている筆者は彼女の健康に自信を持っている。なるほど、宗教的と言えるほどのBの箱庭世界はかなり変わったものである。しかし、1つにはそれらの世界は荒れてはいない。それはB自身も言うように、その時の彼女の気持ちと状態を端的に語っているものになっている。そうした表現をしえたこと自体、Bの力のあらわれであると考える。そしてさらに、言語化はできなくとも、それは見るわれわれに「!!」という感じを抱かせ、訴えかける迫力を持っている。また1つには、B自身の、作品に対するかかわり方である。合理的な説明ができぬことがもどかしげではあった。しかし、作ることによって、さらに作ったものに真剣にかかわることによって、彼女は自らの中に多くの気づきを得ていたように思う。その気づきは、にわかに言語化できぬものであるだけに本人は戸惑ったようであったが。そうしたBの、自らの表現

第12章　自己理解としての箱庭

に対するかかわり方を筆者としては頼もしくも思い、Bの強さを確信することができた。第Ⅰ部で述べたように、箱庭表現は必ずしもその意味の言語化が必要ではなく、恣意的な解釈はむしろ有害である場合がある。本ケースの場合はやはり、B自身の感受性にまかせた方がよかったと考えている。それは後にBから寄せられた体験レポートに雄弁に語られている。しかし、そうした苦しみをも含めて筆者はBの豊かな内面と個性的な感受性を認め、今後彼女の才能がどこかの場で花開くことを信じている。

2人の女子学生の体験レポートより

　AとBが箱庭制作の体験をふり返って、筆者に寄せてくれた感想は次のようなものであった。

　1）Aのレポート：「第1作目の『のどかな村』を作った時、先生が『へえ、意外な気がした』とおっしゃった。箱庭についての知識はほとんどなかったが、先生の感想はよくわかった。『そうですか？』などと言いながらも『そうだろうなぁ』と思ったりする。私をよく知らない人なら誰だって意外だと感じるに違いない、とわかっていた。しかし、自分を表現するのが苦手な私にとって、先生のその感想は恥ずかしい反面、嬉しかった。これで少しは私という人間をわかっていただけたのかしらと──。

　それから私は先生の"解答"を待った。他の心理テストのように箱庭にもはっきりとした"答え"があるのだと思っていたからだ。"ここにこれを置いたから、あなたはこうだ"というような、ある一定の分析の仕方──。ところが先生は分析どころか私の説明を聞き、その感想を述べるしかさらない……先生との問答がしばらく続いた。そのうち、こののどかで暖かな村の風景が、単にそれだけの意味ではないことを感じる。『砂をていねいに平らにしたのね』『なんとなくまん中が空いているね』『この木の下の女の子は1人なの？』先生の発言に、『そういわれれば』と思う。そして思わぬ所に"私"や"私のまわりの状況"が反映されていることに驚くのである。ひたすらに安定を望み、危ないことには挑戦できない私。集団の中で自己表現するのを苦手とする私。言葉にするのはむずかしいが、その箱庭の中で、私はいろんな"自分"を感じることができるのである。第2作目、これは私の最も気に入って

259

いる作品だが、もちろんのこと、ここにも"私"はいっぱいだ。しかし、それは単に箱庭を作るという行為のみでは感じられない。一見単純そうに聞こえる先生との会話の中で、初めて私は私を感じることができたのだと思う。

　この3つの作品の全体的な流れを見ると、私の成長の過程がみられる。しかし、数日間のうちに私自身がどう成長したのかは全くはっきりしない。ただ、これから社会へ出ていこうとしていた当時の私にとって、この3作が希望とやる気を与えてくれたのは確かである。作った人によって、その作品が自分に送るメッセージは異なるが、私は、私のこれらの作品をたいへん愛しく感じている。

　3つの箱庭の写真は、今大切にアルバムに貼ってある。数年後、また箱庭を作ってみたい。その時、自分がどんなものを作るのか、とても楽しみである」

　2）Bのレポート：「ひとつひとつの玩具が、形とそのつながりを持って位置する場から何かを訴えてくる感じ。全体像として、言語のレベルを越えて伝えようとするもの——自分で意図的に作ったのではないのに、そのひとつひとつが目に飛び込んできて私を苦しめた。私にとっては結局、"何を、どこに置くか"ということは、"全体をどう構成するか"ではなく、"これを、ここに置かねばならない"という必然性から生まれた。現実の世界から抜け出して、どのような試みも可能な、誰にも介入されない世界。その中で自分の感じているものを何の束縛もなく表現できる。それは例えば、絵などでも可能なことなのだろうが、絵に比べて"立体的である"ということが、これほど迫力を持って迫ってくるものだとは思わなかった。

　思考でかきまぜること、紙の上に文字を並べ、言語化して整理すること……"言葉で捉えられるもの"とは何と数少なく、"言葉に表したもの"とは何と不正確なのか。箱庭を作ることによって、言語の非力さ、限界を痛感した。それはやはり、全体性を欠くものであり、どうしても加工される危険性の高いものである。箱庭においては、言語のようにひとつひとつ説明し、意味づけることは不可能だった。が、その分、その何倍もの強さを持って、まさに『視覚に訴える』という形で、私に"自分"というものを伝えてくれた。

　自分の作品を目の前にし、じっと眺めて"感じる"。そうすると、頭の中で

もやもやとしていたいろいろなことが、言葉では表せない形で徐々に形づけられ、整理され、自分の中でまとまっていくのを感じた。ただ、この場合、その時自分が置かれていた状況が非常に悪いものであったため、私にとってはたいへんつらい体験となった。

第1作目を作った時、先生がおっしゃったのが『何ともいえないね』という言葉。それは結局、第3作目まで続いた。

何らかの解決の糸口が明瞭な形で得られると期待していた私は、それを得る前に、自分の状態をいやというほど思い知らされることになった。それは自分の見たくない自分であり、はっきりとつかみたくてもつかめない自分だった。そして"答えがもらえない"という事実がさらに私を打ちのめした。

しかし、どういうことだろう。同時に、それを自分で請け負っていかねばならないという自覚、認識が深まったのも事実だ。こうして箱庭を作ることによって、それらの悪い状況に対するある種の開き直り、自分の中に渦巻いているどろどろとした部分を受け入れようとする姿勢を得られたように思う。

私にとって箱庭とは、現実と自分を真っ向から受けとめ、それを乗り越えるために設定された試練の場にほかならなかった。

しかし、思うのは、これが今少し自分にとって危険であれば、これ以上にひどい形で表れていたとすれば、私はそれに耐えられないだろうということである。特に第2作目の場合、今でも自分の限界を感じるし、直視するのがつらい感じである。

箱庭を作ることが自分にどのような影響を与えたか、それは今でもはっきりしない。しかし、今まで私が体験した他のどのような方法を用いるよりも、純粋にその時の自分を感じられたことは確かである。私は自分の未知な部分を不気味に思いながら、全体に対してYesと答えることができる。

自分を、日常的な状況でなく、自由な、現実から解放された状況で、純粋に表してみる意義は大きいと感じる。それにより、自己理解が深まるとすれば、自分が誤って用いない限り、たいへん有益であると思う」

以上が2人の箱庭制作の感想である。2人の記述は、それぞれの箱庭表現にふさわしい。そして2人とも、自分の作品から何らかのフィードバックを

受け、それを十分に自分の中で反すうし、各自に即した気づきを得ているようである。このレポートは、箱庭を作ることの意味を素朴に伝えているといえよう。

第3節　その他の考察

箱庭ルーム開設者としてのAとB

　箱庭ルームに砂箱は1個である。1人の制作と話しあいのために30～40分の時間をとって、1日に数人が制作した。作りたいという学生が多く、箱庭ルームは盛況であった。作品ができあがった時の話しあいには筆者も加わるが、筆者はなるべくAとBにまかせ、制作者—作品—A—Bの対話が活発に行われるように心がけた。2人のレポートにもあるように、一般の人は箱庭をどうしても心理テスト的に考える傾向がある。作ればそれからなにか言ってもらえると期待する制作者がほとんどである。確かに、ある程度の象徴解釈の知識や分析の理論によって、それなりの解釈を伝えることもできなくはない。しかし、そうした意味づけはともすればこじつけ的なものにもなり、制作者本人の自然な感受性を規制してしまうことにもなる。それよりも、作られたものを制作者とともに感じ、味わう姿勢を大切にしたい。そのような点において、A、Bの場合、特殊な心理学の専門家でないだけに、制作者との間にむしろ素朴でストレートな話しあいが持てたように筆者は感じている。作品の部分の説明を求めたり、自分の感想を述べたり、制作者の話に耳を傾けてあいづちを打ったり……時には雑談にもなるが、筆者が1歩下がった位置にいて見ている前で展開される、そうした学生たちの姿はほほえましく、頼もしくもあった。時には彼女たち（制作者をも含めて）の言動の中にキラリと光るものを感じることもあり、専門外の人でも、それぞれの感受性を生かして、それなりのレベルでの箱庭療法も可能なのだと思った。しかし、これまでにも述べたように、箱庭作りは時として思わぬ病的なものを引き出すきっかけとなったりすることもある。今回のような試みをするにあたっては、やはり、その場を全体として見守り、構成する責任者としての筆者の役割も大切であったのだと考えている。

第12章　自己理解としての箱庭

　合宿全体としては、各グループ間の交流をはかるための報告会やパーティーもある。そのため、時間的にあまり多くを割けなかったが、ともかく、AとBは可能な範囲で多くの同期生と箱庭で接したといえる。120人の同期生の中で、2人はその個性と感受性によって、ともすれば浮きあがりがちなところがある学生であった。その彼女らにとって、自分の世界を作り、同時に学友たちの制作に立ちあい、話しあい、毎晩遅くまで箱庭とにらめっこして過ごした今回の合宿は、自らへの気づきと、今後の成長に向けてのヒントとなる体験の場となったのではないかと思われる。

箱庭作りの実習をめぐって

　最近、箱庭療法を学ぼうとする若い人が新たに増え、研究会は多くの参加者を集めている。そんな中で、箱庭制作の実験を研修活動の中にとり入れることも多くなっている。事例研究を行う一方、まず自分が制作するという体験を持つため、箱庭の用具を準備して、希望した参加者が実際に作るのである。そうした場においても、思いがけない展開が起こらないとは言えない。初めての場では普通、ある程度の防衛が働き、それなりにあたりさわりのない表現がなされることがほとんどである。しかし、時には見ているものが困るような、深刻な世界が作られることもある。先にも述べたように制作者は何らかの答えや解説がもらえるものと、大なり小なり期待をしている。そんな時、指導者（助言者）の立場にある者には、臨床家としての相当の許容量と判断力が要求されることになる。出会いがその場限りであることがわかっている時には、内容的にあまり深く入りこまぬようにすることが必要であろう。そして、その人の作りたかった感じを十分に表現できたのか、またそのことについての満足感はどうか、といった、制作の体験をめぐっての全体的な感じや印象を中心に話をすることが望ましい。さらに、表現の中からなにか制作者の今後に向けてのヒントになるような側面、それもポジティブな明るいものを見ていこうとする姿勢で作品にかかわるようにするべきであると筆者は考えている。こうした基本的な考え方は心理検査の結果をクライエントにフィードバックする際の筆者自身の姿勢[132]でもある。多くの心理検査が被験者の病的な側面のみをチェックしがちであるのに対し、幸いにして箱庭はその

世界の中から明るい面、感じの良い面を見出すのに適した表現素材であると感じている。本章のBのような場合、本人の記録にもあるように、相当苦しい体験ではあったが、その素材が箱庭であったことに意義を認めてよいであろう。

　実習として箱庭作りをする場合、このような意味から、その場においては、砂に触れるとどんな感じになるのか、枠内の守られた世界はどんなふうなのか、玩具を置いてイメージを具体化していくというのはどのような体験なのか、といったことを制作者が具体的に味わうことに焦点をあてることがよいだろう。そして、制作者と同じ立場に立つ観察者が周囲に少しはいた方がむしろ望ましいと筆者は考えている。見られているという意識がある程度の防衛を生み、表現が極端なものに走って収拾がつかなくなるのを防ぐために役立つと思われる。同時に、そのような場に立ちあう指導者（助言者）の立場に立つセラピストは、心身両面にわたってのかなりのエネルギーを要求されることをつけ加えたい。

おわりに

　箱庭作りをした合宿から1年6か月後、A、Bと筆者が集まって、スライドを見ながら行った話しあいから本章が生まれた。その折2人に依頼して書いてもらった体験レポートはそれぞれの箱庭作品が違っているように、かなり個性的なものになっている。しかし、双方のレポートに共通して述べられていることは、自分が作った作品が自らになにかを語りかけ、気づかせてくれた、という点である。筆者がなにかを教えたというのではなく、自分自身の中に感ずるものを得たという意味のことを、2人は表現は違うが同様に述べている。そうした気づきの報告を筆者はたいそう嬉しいと思う。箱庭表現の大切なひとつの側面を彼女らはしっかりと把握してくれたのだと感じている。

　AとBは就職シーズンに一般的な就職をせず、かなり遅い時期になって職場を得た。卒業後、間もなく2年になる。2人は、新聞社秘書、雑誌社編集員として、現在活躍中である。南山短期大学人間関係科第9期生、森今日子、斉藤紫をん、お二人の魅力ある現代女性の今後の幸せを願ってやまない。

注1) 南山短期大学人間関係科
注2) 中村雄二郎　箱庭療法セミナー・シンポジウムにおける発言より（1984.於京都）

あとがき

　昭和42年の秋、大阪市立大学で行われた日本臨床心理学会が筆者と箱庭療法の出会いの場である。当時筆者は大学1回生であり、入学して間もなくのもの珍しさが一段落し、それからの自己の目標を模索中であった。そんな時、学会の手伝いに偶然参加することになり、居あわせた会場で一連の箱庭の事例に出会ったのである。それは箱庭療法としての最初のまとまった学会発表であり、後に「箱庭療法入門」[62]の中に収められた事例の数かずであった。クライエント―セラピストという言葉すら耳慣れぬ筆者にとって、その学会での多くの発表はもの珍しくはあったが了解しにくく、分析や解釈は言語化されればされるほど一層わけのわからぬ不可解なものに思われた。言語化のみで症例の解釈が進んでいく発表は、ともすれば無理のある考え方のように思われたり、人の心をもてあそぶもののようにすら感じられたことを覚えている。そんな中で出会った箱庭表現の数かずは、全く素人の筆者にもその非言語的なメッセージを十分に伝えてくれ、そこに漠然とではあるがある種の、人間の内面の世界があることを感じさせてくれた。箱庭が素人にもわかりやすく、とっつきやすいために陥る危険性については本文中に述べた。筆者自身がこの「わかりやすさ」からスタートして、箱庭を研究テーマにするようになったことも意味のあることであろう。とにかく、そうした出会いの後、3年ほどしてから本格的に箱庭にとりくみ始めて現在に至っている。

　本書にまとめた基礎的研究と治療事例の論文により、筆者は1984年3月、大阪市立大学より学位を得た。ともすれば数量的、科学的なもののみを要求しがちな学位論文に、実際の事例をかなりのウエイトで含め得たことをうれしく思っている。

　本文中でも述べたように、箱庭療法においても研究的アプローチは、臨床の実践との両立が困難であり、種々の問題をはらんでいる。たしかに、数量的データは表情のない、生命を持たぬもののようにみえる。しかしながら、多くの資料を集め、考え、その特徴や傾向を理解して自分のものにしようと努

める筆者の中でそれらは生命を持って活動しているといってよい。自らの感受性の中でそれが生きていると感じている。筆者の人間観、対クライエントとのかかわりにおける感性とともに、研究的アプローチから得た知見と感受性が有形無形に第III部の事例編の治療プロセスの中に具体化されている。そういった意味で本書にまとめたような研究は、箱庭療法の今後の発展と理論化のために必要な基礎的ステップであり、箱庭を導入して治療を進めようとする治療者に対する援助と問題提起になり得るものであると思っている。その意味で本書は、心理療法の分野で研究的に活動していこうとする若い研究者をはじめ、箱庭療法に関心を持つすべての人びとに広く読んでいただきたいと思っている。第II部は数量的データを並べた表などが多いが、文章部分だけを読み流しても、ある程度それなりの感じが了解していただけるつもりである。今後の研究と実践のための資料にしていただけると幸いである。なお、筆者のこれまでの仕事の多くを1つにまとめたものであるため、すでに他の文献に掲載済みのものに手を加えた章が若干あることをお許し願いたい。

　現在筆者は短大という現場で研究者であると同時に教育者として、学生たちとの毎日の触れあいを通してさまざまな体験を積んでいる。いろいろな学生が筆者の部屋を訪れ、話し、そこに置いてある箱庭を時折作り、それについてまた話していく。そうした関係の中で箱庭はフィードバックが効果的な良き媒体であり、表現手段である。最近、自分と相手と箱庭表現という、3者の生きたかかわりを実感することが多い。「箱庭を作るとなおるのですか――?」という問いに対し、こまごまとした説明をすることなく、「ええ。そしていろんなことが起こりますよ」と素直に答えられる気持ちにある現在である。箱庭表現は制作者と見守る者との関係の中で生きているのだと感じている。

　研究の対象としてかかわろうとするものが生きた人間であること――そしてその成長や変化に自らの人間をかけて対処していくこと――それは筆者がこれまでの研究・治療活動の中で持ち続けてきたひとつの誇りであるといってよい。しかしまた、それは時としてひどく胸痛む思いを味わうことでもある。今後さらに、少しでも幅広く有効な、教育と治療のための援助活動を続

けていくために自らを磨き、深い人間理解に関する分野において活動を続けたいと思っている。

　本書は筆者のこれまでの研究・治療活動のひとつの大きなまとめと言えるものである。現在に至るまでに多くの方がたの御指導と援助を得た。筆者が箱庭療法のテーマを選ぶことを勧めて下さり、その後も暖かく見守って下さった山松質文先生、学位論文作成にあたって御援助いただいた稲浦康稔先生、このお二人には大阪市立大学においてたいへんお世話になった。また、京都大学河合隼雄先生には折に触れて適切な助言や、研究・研修の機会を与えていただき、深く感謝している。さらに、箱庭療法を最初に日本に紹介なさった河合先生に本書の序文を寄せていただいたこともたいへん光栄に思っている。また、本書にまとめたいくつかの研究に、被験者として協力下さった多くのセラピストの方がた、そして第9章の主人公となったY君をはじめ、その成長過程を筆者とともに歩んで下さった数多くのクライエントの皆さんにも感謝を捧げたい。

　最後に、学位論文という、いささか堅いものの出版に好意的であり、尽力下さった、創元社、高橋輝次氏にもお礼を申しあげたい。

　そして本書を、筆者の学位授与を待たずに急逝した父、医師木村晴夫に捧げたいと思う。

1985年6月

木　村　晴　子

文　献

1. 秋山幹男（1974）幼児のサンドプレイ——使用玩具による検討——日本心理学会第38回大会発表論文集、530-531
2. 秋山幹男（1976）幼児のサンドプレイ(2)——カテゴリー別にみた初回作品の玩具分析——日・心第40回大会発表論文集、1033-1034
3. 秋山幹男（1977）幼児のサンドプレイ(3)——「全体的な感じ」の評定——日・心第41回大会発表論文集、1006-1007
4. 秋山達子（1970）サンド・プレイテクニック（箱庭療法）について(1)～(4)、幼児と教育、69、5号～8号
5. 秋山達子（1972）箱庭療法、日本総合教育研究会
6. 秋山達子（1978）ユング心理学からみた子どもの深層、海鳴社
7. Allen, F. H. 黒丸正四郎訳（1955）問題児の心理療法、みすず書房
8. Asperger, H. 平井信義訳（1973）治療教育学、黎明書房
9. Axline, V. 小林治夫訳（1959）遊戯療法、岩崎学術出版社
10. Betterheim, B. 波多野・乾訳（1978）昔話の魔力、評論社
11. Bolgar, H. & Fisher, L. (1947) Personalityprojection in the World Test, Amer. J. Orthopsychiat. 17: 117-128
12. Bowyer, R. (1970) The Lowenfeld World Technique, Pergamon Press
13. Bradway, K. et. al. (1981) Sand Play Studies, Origins, Theory and Practice. C. G. Jung Institute of San Francisco
14. Bühler, C. (1950) The World Test, Los Angels, Calif., the Auther
15. Bühler, C. (1952) National differences in World Test projection patterns, J. Rroj. Tech., 16: 42-55
16. Eliade, M. 前田耕作訳（1971）イメージとシンボル、せりか叢書16
17. Erikson, E. H. (1950) Childhood and Society, Benguin Books
18. Erikson, E. H. 岩瀬庸理訳（1970）主体性——青年と危機——、北望社
19. Evans, R. I. 浪花・岡田訳（1978）無意識の探求——ユングとの対話——、誠信書房
20. Fordham, M. 浪花・岡田訳（1976）子どもの成長とイメージ、誠信書房
21. Freud, A. 北見・佐藤訳（1961）児童分析、誠信書房
22. Freud, S. 井村・馬場訳（1969）精神分析入門上下、フロイド選集1、2、日本教文社
23. Freud, S. 古沢平作訳（1969）続精神分析入門、フロイド選集3、日本教文社
24. Freud, S. 高橋・菊盛訳（1969）夢判断上下、フロイド選集11、12、日本教文社
25. Gardner, M. 坪井・小島訳（1971）自然界における左と右、紀伊國屋書店
26. Grimm, J. & Grimm, W. 金田鬼一訳（1954）グリム童話集、岩波文庫
27. Guggenbühl, A.C. 樋口・安渓訳（1981）心理療法の光と影、創元社
28. Hall, C. S. & Nordby, V. J. 岸田秀訳（1974）ユング心理学入門、清水弘文堂
29. 橋本律子他（1982）自己理解とグループ成長、南山短期大学人間関係科8期生卒業研究

30. 林悦子（1974）ロールシャッハ・テストにおけるM反応の研究——Y-G性格検査との比較において——ロールシャッハ研究、XV・XVI、71-87、金子書房
31. 林勝造・一谷彊編著（1973）バウム・テストの臨床的研究、日本文化科学社
32. 樋口和彦（1978）ユング心理学の世界、創元社
33. 平井信義（1968）小児自閉症、日本小児医事出版社
34. 岩堂美智子・奈比川美保子（1970）箱庭療法に関する基礎的研究、大阪市立大学家政学部紀要、18、183-192
35. 岩堂美智子・木村晴子（1971）箱庭療法に関する基礎的研究（その2）——知的優秀児の箱庭表現をめぐって——大阪市大家政学部紀要、19、217-227
36. 岩堂美智子・木村晴子（1972）箱庭療法に関する基礎的研究（その3）——3、4、5歳児の箱庭——大阪市大家政学部紀要、20、175-184
37. 岩堂美智子・木村晴子・三木真代（1979）箱庭療法に関する基礎的研究（その4）——中学生の箱庭表現をめぐって——大阪市大生活科学部紀要、27、199-205
38. 岩崎徹也（1967）治療的退行よりみた退行理論、精神分析研究、vol. XIII、No.2、2-28
39. Jocobi, J. 高橋義孝監修（1973）ユング心理学入門、日本教文社
40. Jung, C. G. 高橋義孝訳（1970）人間のタイプ、ユング著作集1、日本教文社
41. Jung. C. G. 高橋・江野訳（1970）現代人のたましい、ユング著作集2、日本教文社
42. Jung, C. G. 江野専次郎訳（1970）こころの構造、ユング著作集3、日本教文社
43. Jung, C. G. 浜川祥枝訳（1970）人間心理と宗教、ユング著作集4、日本教文社
44. Jung, C. G. 西丸四方訳（1970）人間心理と教育、ユング著作集5、日本教文社
45. Jung, C. G. 松代洋一訳（1979）ユングの文明論、思索社
46. Jung, C. G. 秋山・野村訳（1980）ユングの人間論、思索社
47. Jung, C. G. 河合隼雄監訳（1972）人間と象徴、河出書房新社
48. Kalff, D. (1966) The Archetype as a Healing Factor, Psychologia, Vol. 9、177-184
49. Kalff, D. (1966) Sandspiel、河合隼雄監修（1972）カルフ箱庭療法、誠信書房
50. Kanner, L. 黒丸・牧田訳（1964）児童精神医学、医学書院
51. Kanner, L. 十亀他訳（1978）幼児自閉症の研究、黎明書房
52. 片口安史他（1966）シンポジウム・精神分析と心理検査——投影法における投影の概念、精神分析研究、Vol. XII、No. 5
53. 片口安史（1974）新・心理診断法——ロールシャッハ・テストの解説と研究——、金子書房
54. 片口安史監修、小沢牧子著（1970）子どものロールシャッハ反応、日本文化科学社
55. 加藤清・藤縄昭（1967）絵画療法における創造と表現の病理、精神医学、9、5、60-66
56. 加藤清・吉本千鶴子（1974）思春期分裂病の箱庭療法をめぐる象徴表現、芸術療法、5、29-34
57. 加藤正明他編（1975）精神医学事典、弘文堂
58. 河合隼雄（1966）箱庭療法（Sand Play Technique）——技法と治療的意義について

──京都市カウンセリングセンター紀要、2、1-9、京都市教育委員会
59. 河合隼雄（1967）ユング心理学入門、培風館
60. 河合隼雄（1969）臨床場面におけるロールシャッハ法、岩崎学術出版社
61. 河合隼雄（1969）箱庭療法、芸術療法研究会誌、No. 1、23-31
62. 河合隼雄著（1969）箱庭療法入門、誠信書房
63. 河合隼雄（1970）カウンセリングの実際問題、誠信書房
64. 河合隼雄（1971）コンプレックス、岩波新書
65. 河合隼雄（1976）母性社会日本の病理、中公叢書
66. 河合隼雄編著（1977）心理療法の実際、誠信書房
67. 河合隼雄（1977）昔話の深層、福音館書店
68. 河合隼雄（1979）心理療法の基本原則、臨床心理学、第8章、127-137、有斐閣ブックス
69. 河合隼雄（1980）家族関係を考える、講談社現代新書
70. 河合隼雄・山中康裕編（1982）箱庭療法研究1、2、誠信書房〈2は1985〉
71. 木村敏編（1980）てんかんの人間学、東京大学出版会
72. 木村晴子（1975）箱庭療法により変化をみせた子ども、自閉症児の治療教育、340-357、岩崎学術出版社
73. 木村晴子（1980）少女P子との2年間、臨床心理ケース研究3、89-104、誠信書房
74. 木村晴子（1981）子どもの問題行動──その背後にあるもの──、健康な子ども、10、No. 11、3-5、日本生活科学研究所
75. 木村晴子（1981）箱庭表現とロールシャッハ反応、ロールシャッハ研究XIII、87-102、金子書房
76. 木村晴子（1982）箱庭療法に関する研究──Y-G性格検査との関連──、心理測定ジャーナル、Vol. 18、No. 2、12-16
77. 木村晴子（1976）遊戯治療に関する一考察──クライエントにどう呼ばれるか──、日本教育心理学会第18回総会発表論文集
78. 木村晴子（1982）遺尿症児K子の世界、箱庭療法研究1、86-102、誠信書房
79. 木村晴子（1982）桑原レポートへのコメント、京都大学教育学部心理教育相談室紀要、9、142-145
80. 木村晴子（1985）箱庭のみかたに関する研究、箱庭療法研究2、誠信書房
81. 北野良美・北村美知子（1975）大学生の箱庭に関する実験的研究──親子関係、生育調査との関連において──大阪樟蔭女子大学卒業論文
82. Klein, M. (1961) Narrative of a Child Analysis, The Hogarth Press
83. Koch, C. カトリック・マリア会訳（1966）シャール・コシュの「木のテスト」の解明、カトリック・マリア会
84. Koch, C. 林勝造他訳（1970）バウム・テスト──樹木画による人格診断法──、日本文化科学社
85. 河野博臣（1978）母と子その背後にあるもの──母子分離の問題を中心に──伝統と現代、3月号、117-121
86. Kropfer, B. et. al. (1954) Developments in the Rorschach Technique. Vol. 1, New York: World Book

87. Kropfer, B. & Spiegelman, M. (1964) "Some Dimensions of Psychotherapy," in Spectrum Psychologiae, Rascher, Verlag
88. Kropfer, B. & Davidson, H. H. 河合隼雄訳（1969）ロールシャッハ・テクニック入門、ダイヤモンド社
89. Lawley, D. N. & Maxwell, A. E. 丘本正監修（1970）因子分析法、日科技連出版社
90. Lowenfeld, M. (1931) A New Approach to the Problem of Psychoneurosis in Childhood, Brit, J. Med. Psychol., 11: 194-227
91. Lowenfeld, M. (1939) Pictures of Children, Brit, J. Med. Psychol., 18: 65-101
92. Lowenfeld. M. (1950) The Nature and Use of Lowenfeld World Technique in Work with Children and Adults, J. P, 30: 325-331
93. Lowenfeld, V. 竹内清他訳（1963）美術による人間形成——創造的発達と精神的成長——、黎明書房
94. 三木アヤ（1977）自己への道——箱庭療法による内的訓練——、黎明書房
95. Montagu, A. 佐藤信行他訳（1977）タッチング——親と子のふれあい——、平凡社
96. Moustakas, C. 古屋健治訳（1968）児童の心理療法——遊戯療法を中心として——、岩崎学術出版社
97. 中井久夫（1970）精神分裂病者の精神療法における描画の使用——とくに技法の開発によって作られた知見について——、芸術療法2、78-89
98. 中井久夫（1972）精神分裂病の寛解過程における非言語的接近法の適応決定、芸術療法4、13-25
99. Neumann, E. (1955) The Great Mother, Routledge & Kegan Paul
100. Neumann, E. (1964) The Origin and History of Consciousness, Bollingen Foundation
101. Neumann, E. (1973) The Child —— Structure and Dynamics of the Nascent Personality, Hodder and Stoughton
102. 日本臨床心理学会編（1979）心理テスト——その虚構と現実——、現代書館
103. 西村洲衞男（1966）Sand Playによる表現の諸側面、京都市カウンセリングセンター紀要2、10-43
104. 西村洲衞男（1981）箱庭表現とその解釈、愛知教育大学研究報告30、95-108
105. 西村洲衞男（1982）箱庭表現とその解釈——幼児の箱庭について——愛知教育大学研究報告31、129-147
106. 大場登（1978）箱庭・遊戯・描画表現を媒体とする小児神経症者の心理療法過程——"通る"テーマと"自我発達"のテーマをめぐって——芸術療法9、59-70
107. 越智浩二郎（1963）プレイセラピストについてのひとつの問題、臨床心理、Vol. 2、No. 3、161-169
108. 小川捷之他（1969）心理療法における治療者のタイプと治療技法、臨床心理学研究、Vol. 8、No. 3、165-176
109. 小川捷之他（1970）学生活動家のタイプに関する一考察——成分分析による——心理学評論Vol. 14、No. 1、80-104
110. 岡田康伸（1969）SD法によるサンドプレイ技法の研究、臨床心理学研究、Vol. 8、No. 3、151-163

111. 岡田康伸（1971）イメージに関する研究――動物イメージ――京都大学学生懇話室紀要、1、66-81
112. 岡田康伸（1972）サンドプレイ技法の研究――領域に関する研究――京都大学教育学部紀要18、231-244
113. 岡田康伸＆東山紘久（1972）「箱庭療法」理解のための試験的研究、青少年問題研究21、44-62
114. 岡田康伸＆木村晴子（1973）箱庭療法に関する実験的研究――左右性について――日本心理学会第37回大会論文集、48-49
115. 岡田康伸＆木村晴子（1974）箱庭療法に関する実験的研究――宗教的玩具の位置について――日・心学会第38回大会発表論文集、662-663
116. 岡田康伸＆木村晴子（1975）高校生の「箱庭」に関する実験的研究――制作者のタイプとの関連――日・心第39回大会発表論文集、p.459
117. 岡田康伸（1976）道、流れ、川の意味――箱庭療法の作品を中心として――天理大学学報、102、62-75
118. 岡田康伸（1980）箱庭療法に関する基礎的研究――作品の左右性について――天理大学学報、124、59-79
119. 岡田康伸（1981）箱庭療法に関する基礎的研究――年齢差を中心として――天理大学学報、130、10-27
120. 岡田康伸（1984）箱庭療法の基礎、誠信書房
121. 岡田洋子（1962）幼児における情緒障害診断の試み――ワールド・テストによる――東洋英和女学院短大論集、1、31-49
122. 大熊輝男他（1971）夢とロールシャッハ反応、ロールシャッハ研究VII、69-80、金子書房
123. 小此木啓吾他（1971）児童治療における治療的退行（その1）、精神分析研究、Vol. XVI、No. 3、13-21
124. 十亀史郎（1973）自閉症児・緘黙児、講座情緒障害児、第3巻、黎明書房
125. 田畑治（1967）セラピストの治療的要因の因子分析、臨床心理学研究、Vol. 6、No. 1、31-36
126. 田畑治（1978）心理治療関係による人格適応過程の研究、風間書房
127. 田畑洋子（1968）子どもの人格適応と母子関係、臨床心理学研究、Vol. 7、No. 3、159-166
128. 高橋雅春・北村依子（1981）ロールシャッハ診断法I、II、ライブラリ心理学11、12、サイエンス社
129. 高橋茂雄（1976）ロールシャッハの刺激価についての研究、風間書房
130. 辻岡美延（1967）新性格検査法――Y-G性格検査実施・応用・研究手引――、竹井機器工業
131. 内山喜久雄監修（1977）情緒障害事典、岩崎学術出版社
132. 氏原寛・倉戸ヨシヤ・東山紘久編（1983）臨床教育心理学、創元社
133. 渡辺淳（1963）治療関係における共感過程についての実験的研究、臨床心理、Vol. 2、No. 3、128-142
134. 山松質文編（1975）自閉症児の治療教育――音楽療法と箱庭療法――、岩崎学術出版社

135. 山中康裕（1970）ダウン症児に対する精神療法的接近、名古屋市大医学会雑誌、21、3、214-224
136. 山中康裕（1970）学校緘黙症児の治療とその《こころ》の変容の過程について ——Sandspiel (Kalff) および絵画のユング的分析を通して—— 名市大医学会雑誌21、2、175-189
137. 山中康裕（1971）精神療法的創造療法過程にみられる象徴表現について —— Sandspielの精神医学への導入を中心に—— 名市大医学会雑誌、21、4、747-775
138. 山中康裕（1979）児童精神療法としての心像分析について、芸術療法講座第1巻、星和書店
139. 山下勲（1964）ウェルテストに関する方法論的研究、広島大学教育学部紀要、13、145-155
140. 山内光哉他（1962）教育心理統計法要説、明治図書出版
141. 安村重己（1968）箱庭療法について——精神薄弱児の理解を深めるために——教育研究ジャーナル、16、5-8

資料1　Qカード項目（第7、8章にて使用）

項目番号　**(外向的思考)**
1　自分自身のことよりも、まわりの出来事に関心をもち、思索してゆくほうだ
2　事実を尊重し、物事をとことんまで考えようとするほうだ
3　感情よりも論理を優先させ、行動に移すほうだ
4　客観的事実に基づき、論理的に考えようとするほうだ
5　重要な決定をするときは、状況を論理的に分析して決定するほうだ

(内向的思考)
6　親しい気の合った人とだけ議論しようとするほうだ
7　自分自身のことについて理屈っぽく考えるほうだ
8　抽象的な概念にひかれるほうだ
9　自己を哲学的に解明してゆこうとするほうだ
10　まわりの出来事よりも、人間について理解を深めようとするほうだ

(外向的感情)
11　社交的なフンイキにひかれ、人の中に入ってゆくのが好きなほうだ
12　理屈っぽく考えずに、物事をすぐ良いか悪いか考えるほうだ
13　自分の判断は、まわりの人の判断とよく一致するほうだ
14　一般的な判断に基づいた常識を重んじるほうだ
15　自分の行動が社会的に認められるか否か気にするほうだ

(内向的感情)
16　物事の美醜・善悪に対して、自分に独特な判断をもつほうだ
17　好き嫌いがはげしく、気の合った少数の人としかつき合わないほうだ
18　自分の気持ちは、自分の中にだけとどめておくほうだ。
19　あまりまわりのことを気にせず、自分なりの物の見方を大切にしようとするほうだ
20　自分独自の価値基準をもとうとするほうだ

(外向的感覚)
21　まわりの物事に敏感なほうだ
22　まわりの出来事を理論よりも感覚でとらえるほうだ
23　感受性が強く、まわりの刺激に影響されやすいほうだ
24　自分の行動は、感覚に訴えるものに左右されやすいほうだ
25　生活を楽しむために、まわりの刺激を求めるほうだ

(内向的感覚)
26　強い内的感覚をひきおこすものを重視するほうだ
27　感受性が強く、自己の世界に耽溺するほうだ
28　自分を理論よりも感覚でとらえようとするほうだ
29　自分の内面に生ずる強烈な印象に心を奪われる時が多いほうだ
30　まわりの出来事より、自己の内に生ずる強烈な印象に喜びを感ずるほうだ

（外向的直観）
31　物事そのものより、その可能性に注目するほうだ
32　自分の内にひらめくものによって行動するほうだ
33　物事を論理的なものによってではなく直覚的に見極めようとするほうだ
34　理屈よりもカンに頼って、現実の自分の行動を決定するほうだ
35　困難に遭遇すると、理屈よりもカンに頼るほうだ
（内向的直観）
36　自分の内にひらめいたものを、他人に伝えるのは困難なほうだ
37　まわりのできごとにあまり関心がなく、自分の心の中に生ずる可能性を求めるほうだ
38　自分の内にひらめいたものによって、自己の可能性を追求するほうだ
39　自分の将来を自分の内にひらめくカンに頼って決めようとするほうだ
40　自己に沈潜し、或る種の予感を大切にするほうだ

資料2　Qカード分類記録用紙

性格調査　　　　　　　　　　　　氏名（　　　　　　　　　　　）

ユング　タイプ調査（Qカード分類による）

全く あてはまら ない	あてはまら ない	やや あてはまら ない	どちらともいえない	やや あてはまる	あてはまる	全くよく あてはまる
2枚 No. (　) (　)	4枚 No. (　) (　) (　) (　)	8枚 No. (　) (　) (　) (　) (　) (　) (　) (　)	12枚 No. (　)　(　) (　)　(　) (　)　(　) (　)　(　) (　)　(　) (　)　(　)	8枚 No. (　) (　) (　) (　) (　) (　) (　) (　)	4枚 No. (　) (　) (　) (　)	2枚 No. (　) (　)

得　点

	思　考		感　情		感　覚		直　観	
	外	内	外	内	外	内	外	内
	合理				非合理			

外　向	内　向

資 料

資料3　質　問　紙

A　この作品を見て、あなたが感じられることを、次の項目についてチェックして下さい。

Ⅰ．この作品の健康さについて、

① きわめて不健康である　② 不健康である　③ どちらかといえば不健康である　④ どちらともいえない　⑤ どちらかといえば健康である　⑥ 健康である　⑦ きわめて健康である

Ⅱ．この作品から感じられる今後の発展の可能性について、

① 全く期待できない　② 期待できない　③ あまり期待できない　④ どちらともいえない　⑤ やや期待できる　⑥ 期待できる　⑦ 大いに期待できる

Ⅲ．(1)　この作品を作った人に、治療、あるいは治療的接近がどの程度必要でしょうか。

① 全く必要ではないと思う　② 必要ではないと思う　③ どちらかといえば必要ではないと思う　④ どちらともいえない　⑤ どちらかといえば必要であると思う　⑥ 必要であると思う　⑦ ぜひ必要であると思う

(2)　前間において、⑤、⑥、⑦（必要である）とされた場合、あなたが、この人のセラピストになるかどうかを決めるとすればどうされますか。

① 絶対にひきうけたくない　② ひきうけたくない　③ あまりひきうけたくない　④ どちらでもよい　⑤ まあひきうけてもよい　⑥ ひきうけたい　⑦ ぜひひきうけたい

さらに、①、②、③（ひきうけたくない）とされた場合、その理由は、
　　a. こういう表現をする人は自分には向かないと思うから。
　　b. こういう表現にはついていけないと思うから。
　　c. その他（　　　　　　　　　　　　　　　　　　　　）

Ⅳ. この作品に対して、あなたはどの程度の好感を抱かれますか。

① 全く好感は持てない ― ② 好きではない ― ③ どちらかといえば好きではない ― ④ どちらともいえない ― ⑤ どちらかといえば好きである ― ⑥ 好きである ― ⑦ 非常に好きである

B この作品に関して、あなたが了解できることを次の項目に従ってチェックして下さい。(その内容も、できれば簡単に記入して下さい)

Ⅰ. この作品を見ると、作った人の感情が

① 全くわからない ― ② あまりわからない ― ③ 少しわかる ― ④ よくわかる　　(　　　　　　　　　　)

Ⅱ. この作品を見ると、作った人の意図が

① 全くわからない ― ② あまりわからない ― ③ 少しわかる ― ④ よくわかる　　(　　　　　　　　　　)

Ⅲ. この作品を見ると、作った人の問題が

① 全くわからない ― ② あまりわからない ― ③ 少しわかる ― ④ よくわかる　　(　　　　　　　　　　)

C この作品の中で、あなたはどんな点に最も注目されるでしょうか。
テーマ、領域、特定の玩具等、最も注目する点を １ つだけ示して下さい。

本書は1985年に創元社から刊行した書籍を新装のうえ、
全面的に組み替えしたものです。

〈著者略歴〉
木村晴子（きむら・はるこ）
1948年大阪生まれ。大阪市立大学家政学部児童学科卒業、生活科学部博士課程修了。大阪市立大学学術博士、南山短期大学人間関係科教授を経て、甲南大学文学部人間科学科教授。著書に『心理臨床大事典』(共著、培風館)、『人間関係トレーニング』(共著、ナカニシヤ出版)、『臨床教育心理学』(共著、創元社)、『心理療法』(共著、新曜社)、『臨床心理面接技法2』(共著、誠信書房)などがある。

箱庭療法──基礎的研究と実践
2019年3月10日　第1版第1刷発行
2024年6月10日　第1版第3刷発行

著　者　木村晴子
発行者　矢部敬一
発行所　株式会社 創元社
　〈本　　社〉〒541-0047 大阪市中央区淡路町4-3-6
　　　　　　　電話(06)6231-9010㈹
　〈東京支店〉〒101-0051 東京都千代田区神田神保町1-2 田辺ビル
　　　　　　　電話(03)6811-0662㈹
　〈ホームページ〉https://www.sogensha.co.jp/
印刷　フジプラス

本書を無断で複写・複製することを禁じます。
乱丁・落丁本はお取り替えいたします。
©2019 Printed in Japan
ISBN978-4-422-11702-7 C3011

JCOPY 〈出版者著作権管理機構 委託出版物〉
本書の無断複製は著作権法上での例外を除き禁じられています。複製される場合は、そのつど事前に、出版者著作権管理機構(電話 03-5244-5088、FAX 03-5244-5089、e-mail: info@jcopy.or.jp)の許諾を得てください。